善意で貧困はなくせるのか？

貧乏人の行動経済学

ディーン・カーラン／ジェイコブ・アペル
清川幸美訳
澤田康幸解説

みすず書房

MORE THAN GOOD INTENTIONS

by

Dean Karlan
Jacob Appel

First published by Dutton, 2011

いつも愛し支えてくれるシンディへ。
そしてマヤとマックスとガビへ。順番は関係ない。

ディーン

二人のおじいちゃんへ

ジェイク

善意で貧困はなくせるのか？◆目次

覚書　ジェイクと僕の出会いと、この本の語り手について　7

第1章　はじめに　僧侶と魚　10
貧困と闘う（そして魚も救う）ための二面戦略　12　シンガーの湖に飛び込む　20　目の前で行われている行動経済学的な解決法　22　僕たちはもっと要求してもいい　27　本書の行く先　28

第2章　貧困と闘う　何をどうするのか　32
前へ進めない？　37　ランダム化比較試験　39　コイン投げで科学　41　アーネストへの難しい質問　44　貧困について語るとき僕たちは何について語っているのか　47

第3章　買う　セーフティネットがある世帯を倍に増やす　51
売れないものはない　53　最後の一マイルの問題　54　きれいな女性の写真はどれくらい価値があるか　57　多すぎる選択肢　61　セーフティネットがある家庭の数を倍に増やす　62　売り込みが肝心　66

第4章　お金を借りる　タクシーの運転手はどうしてローンを借りなかったか　68
マイクロクレジットの奇跡　71　アーリンのドロップアウト　76　肉を削ぎ落として骨組みだけのローンにする　79　金の卵とマイクロクレジット擁護論　84　マイクロクレジットはなぜもっと人気にならないのか　86　骨に少し肉をつける　90　マイクロクレジットはコミュニティを変えることができるか　93　手段であって、目的ではない　97

第5章　幸せを求める　もっと楽しいことがある　100

いちばんいいところにいちばんいいタイミングで　102　幸せを求めて　105　オティとマイクロクレジット　107　炊飯器を求めて　115　つかみどころがないお金　117　真実を知る　119　つかみどころのないお金のもっと大きな問題　123

第6章　力を合わせる　集団の欠点はどうする？　126

グループ貸し付けモデルは持ち上げられすぎ　130　借り手の素性は？　132　どうして借り手が返済できるといえるのか？　133　うまくいかなくなったらどうなる？　135　もっとあるグループ貸し付けの利点　137　グループ責任の問題点　138　少ないことはいいことだ。答えは単純な個人ローンかも　141　証拠　142　グループ貸し付けを動かすものは？　147　帽子の重要性　151　集会は大切　154　次のステップ　159

第7章　貯める　楽しくない選択肢　162

どうして貯蓄はいいことなのか　164　どうしてお金を貯めるのは難しいか　166　タンス預金と変わらない　167　サニーの貯蓄　171　貧しい人たちに貯蓄をさせる　174　ホームでの闘いからのヒント　178　もっとやさしいナッジ　183

第8章　耕す　ゼロから何かを作りだす　188

ドラムネット　189　いちばんいい組み合わせで農業を改善する　192　農民も人間だ　195　情報の洪水　196　目立つもの　198　奇妙な行動の癖を良いことに使う　200　バイラル・パイナップルと社会的学習　203　ドラムネットの破綻　206　強い基盤　208　貧困との闘いはやっぱりロケット科学に似ている理由　210

第9章　学　ぶ　大事なのは学校に来させること　212
学生を増やす　220　服装が生徒を作る　221　小切手を切る　223　良いものをもっと良いものに　225　驚きの大ヒット　228　アンソニー再登場　232　先生を教室に来させる　235　写真一枚は一〇〇〇ルピーの価値がある　236　先生が出勤するだけでは十分じゃないとき　238　正しい方向に向かって　239　もう一つの驚きの大ヒット　241　秘密の材料を見つける　245

第10章　健康を保つ　足の骨折から寄生虫まで　247
本日（も）休診　250　医者に行く患者にお金を払う　255　自分でつくるインセンティブ　260　マラリア　264　マラリアと闘う　268　バケツの中のいちばん大事な一滴　272　ベアトリスとアグネス　276　誰にでも効く薬はない　278

第11章　男と女のこと　裸の真実　280
悪い情報、悪い選択　283　シュガーダディ　285　検査を受けた人にお金を払う　290

第12章　寄付をする　結論　297
効果がある七つのアイデア　301　リストは続く　304

謝辞　306
解説『善意で貧困はなくせるのか？』を読んで　澤田康幸　313
索引　i
原注　viii

覚書　ジェイクと僕の出会いと、この本の語り手について

ジェイクと僕はいかにして出会ったか

二〇〇六年の終わりごろ、グーグルから自動送信のEメール通知が送られてきた。僕が創設した非営利組織イノベーションズ・フォー・ポバティー・アクションの名前が、あるウェブページに登場したという。リンクをクリックすると、僕はたちまちジェイコブ・アペルのブログの書き込みに引きこまれていった。彼は、僕たちがガーナでやっていたあるプロジェクトで最近働きはじめた新入りだった。気がつくと一時間が過ぎ、ブログを読みとおしていた。幼児並みの集中力しかない人間としては、すごいことだ。

ジェイクのことは知っていた。数カ月前に採用面接をしたのは僕だったし、ふたつのプロジェクトで一緒に仕事をしていた。でも、文章が書けるとは知らなかった。彼を採用したのは、数学の能力を見こんでのことで、面接では、僕と同類の数字オタクのように見えた。でも、ブログを読んで分かった。ジェイクはスポンジだ。市場に行ってもただ食料品を買ってくるだけの奴じゃない。市場へ行くのにタクシーに乗ったら、道すがら運転手と話しこみ、その暮らしぶりを聞きだす。市場では、商売についてた

ずねる。景気はどうか。どうしてそういう方法をとるのか。自分の周りの世界をスポンジのように吸いこんでは、日々の暮らしを魅力あふれるストーリーとして絞りだす。そして筆力が素晴らしい。学問の世界で求められる退屈な、専門的な文章のスタイルとは大違いだ。こうしてチームが生まれた。

この本は、僕が長いあいだ温めていたプロジェクトだった。経済開発という専門特化したお堅い世界と、必ずしもフルタイムの仕事としてでなくても貧困問題に関心を持ち、かかわっている人々の幅広い世界とに橋をかけたいとずっと思っていた。僕や同僚の研究成果の多くは、専門誌の片隅に埋もれているのがおちだ。議論にのぼるのは、主に、学者や開発専門家、大きな財団などが集まる会議でだ。たとえ一般の人の耳に入るとしても、たいていは複雑で、退屈で、無味乾燥なものだと思われる。

しかし真実は大違いだ。現場で研究をしたことがある人なら誰でも断言するだろうが、これは面白くて、刺激に満ちた感動的な仕事だ。ジェイクのブログを読んで、彼なら普通の人々とのやりとりを鮮やかに描き出し、同時に研究自体についても書いて、それを伝えることができるに違いないと思った。そこで、ガーナのプロジェクトが終わろうとするころ、僕は一緒に本を書こうと持ちかけた。どこから見ても、とても魅力的なオファーだった。うらやましいくらいだ。世界中を旅し、プロジェクトを訪ね、最新の研究成果を読み、そして書くんだから。彼は喜んで承知した。僕も何度か一緒に旅をした。iPod touchでスクラブルのゲームができることを発見したことは、現地を訪ねたり、二人でこもって執筆したりするときの生産性を高めるのには役立たなかったけど、場を盛り上げてくれたのは間違いない。一八カ月と何万キロもの旅を終え、僕たちは今こうして書いている。

この本の語り手

何と言っても、僕たちの目標は、この本を読みやすく面白いものにすること、本が読者に直接語りかけるようにすること、読者を普通ならまず行かないような世界の各地に連れていき、そこに暮らす人々と向き合ってもらうことだった。でも、間違っても、読者が今読んでいる部分をどちらが書いているのかが分からなくなって戸惑う事態は避けたかった。

そこで、この本は完全に二人のコラボレーションによるプロジェクトだけど、ジェイクと僕は、全編を通して僕を語り手にしてシンプルにすることにした。この本では「僕」はディーンだ。でも書いたのは二人だ。そして、これらのページにとびっきり生きのいい文章があれば、ジェイクが書いたものだと思って間違いない。

あれ、どちらが書いたんだろう、と考えなければならないのは、うまく書けているときだけのはずだ。

読んでくれてありがとう。

ディーン・カーラン（僕）、ジェイコブ・アペル（ジェイク）

第1章　はじめに――僧侶と魚

ロサンゼルスのマリナデルレイの入り江の朝はまぶしいほど晴れわたり、潮と魚の匂いと、ペリカンの鳴き声に満ちている。突堤の端に数百羽ずつ群れているペリカンは、歩き回ったり、けたたましく鳴いたり、喉袋に溜めた朝ごはんを、頭をのけぞらせて飲みこんだりしている。一心不乱に魚をむさぼるペリカンたちは、そばを行きかう小型ヨットには気がつかないようだ。

そのひとつにジェイクが乗っていた。ガールフレンドのチェルシーと、チェルシーの父親と一緒に、穏やかにうねる太平洋に乗り出し、帰ってきたところだ。灰褐色の岩にとまった灰褐色のペリカンの群れのそばを通り過ぎ、マリーナへ続く水路を進む。ガソリン給油所を過ぎ、カタリナ島行きフェリーの大きな船首とすれ違い、仏教の僧侶たちの前を通り過ぎた。

そう、仏教の僧侶だ。サフラン色の衣や普通の服装のあの質素ななりをした人たちが、折りたたみのトランプ用テーブルを囲んで埠頭に立っていた。テーブルの上にはブッダの座像とオイルランプを備えた小さな祭壇がしつらえられていた。その前の地面にはトランクほどの大きさのプラスティックのおけが置かれている。低い海面上のヨットからは、おけの中身は見えなかった。僧侶たちはおけに向かって祈りを唱えていた。

チェルシーの父は船をアイドリングさせ、ぐるっと半円を描いて僧侶たちがいるところまで戻った。祈りが終わると、おけにいちばん近いところにいた二人が取っ手を持ち、埠頭の端まで引きずっていった。そしておけを傾けた。

おけから水とともに小魚がどっと流れだし、銀色にぴちぴち跳ねながら海に飛び込んだ。小魚はあちこちにさっと散り、たちまち見えなくなった。飛び込んだところからさざ波が立ち、引き潮に引かれて沖へ広がっていった。僧侶たちはもう一度深く頭を垂れ、片付けはじめた。

後でチェルシーから聞いたところでは、ジェイクが目撃したのは、定期的に行われている儀式だという。僧侶たちは、二週間に一度、おけ一杯の魚を逃がしてやる。間違った行い（彼らはそう信じている）を正すための、彼らなりのささやかな行動だった。魚は殺されるべきではないと考え、自由を買ってやるのだ。漁師に声をかけ、その日の水揚げを買い取り、お祈りをして魚を水路に放し、海に戻してやる。

感動的な行為だった。ジェイクの話しぶりからも分かる。確かに、いろいろ意見はあるだろう。シンボリックな意味しかないとか、その小魚はもう一度捕まるかもしれないとか、そんなことをしても漁は毎日続けられるとか、せいぜいバケツの中の一滴（または大洋の中のバケツ一杯）でしかないとか。でも事実は変わらない。僧侶たちは信じるところに従い、慈悲の心から行動していた。

でも、ジェイクと僕がこのことについて話し合ったとき、どうしてもある疑問が頭から離れなかった。僧侶たちが善い行いをしようとしていたのは明らかだ。でも、もっとうまい方法があったんじゃないの？

その日に水揚げされた魚を確実な死から救うことが目標なら、あらかじめ漁師にお金を払い、漁に出るなと言えばいい。そうすれば、魚はそもそも捕まえられて海から引き上げられるというトラウマを受けなくて済む。漁師も夜明けに起きてせっかく獲った魚を海に投げ返されるのを見るという、シーシュポスのような果てしない無駄骨を折らずに済む。船を動かすガソリンも節約できるし、餌の節約にもなる。

僧侶たちが善意で行動していたことは明らかだけど、最善の方法を見つけたとはいえないだろう。確かに、そんなことは大した悲劇じゃない、小魚を逃がしてやることは切羽詰まったグローバルな問題ではない、と言う人もいるだろう。でも、ここには学ぶべき教訓がある。つまり、問題を解決するには善意だけでは不十分、ということだ。どんな問題よりもこのことが意味を持つのが、世界の貧困との闘いだ。貧困はまさに切迫したグローバルな問題であり、その解決に向けて真っ先に結集される（そして多くの場合唯一の）資源は、善意だ。

貧困と闘う（そして魚も救う）ための二面戦略

僧侶たちのように、思いやりの心から行動し、他者のために善いことをしようと努めるのは、僕たちの最良の部分だ。世界各地で貧困撲滅のために行われている事業の大半は、そういうものだ。こうした心からの利他的な衝動から生まれるものは、何であれ大事にしなくちゃいけない。

でも、僧侶とおけの小魚の話には学ぶべき教訓がある。善意がどんなに大きくても、それを実行する最も効果的または効率のよい方法が取られていないことがある、ということだ。魚を救おうとするときにも、マイクロ融資をするときにも、マラリア予防の蚊帳を配布するときにも、虫下しの錠剤を配るときにも、そういうことがある。本当に理解しなければならないのは、どうすれば善意を超えて行動をすることができるか、どうすれば最善の解決法を見つけることができるか、だ。

貧困について真のコンセンサスが得られているのは、問題の深刻さについてだけだ。世界人口の約半分に相当する三〇億人は一日二・五〇ドルで暮らしている（正確に言えば、生計費で調整して二・五〇ドル。つまり米国で一日につき、二・五〇ドルで実際に買えるだけのモノで暮らしていると考えればいい）。世界の貧困の緩和を目指す多くの人々や組織、プログラムからなるあの巨大な複合体の中で交わされる援助と開発についての議論には、これほどの規模の貧困がいつまでもなくならない理由について、主として二つの相反する説明がある。まず、援助プログラムへの私たちの支出はまったく不十分であり、関与の度合いを大幅に強める必要がある、と主張する一派がある。最も豊かな国々が貧困削減のために拠出しているのは、平均してその富の一パーセントにも満たない、と彼らは指摘する。すでに存在するプログラムにさえ、十分なチャンスを与えていない、という。真っ先にしなければならないのは、もっと与えること、それももっともっと、大量に。

もう一方の陣営が語るストーリーは、これとはまったく様相が異なっている。今のような援助はうまくいかない、お金で問題を解決しようとするのは効果がない、というのだ。過去五〇年の間に、世界の最も豊かな国々は貧困削減のために二兆三〇〇〇億ドルもすでに費やしてきた。そのお金で私たちは何を達成したというのか。まだ全世界の半分の人々が貧困に苦しんでいるというのに、私たちは正しい道を歩んでいると本当に言えるだろうか。初めからやり直す必要がある、と彼らは言う。今日の援助と開発関係のコミュニティは、贅肉だらけで協調に欠け、誰に対して責任を負うのかがはっきりしていない。失敗するのは目に見えている。だから、国連のような肥大した動きの鈍い国際機関から資源を引き揚げ、一から出直し、現地生まれの小規模で小回りのきくプログラムに力を注ぐ必要がある、と主張する。

どちらの陣営も、著名な経済学者を後ろ盾としている。国連顧問を務めるコロンビア大学のジェフリー・サックスと、元世界銀行幹部のニューヨーク大学のウィリアム・イースタリーだ。サックスとその支持者たちは、絵に描いたような変身物語で僕たちを喜ばせてくれる。イースタリーたちの陣営は対抗して、「世界は腐っていて、あらゆる試みは失敗する」というぞっとするような逸話を繰り出してくる。するとどうなるか。議論は平行線をたどり、将来は不透明なままだ。行きつく先は停滞と惰性だ。つまり、列車は転覆する。前に進む道はない。

ジェイクと僕は、実は前進する方法は「ある」と言いたい。なんのかんの言っても、サックスもイースタリーも、「援助は効果があるときも、ないときもある」という一点には同意できるだろう。これにはそれほど異論があるはずがない。

そう考えれば、重要な問いは、ど
の
援助が有効なのかだ。議論は雲の上で行われてきたけど、答えは地上にある。両極端の意見にこだわって身動きがとれなくなるより、細部に目を向けよう。貧しい人々が直面している具体的なチャレンジや問題に光を当て、彼らが何と闘っているのかを理解するよう努め、可能性のある解決法を提案し、それが効果をあげるかどうか試すんだ。効果があり、それも持続的に効果を立証することができるなら、規模を拡大してより多くの人々がその恩恵を受けられるようにする。効果がないなら、修正したり新しいことを試したりしてみよう。このやり方をとっても、一気に貧困を撲滅できるわけじゃない（もちろん、これまでに成功したやり方はない）。でも、貧困の撲滅に向けて、測定可能で意味のある真の歩みを進めることができるし、またそれが現実になりつつある。これこそが、前進だ。

そのためには、二面戦略が必要だ。

第一の戦略は、まず問題を理解すること。そのなかには、住民全体の人間関係や情報交換の仕方、売買や交換の方法など、システムそのものに根ざした問題もある。一方で、個人としての僕たちの意思決定の方法にも問題があるという認識も広まりつつある。行動経済学にヒントを求めるのはここだ。

昔なら、経済学者は僧侶の行動をかなり杓子定規に解釈していただろう。魚のコスト、僧侶たちの頭の中にある魚を救うことで生じる帰属価値、漁師の時間の機会費用、船にディーゼル燃料を使うことの社会的影響などについて論じる。聴く方は眠ってしまうだろう。もっと重要なのは、あれこれ講釈しても、おそらく僧侶たちは相変わらずマリナデルレイの入り江における魚を放しつづけているだろう、ということだ。

これは、僕たちの行動の動機についての狭い見方だ。従来の経済学に登場するのは「経済人」、合理的な意思決定の権化だ。僕はこういう人々を、リチャード・セイラーとキャス・サンスティーンの本、『実践 行動経済学（原題 *Nudge*）』から借用して、「イーコン（Econ）」と呼んでいる。二つの選択肢から選ぶ必要があるとき、イーコンは考えられる限りのあらゆる費用と便益を比較検討し、それぞれについて「期待値」を計算し、最も期待値が高い選択肢を選ぶ。イーコンは絶対にカッカしないうえに、きわめて組織だった信頼性のある計算機だ。選択肢について正確な情報を与えられれば、どんなときでも、全体の満足度が最高になる可能性が最も高い選択肢を選ぶ。

行動経済学は、従来の経済学の狭い定義を、二つの重要な方向に広げてくれる。ひとつはシンプルに、「あつかうのはお金だけじゃない」。何ら新しいことではないとも言える。たとえば、ゲーリー・ベッカーはどう見ても「従来型」経済学者だが、何年も前から経済分析を用いて結婚や犯罪、出生率などについて考察している。もうひとつの拡大はもっとラジカルだ。行動経済学は、僕たちがイーコンと違って、必ずしも費用便益分析に基づいて決断を下す（さらには、そういう計算をしたかのように行動する）とは限らないという認識に立っている。人によって優先順位が違うことがある。何かに惑わされたり、衝動的になったりすることもある。計算でへまをすることもある。それにあまり認めたくはないだろうが、僕たちはぞっとするほど一貫性がない。僕たちがさまざまな面でイーコンと違うことを際立たせるために、セイラーとサンスティーンはずばりと単純な用語、「ヒューマン」を使っている。僕もこれにならおう。

行動経済学の守備範囲は、もっと微妙な行動、一貫性を欠くこともある行動にまで及ぶ。たとえば、体重を減らさなければと言いながら、こっそりチョコバーをつまむのがやめられないとか、クレジットカードの負債残高を減らそうとしているのに外食ばかりしているといった行動だ。あの僧侶たちは、従来の経済学の言い分など意に介しないのだろう。魚を海に戻してやるのは、漁師にお金を払って漁をやめさせても本来の目的にかなわないと思っているからかもしれない。魚がぴちぴちと海に飛び込む音を聞き、花火のように散っていくのを自分の目で見ることが、彼らにとって重要なのかもしれない。自由の身になって飛び跳ねる魚をその目で見ることに、何か心理的な効果があるのかもしれない。あるいは、そういう霊的なつながりを得ることと引き換えに、わざわざ効率の悪い解決法を喜んで受け入れているのかもしれない。

行動経済学の画期的な点は、僧侶たちの行動を理解したければ、彼らがなぜ、いかにしてあのような決定に至ったのかを解明しなければならないと主張したことだ。行動経済学では、中核となる原理を出発点として、だからこう考えるはずだと推定するのではなく、現実世界の人々の行動を観察し、それに基づいて意思決定のモデルを創り上げていく。この本のさまざまな部分で見ていくが、貧困と闘うより良いプログラムを設計するのにこういう考え方が役立つ。

でも、古いモデルは捨てるべきだと言いたいわけじゃない。行動経済学は強力なツールだけど、ことわざにも言うように「金槌を持っているからといって、あらゆるものが釘だとは限らない」。これから紹介する貧困撲滅プログラムのいくつかは、まさに基本的な経済学から着想されたものだ。古いアプローチと新しいアプローチを組み合わせれば、僕たちが取り組んでいる問題とはどういうものかを正しく理解し、最も優れた解決法を考案し実行できる可能性が最大になる。

目の前の問題を理解するという第一の戦略は、出発点ではあるけどこれだけでは不十分だ。無人島に錆だらけの手漕ぎボートで漂着したと想像してみよう。問題を理解するとは、穴だらけのボートがなぜ浮かばないのかを理解するようなものだ。どんなに深く理解しても同じこと。それだけでは家に帰れない。もっと良いボートを作る方法を見つけなければ。

そこで登場するのが、厳密な評価という第二の戦略だ。評価によって、競合する解決策――難破船の例で言えば、さまざまな設計のボートや穴をふさぐ栓――を比較し、どれが最も効果的かを判断できるようになる。独創的でよく考えられた評価のいいところはそれだけじゃない。なぜある解決策が他のものより効果があるのかを理解する助けにもなる。

あの僧侶たちのケースではこうなる。たとえば、新しい市場の創設を提案する。漁をしない漁師を雇う市場だ。これによって僧侶たちはもっと効率よく魚を救うことができるはずだ。理屈は通っているように聞こえるかもしれない。でも、それで満足するんじゃなく、次は実際に現場にいって試してみよう。よさそうに見えるものでも、うまくいかないことがある。僧侶たちは別に魚がしぶきを上げて海に飛び込むのを見たいわけではなく、漁師たちが漁をやめてくれるなら喜んでお金を払う用意があるのかもしれなくても、それを阻む問題があるのかもしれない。それは、信頼の問題だろうか。漁師たちがお金を受け取るだけ受け取って、結局漁に出てしまうのではと僧侶は心配しているのかもしれない。あるいは、モニタリングの問題ということもあり得る。漁師が約束を守るよう一人ひとりについて回るには僧侶の数が足りないとか。厳密に評価することで、「漁をしない」市場がもっと多くの魚を救えないことの原因となっている具体的な問題が見えてくるだろう。

開発の世界では、厳密な評価をとおして、世界に広がる貧困を撲滅する最善の方法は何かという議論の答えに近づくことができる。現場で、あるプロジェクトが効果をあげているかどうかを見極めるということだ（そうするうちに、どのプロジェクトがほかのものより効果が大きいかが分かってくる。その差がとても大きくなることもある）。そんなことは言うまでもないと思われるかもしれない。援助機関は、自分たちが最大の成果をあげているかどうかを確認するために、つねに注意深く徹底的な評価をしているはずだ、と。そう思っているなら、とんでもない。

最近まで僕たちは、貧困との闘いでは何に効果があり、何に効果がないのか、驚くほど少ししか理解していなかった。特定の開発プログラムの有効性を測定することによって、長いあいだ不足していた確かな証拠が、ようやく最近になって得られるようになってきた。その多くを、この後のページで紹介する。次章では、測定の方法を少し詳しく説明する。

貧しい人たちに少額のローンを提供するマイクロクレジットは、その効果が証明されないうちに早々と熱烈に受け入れられ支持されたアイデアの好例だ。人々が興奮したのも無理はない。マイクロクレジットという構想そのものに魅力があるからだ。多くの人の琴線に触れる。たとえば、マイクロクレジットは女性をターゲットにすることが多い。女性の経済力を高めれば家族全体が恩恵をこうむると信じる人は多い。また、マイクロクレジットは、自分で事業を起こそうとする人に目を向けることが多い。そういう人たちは、わずかな運転資金を利用することができれば、自らの創意工夫と起業精神で、劇的に生活を向上させることができると信じる人は多い。マイクロクレジットはしばしばコミュニティを対象とする。個人だけでなくコミュニティも巻き込めば、成功する見込みが大きくなると信じる人は多い。でもある意味で、この熱狂には驚かされる。高利の借金の有用性についてのダブルスタンダードに基づいているように思えるからだ。貧しいマイクロ起業家に（貧困緩和を期待して）年率一〇‐一二〇パーセントで融資するマイクロクレジット・プログラムに大量の資金が流入する一方で、アメリカで貧しい人々に同じような利率で融資するペイデイローン〔次の給料を担保とする高利の小口ローン〕の会社に大勢の人が怒っている。

こういうローンが人々の生活向上に実際に役立っているのかどうかは、基本的な事実を知らなければ、どちらの主張を信じるべきか判断できないし、まして、両者の言い分を歩み寄らせることなど不可能だ。でも、厳密な評価はそれを可能にするし、実際に役立っている。第4章で紹介する南アフリカでの研究には、多くの人が驚いた。年率二〇〇パーセントという高利でも、消費者金融が利用できると、平均して人々の生活は大幅に向上することが分かったからだ。これは、すべてのクレジットがすべての人にとって良いということを意味するものではない。でも僕たちは「これは効果があるが、あれは効果がない」「これは良いが、あれは悪い」という思い込みを、批判的な目で見直すべきだろう。僕たちは自分の意見を裏付ける具体的な証拠を持っているだろうか？

この本のいろんな所で触れる二面戦略は、強力な経済学的ツールだ。僕は開発経済学を教えるときは、学部でも博士課程でも必ずこれを使っている（少し形は違うけど）。その場合、三つの質問を柱にディスカッションを組み立てる。第一の質問は、「問題の根本原因は何か？」だ。行動経済学と従来の経済学、両方を使ってこの問いに答えること。この本でも僕たちの第一の戦略はこれだ。次にもう二つ質問する。

「政府の政策であれ、非政府組織（NGO）の介入であれ、ビジネスであれ、目の前にある〈アイデア〉は、実際に問題を解決しているか？　そして、そのおかげで世界はどれくらい良くなったか？」。厳しい評価を使ってこの二つの問いに答えることが、第二の戦略だ。

シンガーの湖に飛び込む

特定のプログラムに関する確かな証拠がなくても、人は貧困との闘いに参加してそれを支持する、説得力のある理由を見つける。その一つは、ずばり、倫理的な理由だ。あなたは会合に行こうとして湖沿いの道を歩いている。その会に出席できないと二〇〇ドル失うことになっている。子どもが湖でおぼれているのが見えた。あなたには、二〇〇ドル損をしても、歩みを止め、湖に飛び込み、子どもを助ける倫理的な義務があるだろうか。

ほとんどの人は、イエスと答える。

それなら、貧しい人々を援助している多くの機関のどこかに、今すぐ二〇〇ドルを送る倫理的義務もあるんじゃないか。そうすれば一人の子どもの命を救うことができる。でも、ほとんどの人は、ノーと答える。あるいは、少なくとも小切手は切らない。

この例は、プリンストン大学の功利主義哲学者で僕のヒーロー、ピーター・シンガーによるものだ。(1)僕がよくこのことを考えるのは、たとえば、何かの店で本当は必要じゃないものを買いたい誘惑にかられたときだ。あのお金はもっといいことに使えたんじゃないか？

シンガーの基本的なアイデアに、少なくとも僕は共感するけど、彼の主張の論理的帰結は受け入れにくい。彼の厳密な功利主義的論法によれば、おぼれている子どもを救うための二〇〇ドルさえ本当に出すことができないほどすっからかんになるまで、寄付をするべきだということになる。イーコンなら、冷静なロジックの力に従い、寄付をする義務があると考えるかもしれない（もちろん、そもそもおぼれている子どもを救おうとするハートがあると仮定しての話だけど）。しかし僕が知っているヒューマンは誰も――「もっと援助をしよう」という飽くなき推進派であるシンガー自身でさえ――そこまでしない。

湖の例えの結論は居心地が悪いので、僕たちは一生懸命、論理の穴を見つけようとする。そして反論する。たいていの人は、まずこう言う。湖に飛び込んで子どもを助けた場合、自分が現実の世界に何らかの変化を起こしたことは明々白々だ。一つの命を救ったことを、この目で確かめることができる。でも、援助機関あてに小切手を切る場合、因果関係ははるかに分かりにくい。自分の二〇〇ドルが本当にちゃんと使われているか、どうして知ることができるんだ？

この本の大部分は、この反論に答えようとするものだ。いくつかの成功例（と失敗例）を詳しく見ることをとおして、援助プログラムを厳密に評価し、効果があることが確かめられたものを支持するように努めれば、自分たちが善いことをしていることを確かめることができると納得してもらえることと思う。

シンガーの湖の例えに対する二つ目の反論は、「被害者の顔が見えるかどうか」についてのものだ。二〇〇ドルの小切手で助かるはずのマダガスカルの子どもは見ることはできなくても、湖でもがいている子どもを見ることには何か道徳的に重要な意味があるという漠然とした感覚だ。論理的には、この反論は簡単に論破できる。誰かが家に駆け込んできて、「子どもが湖でおぼれている」と言えば、自分の目で見ていなくても助けに行かなければならないだろう。目隠しをしても倫理上の難問は解決しないし、単に視野を狭めて自分たちの責任を特定の地域に限定することだってできない。見ることはできなくても、世界のどこにいようと、子どもは子どもだ。

問題は、論理的にはこの反論は有効かもしれないが、直感的には納得できないことだ。理屈だけで同情や、他人に対する責任感を持つようにはなれない。行動を起こすには心を動かされる必要がある。

目の前で行われている行動経済学的な解決法

援助機関は資金集めを人々の同情に頼っているけど、倫理的義務感に訴えるだけでは十分じゃないことを経験から理解している。だからこそ、昔から募金活動では顔の見える被害者を使う戦術が定番になっている。たとえば「セーブ・ザ・チルドレン」は、毎月三〇ドルの寄付をすれば、あなたがスポンサーになっている子どもから写真と手書きの手紙が送られてくると約束している。イーコンなら、事実と数字と表でアプローチすれば落とせるかもしれないが、援助機関は僕たちがヒューマンであるという事実を一〇〇パーセント利用する。僕たちの感情をフルに使うわけだ。

これはまさに行動経済学を慈善活動のマーケティングに応用した例だ。寄付をする人々の心の中に入り込むことができれば、もっとお金を集めるための巧みな戦略が浮かんでくる。

そういう募金戦略の一つに、他の買い物に寄付を便乗させることによって、お金を手放す痛みを取り去るというのがある。ちょっと前、僕はホールフーズ・マーケットのレジに並んでいた。レジ係は、「ホールプラネット財団に一ドル寄付なさいますか」と言って、カウンターに置いてある小さなチラシを指差した。寄付をしたいと言えば、レジ係がチラシに印刷されているバーコードをスキャンし、請求金額に一ドル加算されるというわけだ。

レジに打ち込まれた食料品の額はもう一〇〇ドルになっているんだから、一ドル余分に出費しても懐への打撃はたかが知れている。ほとんど気づかないくらいだ。そのうえ、見返りは大きい。食料品の袋を抱えてホールフーズ・マーケットから出てくるときには、にわかにいい気分になっている。善いことをしたんだから。ホールプラネット財団に寄付金が押し寄せている理由はすぐに理解できる。

　寄付金集めのもう一つの行動経済学的アプローチでは、寄付の良い部分（善いことをしたという満足感）を、悪い部分（出費の痛み）から切り離すという手法を使う。財布が薄くなったといういやな気持ちに邪魔をされずに最初に満足感を味わい、後で支払うことができれば、寄付はずっとしやすくなる。

　驚異的な成功を収めた二〇一〇年一月の「テキスト・トゥ・ハイチ」キャンペーンで起きた現象が、まさにこれだった。甚大な被害をもたらした地震後の数週間、前例のない数の人々が被災者支援に立ち上がった。ほとんどが一〇ドル以下という個人からの少額の寄付が、信じられないようなペースで押し寄せた。携帯メールで寄付をするこの方法は、最初の三日間だけで一〇〇〇万ドル以上を集めた。

　携帯メールを送るには数秒しかかからないし、大きな満足感が得られる。「HAITI」と打ち、「送信」を押すと、たちまちあなたの気前のよさに感謝するメッセージが返ってくる。月末に来る請求書のことなんか、ちらっとも頭に浮かばない。実際に請求書が来ても、一〇ドルは、どうせ払うつもりの電話代にくっついているので、出費の痛みをそれほど感じない。

　といっても、あなたがカーラでなければの話だが。次にあげるのは、実際のフェイスブックのページからの引用だ。[2]

　カーラはプロフィールでこう言っている。「９０９９９〔米国赤十字の番号〕に二〇〇回以上もメールしました。……ハイチ救援基金に二〇〇〇ドル以上も寄付しました。あなたもしてね！」

コメント

ノア「ご両親は、今月の君の携帯電話の請求書に渋い顔をするかもしれないね」
カーラ「私のお金じゃないもん！」
カーラ「ちょっと待って……これってまさか電話代にプラスされるんじゃないでしょうね。ただだと思ったんだけど……」
アーロン「まったくもう、カーラ。違うよ。一回メールするたびに一〇ドル‼」
カーラ「えーっ、ほんと？　まずいことになりそう」
アーロン「そうだよ。フットボールの中継で見たよ。電話代といっしょに請求されるんだよ」
クロエ「そう、メール一回で一〇ドルよ。テレビの〈ザ・コルベア・レポート〉でもそう言ってたわよ。保健福祉省の女の人が出てきて説明してたわ。みんなにあなたの電話代払うの手伝ってってお願いするのはどう？」
カーラ「教えてくれてありがとう！　ハハ、ハイチは私を愛してくれるに違いないね」
カイル「電話代の請求が二〇〇〇ドルだって？　爆笑ものだね」
アーロン「うーん……君はへまをしたけど、この場合は少なくとも良い面も大きいよ」
カーラ「メールの回数を数えたわ……合計一八八回。一八八〇ドルの請求書。全然笑えないよ、カイル‼」

気を落としなさんな、カーラ。もっとひどく一八八〇ドルの使い方をしくじる方法もある。それにこんなことはめったに起きない。ほとんどの場合、人は寄付するとき、どれだけ寄付しようとしているのかを正確に知っている。

でも、行動経済学的マーケティングの手法を使えば、寄付をする人が、何に、または誰に寄付しようとしているのかを必ずしも把握できないようにすることができる。これは穏やかじゃない。

一例として、Kiva.org について見てみよう。すごく人気があるウェブサイトで、世界中のマイクロレンダーのために資金を集めている。サイトの利用者に仕組みを尋ねると、たぶん次のような答えが返ってくるだろう。ログインして、ローンを必要としている人々のストーリーを読む。気に入った人が見つかれば、クリックして Kiva を通してお金を送り、その顧客に融資することができる。その人がローンを返済すれば、融資したお金が戻ってくる。

大多数のユーザーがこういう風に言うだろうけど、大多数のユーザーは間違っている。

例えば、ペルーの顧客に一〇〇ドル融資しようとしてクリックするとしよう。舞台裏ではこういうことが起きている。数週間前に銀行のスタッフが既存の顧客のところに出かけて行って写真を撮り、プロフィールを書いた。ウェブサイトで目にするプロフィールだ。その女性に融資しようとしてクリックすると、あなたは一〇〇ドルを Kiva に無利子で融資することになる。すると Kiva は、その顧客に小口融資をしているペルーのマイクロレンダーに一〇〇ドルを無利子で融資する。一〇〇ドルはマイクロ融資者のローン・ポートフォリオに入り、年率四〇－七〇パーセントで顧客に貸し出される（その顧客は、あなたがクリックした顧客ではない。彼女はすでに融資を受けている）。もしあなたが選んだ顧客が実際にローンを返済できなくなったら、あなたは一〇〇ドル失うことになるけど、そういうことはめったにない。ほとんどの場合、他の顧客が彼女のローンを肩代わりするか、レンダー自体が穴埋めをする（Kiva.org 上の「記録」に傷をつけないためだ。そうすればもっと資金を集められる）。実際にはこういうことが行われてい

る。(3)

ちょっとした会話の中で、Kiva のユーザーから、Kiva を使うのは、まさに自分のお金が、ウェブサイトで話を読んで感動した特定のその人に届くというアイデアが気に入ったからだ、という話を数え切れないほど聞いた。彼らはつながりを感じている。だからお金を出そうという気になる。

これには複雑な心境になる。より多くのお金を集めるのは、もちろん良いことだ。Kiva は多額のマイクロクレジット資金を集めている(二〇〇九年一一月現在、一億ドル以上)(4)。問題なのは、開発プログラムをそれが実際に及ぼす影響でないことに基づいて売り込むと、手段と目的の間にずれが生じるということだ。ある戦術が寄付を募るのに目覚ましい効果をあげる——特定可能な被害者をクローズアップするのもそのひとつだ。だからといって、その戦術が貧しい人々の生活向上に本当に役立つプログラムを設計するのに最も力を発揮するとは限らない。

本当に優れた組織は、資金集めとプログラムの有効性をどちらも同じぐらい粘り強く追求する。そして多くの場合、それぞれについてまったく異なるアプローチをとることになる。重要なのは、その違いを認識し、尊重しなければならないということだ。僕たちは、紹介されるエピソードが現実の全般的な効果とは大違いであることをその組織がちゃんと認識していると信頼するしかない。そしてまた、彼らが寄付者を獲得するためにエピソードを利用するとしても、プログラムを作り上げるには厳密な証拠を求めるだろうと信じるしかない。

組織がその信頼に応えるのは至難の業だ。

僕たちはもっと要求してもいい

幸いにも、僕たちは開発組織が自ら態度を変えるのを当てにする必要はない。援助プログラムに最大の効果をあげてほしければ、最終的に船の舵を取る力を持っているのは僕たちドナー、つまりお金を出す側だと認識しなければならない。そう、僕たち。あなたや僕だ。

政府や主要な慈善財団、世界銀行などの大規模なドナーは、もちろん重要だ。でも小規模なドナーはもっと大きな意味を持つ。アメリカの個人は毎年二〇〇〇億ドル以上を寄付している。これは、企業や財団からの寄付と遺贈を合わせた額の三倍に相当する。(5) さっきも見たように、援助機関は、あなたや僕から効果的にお金を集める極意を身につけるのに労を惜しまない。僕たちがインセンティブを与えれば彼らが飛びつくのは間違いないだろう。

ジェイクと僕はこの本の締めくくりで、うまく船を操るために読者が個人としてできる実践的な方法をいくつか提案するつもりだ。でも、今ここでその最終的な結論の一つを明かしても、サスペンスが台無しになることはないだろう。小切手を切るのはいいことだけど、それだけでは不十分だ。行動経済学的マーケティングのおかげで、ほとんど労力もかけず、頭も使わずにそれができるときには特にそうだ。

それより、僕たちのお金が最大の影響を与えられるところを探し、そこへ小切手を送るべきだ。ビル&メリンダ・ゲイツ財団や、ヒューレット財団のように、これをポリシーとして実行しようとしている大規模ドナーもある。そして確かに、援助機関は自分たちのプログラムが効果をあげている証拠を示してそれに応えている。当然、小規模なドナーがひとりで行動してもこういう変化を起こすことはできない。でも十分な数の小規模なドナーが集まって、活動の効果を信頼できる形で示している援助機関に寄付するようになれば、最終的にプログラムがより良いものになるのは間違いない。そしてみなが行動を起こし、その数が臨界点に達すれば、お金を与えるという行為についての社会の考え方を少しずつだけど、着実に変えることができる。これは、集まったお金をもっとうまく使うためだけじゃない。援助はする価値がないと考える懐疑論者に、正しく行えば援助は効果をあげることができると説得するのにも役立つ。

カーラのフェイスブックのページを覚えているだろうか。あそこには重大なポイントが潜んでいる。カーラの最初の書き込みから分かるのは、ハイチに携帯メールで寄付するのは簡単なだけじゃなく、クールだってことだ。彼女はフェイスブックでシェアする価値があるほどクールな行動だと思った。好むと好まざるとにかかわらず、僕たちの寄付をしようとする動機にはたいてい社会的誇示の要素が混じっている。援助組織もそれを知っている。だから、寄付をしたことを示すリストバンドやステッカー、リボンなどの目に見えるサインが、寄付集めの効果的なツールになっている。

善意で行動する人は、誰であれ称賛に値する——その行為が最善には程遠いものであっても。でも、十分に影響を知ったうえで行う寄付が最もクールなことと見られるようになれば、僕たちはさらにどれだけ多くの良いことができるだろうか。

本書の行く先

理論はこれくらいにしておこう。では、実際にはどうやって最も効果があるプログラムを見分けるのか？　詳しくは次章で説明する。その後の章では、実際に効果をあげている具体的なプログラムについて、ジェイクと僕が学んできたことを紹介する。これらのプログラムの多くの発想は驚くほどシンプルで、的を射ている。お金持ちでも貧しくても僕たちみんながしているとてもたくさんのことが、行動経済学による革新的な洞察や解決法を使った新しい手法でうまくいくようになった。効果をあげているプログラムは、そういう洞察や解決法を貧困との闘いに応用している。だから各章は、「買う」から「男と女の関係」まで（と、その中間のもろもろ）、基本的な、だれもがする行動別に構成して、名前をつけた。

第3章では、開発プログラムで見落とされることが多い側面を見ていく。つまり、貧困層にプログラムをどう売り込むかだ。僕たちは、良いプログラムを設計することがすべてだと思い込みがちだ。でも考えてみるとこれは変だ。先進国では、製品の設計さえ良ければ売り込み方法など考えなくても十分だと考える人はいない。

第4章から7章では、いろんな特徴を持ったマイクロクレジットから貯蓄まで、マイクロファイナンスの諸側面を探っていく。このテーマにこんなに多くのページを割くのには、二つの理由がある。まず、これは事実上すべての人に関係があるからだ。米国ではあらゆる金融商品が行き渡っている。クレジットカードや住宅ローン、銀行口座を持っていれば、あなたは借り手と貯蓄者の巨大なネットワークの一員だ。先進国でこんなにたくさんの、そしていろんな人たちに、金融ソリューションが役立っているという明白な事実があるんだから、適切な金融ソリューションを考案すれば貧困層を助けることができるはずだ、という主張には説得力がある。こんなことが気づかれないわけがない。マイクロクレジットはたぶん歴史上、どんな開発ツールよりも大きな熱狂を呼び、支持された。これが、マイクロクレジットを詳しく検証する第二の理由だ。マイクロクレジットはほとんど援助産業のシンボルになっているので、何にでも効き目がある薬だと思われているかもしれない。僕たちはまず、マイクロクレジットには多くの利点があるけど、万能薬ではないこと、でも実際に確かな効果もあることを示したい。さらに、よくできたプログラムは、クレジットだけでなく貯蓄も含めたものだ。マイクロファイナンスの分野で最も有望なプログラムのいくつかは、ローンから貯蓄へ移行していて、ビル&メリンダ・ゲイツ財団などの巨大なドナーがその動きの先頭に立っている。

第8章から11章は、貧困解決法の探究を、ドルとセントの世界を超えて、こんなところでも経済学者が仕事をしていたのかと驚かれるようなところにまで拡大する。野外で畑を耕す農民や、子どもを学校に送っていく親たちといったパブリックな領域から、もっとプライベートな医者の診察室や、果ては人々の寝室まで、農業、教育、医療、セックスを取り巻く問題への革新的なアプローチを紹介する。先進国の僕たちの生活のそういう領域で使われるようになったツールの多くが、貧しい人たちの役にも立つことを見ていく。

最後に、前進するための方法——貧しい人たちの生活を大きく変える力のある具体的なアイデアと、それを成功させるために僕たち一人ひとりができること——をいくつか示す。

この本で論じる研究のほとんどは、評価に関するものだ。評価によって具体的な証拠が得られる。そして具体的な証拠こそ、どの開発手法を支持するかを決めるときの最大の判断材料とすべきものだ。でも、それ以外は考慮しなくてもいいとは思わない。独創性を発揮し、新しいことを試したり、失敗したりしなきゃいけないときもある。前へ進むためには新しいアイデアの力が必要だし、ドナーである僕たちは新しいアイデアにも見返りを与えるべきだ。

ジェイクと僕は、この本にすべての答えが書いてあるなどというつもりはない。繰り返し出てくるように、行動経済学は、貧しい人たちもみんなと同じように、もっと貧しく、不健康に、不幸せになるような失敗を犯す、ということを教えてくれる（貧しい人たちが失敗しないというのなら、他の人たちに「自助努力」講座を売り込んで、たちまち貧困を脱することができるだろう)。そういう失敗の本質を見極めて修正することが、世界の貧困を解決する必須条件だけど、それを達成する確実な方法を僕たちは持ち合わせていない。先進国のあらゆる人がそれぞれの闘いすべてに勝てるようにしてくれる確実な方法などないのと同様に。

とはいえ、先進国に住む僕たちは、こうした油断のならない根強い問題を少しずつ解決しつつある。より良い決定をするための具体的な方法も、自分たちの生活を大きく向上させる方法ももう見つけている。後で紹介する「セーブ・モア・トゥモロー」プログラムや stickK.com のような新しいツールを使って、もっと賢くお金を使い、もっと多く貯金し、より健康的に食べ、もっと理想に近い生活をすることができる。僕たちの生活をこんなに豊かにしてきたこういう解決法は、それらを最も必要としている人たちにも同じ影響を及ぼすことができる。そう理解することで、大きく飛躍できる。

どの方法が本当に貧しい人々のためになるのかを見極めること、そして未解決の問題を解決する新しい方法を探すこと。それがこの本の目的だ。

第2章　貧困と闘う――何をどうするのか

一九九二年のことだ。僕は大学院に進学する前に一年ほどラテンアメリカを旅したいと思い、親友と二人で何かいい方法はないかと探していた。ぼんやりとだけど開発プロジェクトのようなものが頭にあり、人権問題にも興味があった。その友だちが自分の大学の就職課でＦＩＮＣＡインターナショナル（ＦＩＮＣＡはFoundation for International Community Assistanceの略だけど、たいていＦＩＮＣＡで通る。今では米国でも資金力の豊富なマイクロクレジット組織の一つになっている）のパンフレットを見つけた。二人ともＦＩＮＣＡなんて聞いたこともなかったけど、パンフレットに釘づけになった。「マイクロクレジット」についで書かれていた。これも初めて聞く言葉だった。ＦＩＮＣＡのプログラムの説明を読むうちにわくわくしてきたことを今でも覚えている。途上国の起業家にわずかな金額を融資して、彼らが事業を広げ貧困から抜け出すのを手助けしているという。

当時僕は投資銀行で働きはじめて二年たったところで、年がら年中、金融のことばかり考えていた。貧しい人たちに融資するというアイデアに心を奪われ、僕たちは履歴書を添えて売り込みの手紙を送った。

最初、僕たちは、ラテンアメリカのＦＩＮＣＡの事務所をひとつずつ訪ねて、国を超えて情報とアイデアを共有できるようにしてはどうかと提案した（なにしろ、ラテンアメリカ中を旅したかったからね）。でも、ＦＩＮＣＡインターナショナルは、僕たちの履歴書にコンピュータ関係の経歴があるのを見つけ、もっと良いアイデアを提示してきた。エルサルバドルへ行き、そこで使われている専用の銀行業務ソフトウェアを勉強し、ラテンアメリカの他の国の事務所でも使えるように修正するという仕事だ。こうして僕たちは旅立った。

でも、期待とは大違いだった。六週間の予定が三〇カ月になった。そして、僕の職業生活最大の失敗にもなった。

友人と僕は、四つの国の複雑怪奇な会計基準に対応できる真新しいソフトウェアを一から作り上げ、ラテンアメリカで広く行われているありとあらゆる融資の慣行をカバーできるようカスタマイズした。後で聞いたところでは、ソフトは使われずに放っておかれ（エルサルバドルとペルーでほんの数年使われただけ）、ついには完全に捨てられた。僕は落ち込んだ。期待に応えられなかったと思った。

でも、ＦＩＮＣＡでの経験には良い面もあった。僕は、自分が本当にやりたいことが分かった。

あの三〇カ月の間でいちばん興奮したのは、事務所にいるときでも、コンピュータに向かっているときでもなかった。ＦＩＮＣＡの職員や援助活動家たちと何百回も食事をしているときだった。僕たちはマイクロクレジットについてさまざまなことを話し合った。どんなことをしているのか、なぜそれがうまくいっていると思うのか、もっとうまくやるにはどうすればいいか。会話は面白かったが、それ以上には進まなかった。僕たちには、そこから発展させていくためのしっかりとした基礎がなかった。最初は、データを見てちょっと分析し、ＦＩＮＣＡの融資プログラムの有効性を測定する方法を考えればいいと思った。でも、見ようにもデータ自体がない！　僕たちにもＦＩＮＣＡにも、マイクロクレジットがいったいどういう風に貧しい人たちの助けになっているのか、それどころか、そもそも助けになっているのかどうかさえ分からない、というのが悲しい現実だった。

必要なのは、マイクロクレジットがＦＩＮＣＡの顧客の生活に与えている影響の確かな証拠だった。

初めてマイクロクレジットの「影響評価」を見たときは、胃が痛くなった。ドナー向けのパンフレットに載せる見栄えのよい数字をはじき出す狙いで作られているのは明らかだった。プロジェクトが本当に有効かどうかを判定することが目的ではなかった。ローン顧客への質問はこんな調子だ。「ＦＩＮＣＡに参加する前に比べて、あなたの食生活は良くなりましたね」。僕はまだ経済学も調査手法も学んでいなかったけど、これでは何の証明にもならないことぐらい分かった。（念のために言っておくけど、これは二〇年前のことだから、顧客への質問が一字一句この通りだったと誓うことはできない。でも、調査対象はそのとき顧客だった人だけだったことは確かだ。この点については後で触れるけど、プログラムの影響を本当に知りたいなら、これは大きな過ちだ）。その後、ＦＩＮＣＡの影響評価のやり方は、他の組織と同じだということを知った。つまり、ほとんどやっていなかった。

僕はその後もＦＩＮＣＡのようなマイクロクレジット組織で働き続けることを考えた。でも、僕には本物の変化を生みだすために何ができるのか？　僕は何を知っているというんだろう？　大したことはできないし、知識もあまりなかった。それに、何かを知るには、読むべき資料を見つけるだけでは不十分だということぐらいは分かっていた。情報はその辺に転がっているのではなかった。だから僕は、経済学の博士課程で学ぶことにした。いつかマイクロクレジットに戻り、何が有効で何が有効でないのかを見極めるのに必要なスキルを身につけられると思ったのだ。

大学院に入ると、開発の世界には二種類の人がいることがはっきりと分かった。考える人と行動する人だ。行動する人は現実の世界に出ていき、ベストを尽くしていた。ただし、彼らにはものが見えていなかった。一方、考える人は象牙の塔の中で、興味深い分析的な研究をしていた。ところが彼らは行動する人と話をする段になると、言葉を持たないことが多かった。研究の多くは、一度も現実の世界に出ていくことがなかった。

考える人は、「われわれの研究はもっと深遠なものであり、社会の仕組みの基礎を理解するのに役立っている」と主張しようとする。その通りだろう。でも僕は納得できなかった。僕には、どこかの時点で「深遠」を超えて、するべきことを教えてくれる「結果」へ進まなければならないということが分かっていた。でも、考える人と行動する人のこの分裂にも、明らかな例外があった。当時マサチューセッツ工科大学（ＭＩＴ）の教授だったマイケル・クレーマーとコーヒーを飲みながら、僕の博士論文のテーマの候補について話していたときのことを鮮やかに覚えている。マイケルは数年前からケニア西部のブシアの学校で、制服や教科書などを支給した場合の影響を測定する実験を行っていた（この実験については、後の章で詳しく見る）。ブシアでの彼の研究が、僕を含めて多くの人の出発点になった。でも僕は、自分の論文が、他の学生が取り組んでいる論文に比べて単純すぎるように見えるのではないかと不安だった。僕が研究したかったテーマは、クレジット市場についての立派な理論的問題に基づいているといっても、要するに「融資するかどうかをコイン投げで決める」ことだった。経済学の博士号をとるのに評価されるほど難しくも、複雑でも、洗練されてもいないような気がした。僕はマイケルに、こんなことがそもそも博士論文のテーマとして認められると思いますか、それともサイドプロジェクトとして取り組むべきでしょうか、と質問した。彼のシンプルで核心を衝く答えを今でも覚えている。「大事なのはどういう問題を立て、君がそれにどれだけ信頼性のある答えを出せるかだ。世界が必要としているのはそれだよ。君は、今までうまく答えられていなかった重要な問題を取りあげようとしているし、取り組み方もいい。だからやりなさい！」

博士課程を終え大学で教えはじめたときに考えたのは、僕や同じ志の教授たちの研究が単に出版されて、後は学界の埃っぽい本棚に積み上げられたままにならないようにしたいということだった。それには新しいタイプの組織が必要だった。学問的研究に適した頭を持ち、足は現実の世界にしっかりと踏ん張る。政策として意義のある研究の拡声器と旗振り役になり、研究の成果を挙げる熱意にあふれた人が集まってくる。そして何よりも重要なのは、有効性が証明されたアイデアの規模を拡大できるよう力を尽くす。そんな組織だ。

僕はこのアイデアを、大学院での指導教授だったアビジット・バナジーとエステル・デュフロとセンディル・ムライナタンに売り込んだ。彼らもそういう組織がぜひとも必要だという意見で、うれしいことに理事になることを承知してくれた（もう一人の理事はコロンビア大学教授のレイ・フィスマン。僕たちをよく知っていたが、彼自身はこういう種類のフィールド研究はしていなかった）。こうして「ディベロップメント・イノベーションズ」が生まれたが、間もなく名前を変えた。一年が過ぎた二〇〇三年、アビジットとエステルとセンディルは、MITに「貧困アクション研究所」（現在の名称は、アブドゥル・ラティフ・ジャミール貧困アクション研究所、略してJ-PAL）という研究センターを立ち上げた。同じ志を持つ世界中の研究者のネットワークとして機能している。J-PALも同じように、貧困問題を解決する強力なソリューションを探すことに熱心に取り組んでいる。

エステルはまさに自然の驚異だ。この二年の間に、マッカーサー財団フェローシップ（別名「天才」

フェローシップ）や、よくノーベル経済学賞に最も近いといわれるジョン・ベイツ・クラーク賞をはじめ、数え切れないほどの栄誉に輝いている。僕たちはみな、彼女の仲間であることを誇りに思っている（何といっても僕の自慢は、彼女の初めての学生だったことだ！）。

アビジットとエステルとセンディルと僕は、二つの組織が密接に協働すると最初から分かっていたので、ディベロップメント・イノベーションズの名称を「イノベーションズ・フォー・ポバティー・アクション」（IPA）に変え、これまでずっと一緒に仕事をしてきた。

IPAは毎年、規模を少なくとも二倍に拡大してきた。二〇〇二年に創設したときは総収入が一五〇ドル（ニュージャージー州での登記費用）だったのが、二〇〇九年には補助金や契約収入が一八〇〇万ドルになった。今では四百人ほどの従業員がいて三二カ国でプロジェクトを展開している。いくつかの国ではIPAが自ら貧困撲滅プログラムを運営しているけれど、世界中で行っているIPAの事業の圧倒的多数は、他の組織との共同事業だ。プログラムを実行する他の組織――たいていはローカルまたは国際的な非営利組織――と組んで、何が有効で何が有効でないかを見極める評価方法を設計して運用し、分かったことを世界に発信している。

前へ進めない？

第1章で触れたように、ジェフリー・サックスとウィリアム・イースタリーは、「援助は本当に有効か」という非常にシンプルだけれど答えの出にくい問題をめぐって、長年、角を突き合わせてきた。対立の根っこには、何を「証拠」とするかについての見解の違いがある。最近まで、援助の有効性についての議論は、複雑な計量経済学と信頼性に疑問がある国別データに縛られていた。IPAが実際にいくつかの開発プログラムの有効性を評価した先進的な研究から、ついにこの問題についての新しい考え方が生まれようとしている。

援助をめぐる論争を解決するための次の一歩は、演壇からますます声を張り上げることでも、膨大な国別データをバックオフィスで分析することでもない。そんなことよりずっと簡単で、もっと直接的だ。実際に効果をあげている個別のプログラムを探しだし、サポートする。効果をあげていないプログラムを探しだし、中止する。そして両方のパターンを観察して、成功をもたらす条件を見極める。そうすれば、最初から良い解決法を設計できるようになるというわけだ。

これをするには、現場に行って開発の実務家とともに評価をする必要がある。ここアメリカでは、一九七〇年代にはすでに経済学者が労働省の職業訓練や労働刺激税制などの社会的プログラムの厳密な評価を行っていた[1]。でも、どういうわけか、開発の分野では、評価が根づかなかった。たぶん、僕たちがドナーのときは、納税者のときより甘くなりがちだからだろう。ついこの間まで、貧困との闘いに使うツールを選ぶときに助けになる確かな証拠はないに等しかった。視界ゼロで飛行機を操縦するようなものだ。

次の例えについて考えてみてほしい。医療の世界では数千年もの間、ニキビから癌、精神異常にいたるまでの何百もの病気を治療する最善の方法は、瀉血《しゃけつ》だというのがほぼ一致した見解だった。もちろん、医師によってバリエーションはあった。メスで切開するのを好む医師もいれば、蛭《ひる》に吸わせるのを好む医師もいた。けれども基本的な原理については合意があった。病気になるのは血液中の毒素のせいだから、血液とともに毒素を流しだせば問題を解決できる、ということだ。ようやくこの治療法が廃れはじめたのは、一九世紀の半ばだ。科学的な医学が出現して、誰かがついに効き目がないことを徹底的に証明したからだ。

悲しいことだけど、貧困と闘うために今世界中で行われている事業の多くは、ある意味で瀉血のようなものだ。気持ちを駆り立てる理念——困っている人たちがいる、だから助けるために何かを与えなければならない——を多くの人が信じているし、ある程度は意見が一致している。でも、そこから先に進まない。組織的にテストしたり、それに応じて手法や治療法を改善したりするプロセスは始まったばかりだ。

この後の各章では、何が有効で何が有効でないかについて僕たちがこれまで学んだことと、それを見分ける基本的な方法を紹介しよう。専門的な詳細に深入りしてうんざりさせないよう努めるつもりだ。（そういうのが知りたいという僕のようなオタクのみなさんは、巻末の注に関連研究とコメントを挙げるので参照のこと）。じゃあこういう方法は効果があるのかと質問したくなるかもしれない。そういう質問すべてに答えられると胸を張って言うことはできないけど（すべてでなくても無理だろう）、少なくとも出発点、影響について批判的に考える方法を示したいと思う。ニュースを聞いたり、会話をしたり、寄付をしたりして貧困問題にかかわるときにはきっと役立つはずだ。

ランダム化比較試験——適切な質問をする

では、何が有効かを見つけるには、正確にはどういう方法をとるのか。僕たちが使っているのは、ランダム化比較試験（ＲＣＴ　Randomized Control Trial）というツールだけれど、最先端の手法なんかじゃない。実際は一〇〇〇年前ぐらいから使われている。経済学そのものよりずっと古い。長い間、これが、いろんな科学の分野で有効性を確かめる黄金の基準だった。一つ例をあげると、米国食品医薬品局は、新薬を承認するときにRCTによるデータの提出を義務付けている。一般に、厳密で体系的な有効性の証拠を大規模に集める必要があるときは、できるだけRCTを使う。

RCTの威力は、プログラムがその参加者に与える影響を、客観的に先入観なく描き出すことができる点にある。では影響とはどういう意味か？　簡単に言えば、影響を測定するとは、（少なくとも）一つのシンプルな質問、つまり「プログラムに参加した人々の生活はどう変化したか。プログラムがなかった場合の変化と比べてどうか」という問いに答えることを意味する。

開発プログラムに対する評価は、質問の前半の「プログラムに参加した人々の生活はどう変化したか」という問いにしか答えていないことが多い。つまり、人々の以前の状態（「ビフォー」）はどうだったかを測り、その後の状態（「アフター」）と比べるのだ。これはそのものずばり、「ビフォー－アフター」評価と呼ばれている。

「ビフォー－アフター」分析はたいていあまり役に立たない。あまりにも役に立たないから、多くの場合、「ビフォー－アフター」をやるくらいなら、評価なんかやめてしまって、もっと多くのサービスをひたすら提供した方がいいと言いたいくらいだ。何も教えてくれないようなひどいやり方で影響を測定するのは、倫理に反すると思う。もっと良い使い道があったお金をどぶに捨てているんだから。

「ビフォー－アフター」アプローチがだめな理由を説明しよう。一九八〇年の春、ワシントン州東部で呼吸器感染症の新しい治療法を評価する研究を行っているとする。五月一八日、日曜日の朝、セントヘレンズ山がドーンと噴火する。間もなく被験者の多く（やはりワシントン州東部に住んでいる）が、重い呼吸器感染症にかかる。「ビフォー－アフター」を比較すると、確かに、試験が終わったときには、始まったときよりはるかに多くの被験者が感染症にかかっていた。このことから、試験した治療法について、どんな結論が出せるだろうか。治療法のせいで被験者は感染症にかかりやすくなったのだろうか。それとも、何か他のこと、たとえば火山灰などの影響だろうか。

「ビフォー－アフター」アプローチは、外部要因（たとえば火山の噴火）が、知りたい結果（たとえば呼吸器感染症）に変化を起こさせると、機能しない。セントヘレンズ山のケースでは、外部の影響は簡単に特定できる。でも、多くの開発プログラムでは、すべての外部要因を観察するのは、絶対に不可能ではないかもしれないが難しい。そういう外部要因を説明するには――突き止めにくい要因の場合は特に――何かプラスアルファを加える必要がある。

そのプラスアルファとは、試験対象の治療を受けない人のグループ（「対照群」と呼ばれる）で、この人たちも同じように観察する。何らかの作用をする外部要因は、治療群にも対照群にも同じように影響を及ぼすはずだ。もしそうなら、試験が終わったときに二つの群を比較すると、治療法の影響が分かる。セントヘレンズ山の例で、呼吸器感染症にかかった人の数が対照群では三倍になり、治療群では二倍だったとすれば、試験が始まったときより終わったときの方が呼吸器感染症にかかっていた人の数が多くても、新しい治療法には効果があったことが分かる。

コイン投げで科学

でも、対照群はどんなものでもいいんだろうか。治療を受けなかった人のグループの結果を、治療を受けた人の結果と比較するだけでいいんだろうか。そうじゃない。意味のある比較をするには、二つの群は十分に似ていなければならない。

似ているとはどういう意味だろう。プログラムに参加しなかった人を探してくるのは簡単だ。開発プログラム評価の多くでは、そうしている。でも、それが間違いの元だ。多くの場合、ある人たちがプログラムに参加できなかったこと自体が、その人たちを比較の対象にするのがふさわしくないということなんだ！　その人たちがなぜプログラムに参加していなかったのか、考えてみる必要がある。自分で参加しないと決めたのか。それとも参加する資格がなかったのか。答えによっては、大きく意味が違ってくるかもしれない。

たとえばマイクロファイナンスを行う銀行が、新しい起業ローンのパイロット試験として、何人かの顧客にローンを提供して評価しようとしているとする。大勢の人を集めた会合で銀行のマネジャーがローンについて説明し、パイロットグループに参加したい人を二〇人募る。それから、観察する対照群として、残りの顧客（志願しなかった人）から二〇人を選ぶ。確かに、パイロットは成功する。新しいローンの提供を受けた人の方が、期日通りに全額返済する率が高かった。銀行の経営陣はこの結果を見て、新しいローンの特徴が顧客の返済行動を向上させたと結論を出す。銀行はこのローン商品を売り出し、すべての顧客に提供する。大勢の顧客が新しいローンを借りたが、どうもあまりうまくいかない。むしろ以前より返済不能に陥る率が大きくなった。あの試験のせいで間違った方向に行ってしまったんだろうか。

必ずしもそうじゃない。パイロット試験では新しいローンに志願して、実際に受けた二〇人の顧客と、志願せず融資も受けなかった二〇人の顧客とでは差が出ていた。自分からローンを受けると申し出た人たちは、すでに良いビジネスアイデアがあって、実行計画もよく練っていたから、ローンのオファーに興奮したのかもしれない。そして、志願しなかった人たち（対照群に入ったのはそういう人たちの一部だ）にはあまり良いアイデアがないか、それほど強い動機がなかったのかもしれない。志願した人たちが対としても、だ。

照群より返済成績が良かったのは、こう説明できるだろう。新しい起業ローンがまったく関係なかった

開発プログラムはたいてい、参加者の無形の資質を利用しようとするので、こういう問題がよく起きる。特にマイクロクレジットでそういうことが多いけど、他のプログラムでもそうだ。評価の仕組みを考えるとき、一つのグループにやり手ばかり（あるいはクリエイティブな人ばかりとか、野心家ばかりとか、強い勤労倫理を持った人ばかりとか）が集まらないようにするにはどうすればいいんだろう。もしこういう資質がすぐに分かって測定もしやすいのなら、治療群と対照群に均等に振り分ければいい。でも、そういう資質はすぐに分からないし測定もしにくい。隠れているからだ。

じゃあ、目に見えない特徴に基づいて均等に人を振り分けるにはどうするか。

一人ひとりについてコインを投げて、プログラムをオファーするかどうかを決める。表が出たら治療群、裏なら対照群に入れる。

それだけだ。それが大きな秘密だ。コインが僕たちの代わりにうまくやってくれる。もちろん、コインにはどの人がやり手なのか分からないけど、平均すればそれぞれの群に半分ずつ振り分けられるはずだ。全体の人数がある程度多ければ、治療群と対照群には平均してすべての特徴について同じような人たちが配分される。これは、性別や年齢、教育程度など観察できることについても、起業家精神や野心といった観察や証明が不可能なことについても言える。

「平均すれば」という部分は重要だ。コインを一〇〇回投げると、表が出るのは五〇パーセントあたりになるはずだ。同じコインを一〇〇〇回投げれば、割合はもっと五〇パーセントに近づくだろう（それでもたぶん五〇〇回ちょうどにはならないだろうけど）。コインを投げれば完全に半分ずつになるとは保証で

きないけど、近くはなる。そしてたくさん投げれば投げるほど、五〇パーセントに近づく。ランダム化の場合も同じだ。ランダムに選ばれた治療群と対照群は、平均するとすべての特徴がよく似ていて、群が大きければ大きいほど、バランスが取れていると確信できる。

これで、ＲＣＴは別に複雑なことじゃないことが分かっただろう。この仕組みは、貧困との闘いに役立つことを見つけられるほどパワフルだけれど、動かすのに博士課程レベルの数学が必要なわけじゃない。ランダムに人を二つの群に分け、それぞれの「ビフォー」のスナップ写真を撮り、一方の群に問題となっているプログラムを提供し、両方の群の「アフター」のスナップ写真を比較する。これで動く。

アーネストへの難しい質問

治療群と対照群だとかコイン投げだとかいうと、ある種の行動研究ほど魅力がないと思われるかもしれない。だからといって、開発プロジェクトにＲＣＴを使うのが退屈だというわけじゃない。事実は大違いだ。ＲＣＴを行うには、その仕組みからして、手を汚す必要がある。貧困と直に向き合わなければならない。治療群と対照群のスナップ写真として、確かな一貫性のあるデータを集めたいなら、出かけて行って取ってくることだ。ＲＣＴは、スラムやごちゃごちゃした市場、泥壁の小屋、水田などの現場で進行し、現実の世界で現実の決定をしている現実の人々を観察することで機能する。

ジェイクも僕も、経験からこう言える。現場で調査をしていると、感動、いら立ち、笑い、悲しみ、喜び、不可解などの感情に次から次へと襲われるけれど、どんなときでもたくさんのことに気づかされる。どう見ても解決できそうになかった問題が一瞬で解けることも、単純そうだった仕事が考えられないほど複雑だと分かることも、同じようによくある。現場では、あくびの出るような日は一日もない。

マイクロクレジットの利率についての僕のプロジェクトから一つ例をあげよう。当時プロジェクトの研究助手だったジェイクが、ガーナで試験的調査をしていたとき、携帯電話カードのセールスマンに聞き取り調査をした。

アーネストは黄色の傘が作る日陰に座っていた。埃っぽい歩道は、強烈な陽ざしにさらされてまぶしく光り、傘が歩道にくっきりと影を落としていた。傘は鮮やかな黄色に塗られた小さな木の棚にくくりつけられている。棚の上には大判のノートとボールペンと二台の携帯電話があった。

ジェイクは首をすくめて傘の下に頭を入れ、挨拶した。

「こんにちは」

「こんにちは」

「僕の名前はジェイク。今日はこのあたりの商売の様子とそのオーナーについてちょっと知りたくて調査をしているんだけど、おたくの携帯電話カードのビジネスについて、二、三、質問してもいいかい」

「いいとも、ジェイク。僕はアーネスト」

ジェイクは調査の質問に取りかかり、五番目の質問まで順調に進んだ。

「アーネスト。君のうちには何人いるの。つまりこういうこと。一つの家に住んで一緒に食事をするのは何人？」

アーネストはすかさず答えた。

「ああ、それなら僕だけだよ」

「そう。ひとり住まいなんだね」

「そうじゃない。かみさんと、子どもが三人いるよ。でも僕はみなと一緒には食事をしない。かみさんが食事を持ってきて、僕ひとりで食べるんだ」

「なるほど。でも奥さんは普通、家族全員の食事を作るんだろう」

「そうだよ。みなにシチューとフーフーを作ってくれる」

「じゃあ、奥さんは毎晩、何人分の食事を作るの？」

「そうだな」

アーネストは黙って指を折った。

「八人だ」

「八人ね。すると、君と奥さんと子どもが三人。その他に三人だね。その三人はどういう人？」

「ふむ。僕のおばあさんとかみさんの妹だよ」

そう言って彼は首をかしげて次の質問を待った。

「というと、二人のようだけど」

「そう」

「すると、全部で七人になるね。君、奥さん、三人の子ども、おばあさん、奥さんの妹さん」

「そうだよ、七人家族だ。それからかみさんの妹の子どももいる。二人だよ」

「なるほど。つまり七人プラス子ども二人。全部で九人だね」

「その通り」

「で、奥さんの妹さんは、結婚しているの？」

「そうだ。だんながいる」

「じゃあ、その人もたいてい一緒に食事するの？」

「いや、中部の実家で暮らしている」

「なるほど。でもさっき言ってたその人の奥さんと二人の子どもはどうなの？　君の家にいるの？」

「いや、だんなと暮らしている」

「ああ、そう。さっきは、たいてい君の家族と一緒にごはんを食べると言ってたような気が……」

「そうだよ。一緒にごはんを食べてる」

「ちょっとよく分からないなあ。君の奥さんの妹さんと二人の子ども。中部に住んでいて、同時にたいてい君たちと一緒に食事をする。どうしてそんなことができるの？」

「違うよ、ジェイク！　うちに泊まっているんだよ」

アーネストはほほ笑んでいた。賑やかな我が家を思い浮かべていたのかもしれない。

「訪ねてきているだけなの？　それとも、君の家に住んでいるの？」

「いや、住んでるわけじゃない。ちょっと泊まっているだけなんだ」

「分かった。じゃあ、いつから泊まっているの？」

「クリスマスのころからかな」

そのときは七月だった。

貧困について語るとき僕たちは何について語っているのか

無秩序に増殖する混沌とした都心の密集地や、急な傾斜地を這うように広がる恐ろしいほど人口が密集したスラム、崖の縁に危うく踏みとどまっているような寒村。錆だらけのおんぼろバスか、床が抜けてシートは板を渡しただけのバンか、徒歩でしか行けないようなところ。そんなところでしばらくの間こういうフィールドワークをしてみれば、すぐに「貧困と闘う」ことをお手軽なたとえで語ったりしなくなる。貧困は壊すことのできる足枷でも、摘出できる腫瘍でも、粉々に打ち砕くことのできる石臼でも、切って取り除ける絡みついた蔓でもない。少なくとも、貧困をそういう風にとらえてみても、何ひとつ達成することはできない。

これについて国連はこう言っている。「基本的に貧困とは、選択と機会の否定、人間の尊厳の侵害である。社会に効果的に参加する基礎的能力の欠如を意味する」(2)。まったくその通りかもしれない。でも、これが役に立つだろうか。

こういう言葉で貧困の問題を語ると、同じ言葉で語られる解決法に行きつくことになる。このところ強調されてきた「持続可能」なプログラムを見ればよく分かる。最初は外部から資金を得て監督を受けるけど、その後自立できるようになり、自ら成長するようにだってなる、という触れ込みのプログラムだ。

持続可能性を訴えるとき、中国のことわざが引き合いに出されることが多い。「魚を与えればその人は一日食べられる。魚の釣り方を教えれば一生食べられる」

ドナーや社会意識が強い投資家は、これに興奮する。人は施しをするより、手助けをしたいと思う。だから納得する。貧しい人たちに魚を与えるかわりに、釣りざおとリールを与えて、キャスティングの仕方を教えよう。そうすれば、いつまでも魚を与え続ける必要はなくなる。道具を与え訓練を施せば、彼らは僕たちが去った後もずっと飢えることはないだろう。うまくいかないはずがない。

「魚の釣り方を教える」アプローチは、何十年も前からあった。でも期待通りの素晴らしい結果がどんなときにも得られるとは限らなかった。生まれついての漁師だったら、効果があるかもしれない。でも問題は、釣り針に餌をうまくつけられない人がいるということだ。まともにキャスティングができない人もいる。せっかく魚がかかっても関節炎のためにリールが握れなくて、魚を手繰り寄せることができない人もいる。家の近くに魚がたくさんいる川がない人もいる。釣りなんて退屈以外の何物でもないと考える人もいる。こういう人たちは誰も夕食にありつけない。釣りざおやリールやキャスティングのレッスンは食べられない。じゃあ、こういう種類の開発は彼らのために何ができるんだろう。

「選択」「機会」「尊厳」「釣り」。はるか雲の上のこういう崇高な概念と比喩の世界は、空気が薄く、現実の貧しい人たちは見当たらない。開発が行われるべきところはここではない。地上でなくてはならない。貧困を解決したいなら、それがどういうことなのかを、抽象的な言葉ではなく現実として知る必要がある。どんな匂い、どんな味、どんな手触りかを知る必要がある。

貧困を理解することがとても難しいのは、たぶんこういうことだろう。貧困には良い感覚を起こさせる特性があまりない。貧しいということは、いちばん身近なとらえ方では、いろんなものを持っていないことだからだ。十分な食べ物がない。住まいがない。きれいな水が利用できない。病気になっても基本的な薬さえ手に入らない。貧しいということは、日々の生活に必要なものがないことが日常になっているという意味だ。必要なものを手に入れることができないということだ。

いちばん基本的なことについて見てみよう。人は食べなければならない。だから僕たちが貧しい人たちに食べ物を与えなければならないときがある。医療も必要だ。だから薬を配ったり、無料で予防注射をしたりしなければならないときがある。学校へ行く必要もある。だから学生と教師を教室に送り込まなければならないときがある。

世界の貧困に立ち向かうのは、ダイナミックで複雑な問題だ。でも、そういう風に見るだけでは、解決できないだろう。

僕たちは個人を見る必要がある。能力もニーズも、それぞれ異なる個人だ。たとえば、第7章に登場するヴィジャヤのような人。彼女に本当に必要なのは、稼いだお金を夫が飲んでしまわないようにする方法だ。第10章に登場するエリザベスのような人。彼女に本当に必要なのは、地元の病院の顧客サービス向上だ。

こういう風に、貧困について具体的に考えていくと、前へ進む道が見えてくる。それも一つではなく、いくつもの道だ。僕たちが助けたいと思っている人たちとそのニーズは、無数にあり変化に富んでいる。だからそれを解決できるかもしれない方法も同じくらいたくさん、いろんなものがあるはずだ。それを探し出すために僕たちは独創的に考え、視野を広げなければならないし、誰にでも当てはまる答えなんてたぶん見つからないと肝に銘じなければならない。同時に、組織的なアプローチで粘り強く取り組む必要もある。開発プログラムの狙いは個別の具体的な問題を解決することだ。だったら個別の具体的な方法でテストしよう。合格すれば、何も言うことはない。不合格なら、修正するか他のことを試す。これを続けていけば、少しずつ、ツールやその使い方を改善することができる。貧困との闘いを確実に前進させることができるのだ。

第3章　買う――セーフティネットがある世帯を倍に増やす

考古学者によると、毛布が使われはじめたのはネアンデルタール人が支配していた時代だという。つまり、考えようによっては、「スナギー（Snuggie）」は三万年かかってようやく誕生したともいえる。はるか昔から、人類の歴史を彩った偉大な思想家や創造的な天才はみな、パンケーキのように平べったい昔ながらの寝具で何とかしのいできた。彼らが次々と去った後も毛布の世界の風景は前と同じだった。そして一九九八年、ついにブレークスルーが起きた。

メイン大学の新入生、ゲイリー・クレッグは、ニューイングランドの厳しい冬に襲われていた。寮の自分の部屋でも勉強どころじゃない。机の前に座っているだけで寒い。普通の毛布を被るとましだったが、かさばって動きにくい。そこで彼はお母さんに頼んで、袖がついた毛布を作ってもらった。最初のバージョンは完璧ではなかったけど、次々と試作を重ねるうちに良くなってきた。雪が融けるころには、袖付き毛布の「スランケット」が誕生した(1)。

世界中のほとんどの人はそんなことが起きているとはまったく知らず、袖付き毛布は一〇年の間、日の目を見ることがなかった。こういうのがほしかったんだと気づいた人はほとんどいなかった。二〇〇八年までは。深夜のテレビで、スランケットのコピー商品「スナギー」のコマーシャルが流れはじめた。よくあるわざとらしいあれだ。コマーシャルは二分の間に、長年の悩みもこれで見事に解決されると謳っていた。「寒いときは暖かくしたい。でも暖房費が上がるのはいや。毛布もいいけど、ずり落ちる。何かを取りたくても手を伸ばせない。……スナギーなら全身暖かいうえに手が自由に動かせます。リモコンだって読書だってオッケー。全身ふんわり暖かいまま」。ユーチューブにコマーシャルのパロディが登場したことも広がりを後押しした。

そしてついに大衆の知るところとなった。人類は新しい時代の入り口にまで連れてこられていた。後は跳ぶだけだった。

そして跳んだ。最初の一年で、スナギーは四〇〇万枚売れた。何百ものスナギー・ファンクラブが雨後のタケノコのように現れた。スナギーを着てパブに集まる「スナギー・パブ・クロール」という催しが生まれた。朝の情報ニュース番組「グッドモーニング・アメリカ」のキャストは、ある日スナギーを着て登場した。二〇一〇年二月の時点で、世界中でこの袖付き毛布を使用している人は二〇〇〇万人と推定され、毎日その数を伸ばしている。まさに革命だ。

もちろん、鼻であしらってブームに水を差して回ることもできるだろう。スナギーが革命だって？安物の薄い毛布に二つ穴をあけ、筒袖をくっつけただけじゃないか、と。確かにそうかもしれない。でも、そんなことはどうでもいい。現に売れているんだから（先に出たスランケットもよく売れているけど、スナギーにはかなわない）。

売れないものはない

広告業界ではこう言う。「悪い製品というものはない。あるのは悪いセールスマンだけだ」。第1章では、人は寄付をするときでも、消費するときと同じように、マーケティングの誘導力に反応することを見てきた。売られているものの実態が示されていないことが多くても、だ。そうすると、その商品の質と人気が釣り合わなくなることがある。良いものでも、人がそれを買うとは限らない（たとえば健康にいいというリマ豆）。また、売れているものが良いものだとは限らない（たばこや、塩分の多いフライドポテトなど）。

そのあたりを知り抜いている企業は、ちゃんと対応している。米国の企業が二〇〇八年に宣伝に費やした費用は、約四一二〇億ドルにのぼっている。(2)でも、僕たちが自分の国で普通の品物を売るときと、外国で開発解決策を売るときのやり方は、不思議なことにずいぶん違う。つまり、開発解決策の場合、売り込む必要があるとは考えないで、中身さえ価値があれば採用されると思っていることが多い（ちなみに、このアプローチは、リマ豆ではあまり効果をあげていない）。

これは浅い考えだ。開発は両面通行の道路だという事実を無視している。プログラムやサービスを提供して貧しい人たちを助けたいなら、二つのことが起こらなければならない。まず、本当に効果のあるプログラムやサービスを作ること。そして、貧しい人たち自身に、それらに参加することを選択してもらうこと。降雨保険やマイクロローン、前払い肥料クーポン（どれも後の章で紹介する）の場合は、買ってもらわなければならない。

最初の部分は、この数年、研究者や実務者が連携して開発プログラムの厳密な評価に取り組んで、ある程度進みはじめているけれど、二番目の部分は大きく立ち遅れている。効果があるやり方が分かれば分かるほど、それにふさわしいマーケティングをすることがもっと必要になると言ってもいい。なぜなら、せっかくプログラムの有効性が証明されても、関心の低さからみすみす失敗させてしまっては元も子もないからだ。

広告費のかなりの部分は、第一印象を良くすることに使われている。開発組織も、新しい製品を売り出すとき、これについて考える必要がある。マーケティングをうまくやれば、スナギー並みの熱狂を巻き起こすことだって不可能じゃない。

最後の一マイルの問題

スナギーは、無名のものが突然躍り出て大ブレークした典型的な例だ。でも、この本で紹介するプログラムの多くは、スナギーの場合とはあまり似ていない。以前からあったし、そういうものがあることはみんな知っている。これは強みでもあり、弱みでもある。身近にあれば認知度は上がるけど、何とも感じなくなる。インパクトがないのだ。

その最たるものが、経口補水塩療法という下痢の治療法で、ほんのわずかのコストで大きな効果がある。小さなプラスティックの袋に入っている塩を経口摂取すると、体が水分を吸収して体内に留めておくようになる。水分といっしょに飲めば、下痢で死亡する危険を避けることができる。塩のコストはせいぜい二、三セントで、発展途上世界の下痢が蔓延している地域では、全額補助されていることが多い。つまり、ただで手に入る。

命にかかわる病気に、安くて効果が立証されている（副作用もない）治療法があれば、何もしなくても売れると思うだろう。ところが、悲しいことに、実際はそうじゃない。毎年、二〇〇万人近くの人が下痢で死んでいる。そのほとんどは子どもだ。[3] 補水塩のことを知らないか、欲しがらないか、どちらかだ。どちらにしろ、僕たちは失敗しているということだ。

けれどもありがたいことに、マーケティングを改善する方法を見つけるのは、それほど難しいことじゃない。僕たちはお手本になるようなマーケティング攻勢にさらされつづけている。インターネットでも、看板でも、雑誌でも、テレビでも、ラジオでも。食料品店ではやっぱりリマ豆は見向きもされていないけど、ここにも僕たちが学ぶべきことがある。豆に負けず劣らず地味なレーズンの物語だ。

生物学的には、一九八六年はカリフォルニア・レーズンにとってどうってことのない年だった。年の初めから終わりまで、カリフォルニア・レーズンは干したブドウであることに変わりはなかった。これという進化は何もなかった。アメリカ人へのカリフォルニア・レーズンの供給状況にも大きな変化はなかった。いつもどおり、アメリカ中のどんな食料品店でもたいてい買えた。それまで分かっていなかった健康効果がある奇跡の食品だということを示す科学的な発見があったわけでもない。まずまずヘルシーな部類のおやつであることに変わりはなかった。一年という短い時間で、アメリカ国民の好みが変わったという証拠もない。

それにもかかわらず、一九八六年は大きな転機だった。最大のレーズン消費推進団体であるカリフォルニア・レーズン諮問委員会の言葉によれば、年の初めには、レーズンは「どう見ても、地味でさえない」食品だったが、年末には人々は「もはや［レーズンを］食べることを恥ずかしがらない」ようになっていた。[4] 業界団体というのは大げさな物言いをしがちだけど、この場合は当たっていた。それも大当たりだった。八〇年代末までに、売り上げは一〇パーセント伸びた。

諮問委員会の言葉から分かるように、売り上げが急増したのはカリフォルニア・レーズンそのものとはほとんど関係がなかった。大事なのは、カリフォルニア・レーズンに対する人々の見方だった。すべてはザ・カリフォルニア・レーズンズのおかげだ。一九八六年にアメリカのテレビ画面に躍り出たクレイメーション〔粘土人形によるアニメーション〕の、R&Bを歌うレーズン四人組だ。クールなサングラスをかけてエレキギターをかきならし、「I Heard It through the Grapevine」〔日本語タイトル「悲しいうわさ」〕を歌うあれだ。覚えている人も多いと思うけど、もしそうなら、あなたは生き証人だ。あれはマーケティングの天才的なひらめきだった。ほとんど一夜にして、ものすごい数のファンクラブが生まれ、Tシャツやランチボックス、そして何よりもレーズンが街にあふれた。

僕の博士論文を指導してくれた一人、MITのセンディル・ムライナタンは、この本で取り上げる参考文献のいくつかの共著者で、マッカーサー財団折り紙つきの「天才」でもあるが、この問題について深く考察していて、著作も多い（必ずしも、モータウン・サウンドとドライフルーツの観点からではないけど）。彼はこれを「最後の一マイルの問題」と呼んでいる。つまりこうだ。難しい問題に突き当たると僕たちは、優秀な頭脳と膨大な資源を使って解決策をデザインしようとする。科学と工学と創造性と慎重な試験を組み合わせて、たいていは技術的な問題を解決するのに成功する。一〇〇〇マイルの旅のうち、九九九マイルは踏破した。ところが、そこでどういうわけか店じまいしてしまう。解決策が採用されるように同じ厳密なアプローチを取ることもせず、解決策をポンと差し出して、後は解決策が自分で語って[5]くれるはずだと思う。センディルがこの問題について話をするときによく持ち出す経口補水塩の例のように、それ自体が語ってくれることはほとんどないのに、だ。

だからはっきり言おう。僕たちはスナギーとカリフォルニア・レーズンから学ばなくちゃならない。

きれいな女性の写真はどれくらい価値があるか

問題の一つは、経済学者が最後の一マイルについて考える訓練を受けていないことだ。融資の例で見てみよう。人はお金を借りるかどうかをどうやって決めているんだろう。学部や大学院で経済学を専攻する学生は、いろんな借金のモデルを学ぶが、そこで考慮されるのは利率と借りる人の投資機会、それに借り手が現在と将来の消費に与える価値だ。

こういうのは分析をするぶんには意味があるかもしれないが、ほとんど役に立たない。モデルは単なる方程式であり、含まれる変数以外のことは何も分からないし、教えてもくれない。だから、さっきの三つの要素を組み込んだモデルを使ってローン商品を設計すると、その三つのパラメータについての提案は吐き出されてくるが、それだけだ。

僕が友人でMITの級友でもあるジョナサン・ジンマンといっしょに南アフリカで仕事を始めたときは、まさに標準的な経済モデルが取り扱うことを想定しているような実務的な問題に取り組むつもりだった。ところが結局は、最後の一マイルについてもっと面白いことを学ぶことになった。僕たちは、借り手がさまざまな利率にどう反応するかを理解したかったので、クレジット・インデムニティという現地の消費者金融業者（その後、もっと大きな銀行に買収された）と組んで、RCTを設計した(6)。

僕たちは、マイクロクレジット業界で何年も前から激しい議論になっていた重要な政策問題に取り組むんだと意気込んでいた（というか、まさにこの問題についての証拠がないことが、そもそも僕が一〇年前に開発経済学に足を踏み入れた大きな理由の一つだった）。答えを見つけたかった重要な問題の一つは、利率が高いと債務不履行に陥る確率が大きくなるかどうかだった。それを知るには、人々にいろんな利率のローンを提供する大がかりな調査を行うことが必要で、答えを見つけるのに十分なデータを集めるには、大勢の人に借りてもらう必要があった。

だから、膨大な数の借り手になりそうな人を勧誘しなければならなかった。クレジット・インデムニティから今借りている人と以前借りたことがある人、約五万三〇〇〇人にダイレクトメールを送るキャンペーンを行うことにした。クレジット・インデムニティの経営陣とキャンペーンの企画について話し合ったとき、ダイレクトメールの勧誘への反応率を最大にする方法についてどんなことを知っているか尋ねた。すると、向こうはそれまでにテストをしたことがないことが分かった。僕たちと同じで彼らも分からないことだらけだった。利率に対する反応を研究するつもりだったのが、一転してマーケティングの研究も兼ねることになった。

マリアンヌ・ベルトラン、センディル・ムライナタン、エルダー・シャフィアの三人は、こういう心理学と経済学の問題についてよく研究している。クレジット・インデムニティと話し合った後、僕はシカゴにマリアンヌとセンディルを訪ね、ダイレクトメールでのマーケティングに対する反応率を上げる方法についてブレインストーミングをした。彼らと話すといつもそうだけど、たった五分でダイレクトメールによる勧誘の改善案が一〇も飛び出した。どのアイデアも面白かったけど、僕たちはみな、議論が空回りしていることを痛感した。考えを導いたり裏付けたりする「現実世界」から得られた良いデータがまったくなかったのだ（マーケティング会社がRCTをやっていないということではない。それどころか、膨大な数のRCTを実施している。でも彼らは結果を僕たちのようなダサい学者には教えてくれないし、彼らのRCTは人間行動についての特定の理論を確かめるように設計されてはいない）。

この何にも分からない状態がそのまま重要な問いになった。本当に効果があるのは何なんだ？　従来のモデルでいちばん重要な要素は利率だけど、それに比べると、マーケティングで使われる巧妙な仕掛けは、どれくらい重要なのか？

マーケティングに仕掛けをするのと利率ではどちらが効果的なのかを知るには、両方を少しずつ変えてみなければならなかった。そこで僕たちは、クレジット・インデムニティの最新のパンフレットを取り寄せて、いじりはじめた。

利率や申請期限などの商品の実体にかかわる特徴だけでなく、ダイレクトメールの表現方法だけを変えたバリエーションを用意した。パンフレットにきれいな女性の写真を使うべきか？　もしそうなら、どういうタイプのきれいな女性がいいのか？　南アフリカには長い人種問題の歴史がある。人は自分と同じ人種の人の写真によく反応するんだろうか？　ローンの使い道を提案したり、融資例（どれくらいの金額を、どれくらいの期間借りることができるかという提案）をたくさん示したりしたら、顧客を引き付けることができるんだろうか？　利率の表し方を変えたり、競争相手の利率を示したりするのはどうだろう？

いろんなバリエーションを組み合わせて数十種類のパンフレットを作り、郵送リストの五万三〇〇〇人にランダムに割り当てた。数カ月後にローン申請の締め切りがぜんぶ過ぎると、どのパンフレットがいちばん多くの顧客を獲得したかが分かった。

データから真っ先に分かったのは、どういう顧客もみな案の定、利率に関心があるということだ。標準モデルの予想と同じように、低利率のローンを申し込む傾向がかなり強かった。それに対して意外だったのは、コスト以外のことにかなり影響を受けるらしいことだった。

二つの要素がマーケティングに効果があることが分かった。きれいな女性の写真と、融資例の数だ。どちらも実際の融資条件と何の関係もないのに、だ。古典的な経済理論の観点からは、これはおかしい。

お金を借りる決め手になったのは、早い話がパンフレットの片すみの写真だったなどと認める顧客がいるはずはない。でもデータがはっきりとそう語っている。融資の申し込み数を増やすという点では、パンフレットに魅力的な女性の写真を載せると、男性に対しては利率をなんと四〇パーセント下げるのと同じ効果があった！

融資例として、いくつかの融資総額の月々の返済額を簡単な表にして載せたけど、これに対する反応も二つの点で驚きだった。まず、パンフレットに四つの融資例の表を載せた場合、一つしか例を示さなかったときより申請数がはるかに少なかった。たくさんの選択肢を示すとかえって顧客を遠ざけるようなのだ。これは標準的な経済理論と真っ向から対立する。どんなときでも選択肢は多いほど選ぶ側にとって良いということになっている。

融資例の表についての二つ目の驚きは、選択を嫌うこの傾向がどんなに強いかということだ。例が四つある場合に比べると、一つだけの場合、利率を約三分の一引き下げるのと同じくらい申請数を増やす効果があった。

開発途上世界でマーケティングが効くなんてあり得るだろうかと思わないでもなかったけど、そんな疑いは南アフリカでの調査ですっかり消えた。販促メールをちょっと変えるだけで（融資例の表の三行を削るとか）、大幅に利率を下げたのと同じくらい新しい契約がとれるんなら、無視するわけにはいかない。

さて、マーケティングは効くということは分かった。でも、ダイレクトメールをいったいどう変えたらいいのだろう。これを理解するのは、とてもじゃないけど簡単にはいかない。この研究でいちばん難しかったのは、何は効果があり、何は効果がないのかを予測することだった（実際、研究を始める前にいろんな調整がどんな影響を及ぼすか予測したけど、外れが多かった）。たとえば、南アフリカでは人種はいつも激しい反応を引き起こしかねない問題だったけど、パンフレットに載せる写真の人種を変えても顧客の反応は変わらなかった。また、南アフリカでは企業は、抽選で「携帯電話が当たる」キャンペーンをよくやっていた。マーケティングの専門家がやることだから的を射ているに違いないと思って、僕たちもいくつかのパンフレットでやってみたけど、何の効果もなかった。かえって反応は鈍くなった。

南アフリカでの研究の結果、特にローンの返済例をたくさん示すと嫌われるというような意外な結果は、明らかに行動経済学の出番を示していた。

多すぎる選択肢

最近の行動経済学的研究から、伝統的な経済学の「どんな場合でも、選択肢は多いほどいい」という法則が普遍的だとはとてもいえないことが分かってきた。選択肢が人を麻痺させることがある。選択肢が多すぎたり、比べるのが難しすぎたりすると、ぐずぐずして決められなくなることはよくある。「こんなにたくさん考えなくちゃなんないのか。今日はムリだ。明日考えよう」

人にこういう傾向があることはずいぶん昔から分かっていた。たぶん、人が決断ということをしはじめたときからだろう。けれども最近まで誰も詳しく考察しようとはしなかった。行動心理学者と経済学者がこれをいみじくも「選択過多」と名づけ、測定する方法を考えはじめた。

二〇〇二年に、コロンビア大学の社会心理学者、シーナ・アイエンガー（最近出版された『選択の科学』の著者）とスタンフォード大学の心理学者、マーク・レッパーは、カリフォルニアの高級食料品店で選択の実験を行った。珍しい味のジャムを並べたテーブルを用意して、買い物客が味見できるようにした。テーブルに立ち寄った人は何種類でも味見ができて、好きなジャム一瓶を一ドル引きで買えるクーポンを一枚もらえる。アイエンガーとレッパーは、通りすがりの買い物客でも選択過多に悩まされるのかどうかが知りたかったので、サンプルの種類を数時間ごとに六種類にしたり二四種類にしたりした。

やっぱりそうだった。二四種類もの味のジャムが惜しげもなく並べられたテーブルは、少なくとも最初は、より多くの買い物客を引きつけた。六種類の味のジャムを出していたときは、前を通る人のうち立ち止まって味見をしたのは四〇パーセントだったのに、二四種類のときは六〇パーセントだった。ところが結局、二四種類は多すぎて手に負えないことが分かった。六種類の味のテーブルに立ち止まった人の方が、ジャムを買う確率が一〇倍も高かった（三〇パーセント対三パーセント）。

簡単に説明すると、買い物客は二ダースもの選択肢に圧倒されてしまい、複雑な選択の迷路に踏み出す代わりに、珍しい味のジャムを買うこと自体をやめてしまった、ということだ。グズベリーよ、さようなら。ストロベリーさん、こんにちは。ジャムなら冷蔵庫に入ってる。何だか知らないけど、あれで十分だ。

確かに、反論することはできる。南アフリカのローン返済例の表の場合、数え切れないほどの選択肢で攻め立てたわけじゃない。せいぜい四つだろう！と。でも、選択過多が、トーストに何をつけるかというような些細な意思決定にこんなに大きな役割を果たすのなら、ローンを組むかどうかというような大きな選択をするときに影響を与えないはずがない。たぶん影響ははるかに強い。

セーフティネットがある家庭の数を倍に増やす

ジャムの売り上げやきれいな女性の写真の効果から分かったことを利用して、貧しい人たちに消費者金融から借金をするように仕向けることにあなたが居心地の悪さを感じているなら、良い兆候だ。クレジット・インデムニティのローンが本当に良いことなのかどうかはまだ分からないんだから。次の章では、その問題と、マイクロローン全般の問題をもっと詳しく取り上げる。でもその前に、南アフリカの教訓がまったく違う状況でも当てはまるのかどうかを見てみよう。インドの貧しい農民向けの降雨保険という、役に立つことがずっとはっきりと分かっている商品を売り込むケースだ。

こういう保険は確実に役に立つ。平均より雨が少ないと保険金が支払われるので、加入していれば、雨が降らなくて収穫量が減った（または全滅した）年でも、少なくともいくらかのお金が入ってくるので安心できる。つまり、予測できない天候の変化から経済的に守ってくれる。不作の年の苦労を訴える農民たちの話からすると、こういう保護が切実に必要だ。

だから広く普及していると思うかもしれないが、そうじゃない。どうしてなんだろう？　二〇〇六年に、ショーン・コール、チャビエル・ジネ、ジェレミー・トバクマン、ペティア・トパロヴァ、ロバート・タウンゼンド、それにジェイムズ・ヴィクリーが、あるRCTを設計した[7]（学界、世界銀行、国際通貨基金、ニューヨーク連邦準備銀行からそうそうたる経済学者が集まったグループだ）。目的は、どうすればインドの農民に保険を買ってもらえるかを探ることだった。グループは、グジャラート州とアンドラプラデシュ州の現地マイクロファイナンス機関と組んで、基本的な降雨保険を売るためのマーケティング戦略をいくつも考え、テストをした。

ジンマンと僕が南アフリカでやったように、インドの研究チームはいろんなマーケティング手法をいろんな潜在顧客にランダムに割り当てて、実際にローンを申請するかどうかを追跡するという方法で、売り込みの秘訣を探ろうとした。けれども二つの研究の間には大きな違いがあった。保険商品の方がどちらかといえば頭を悩ませなくてもいい商品だというだけではない。

まず、人が違った。南アフリカで僕たちの研究の対象になった人たちは、全体としてはかなり貧しかったけれど、ほとんどが定職に就いていて給料は安定していた。だけど、インドで保険の勧誘を受けた男性や女性のほとんどは、農村部で細々と畑を耕す零細農民で、いろんな不確実性を抱えていた。豊作の年もあったけど、不作の年も経験してきたのは間違いない。

状況も違った。南アフリカで僕たちが活動していたのは都市部と準都市部で、販促メールは郵便で送った。インドではマーケティングは村単位か戸別訪問で、顔を突き合わせてやらなければならなかった。家には郵便受けがない。それどころか、番地だってない（たとえあったとしても、研究を行ったアンドラプラデシュ州の農村部には郵便が届かなかった）。僕たちがモロコシ畑の間の土を盛った道を、足を泥だらけにして歩きまわっていると、家の前の日陰の小さな木の腰掛に座っていけと農民が手招きして呼びかけてくれる。そんなプロジェクトだった。

南アフリカとインドの状況が違うということは、これ以上に細かく例をあげなくても分かるだろう。言いたいのは、両方の場所で消費者が選びたくなるような広告の特徴が見つかるとはとても期待できないほど、この違いは大きいということだ。とは言っても、インドの研究チームが得た結果は、ジンマンと僕が南アフリカで経験したこととといちばん大事なことが一致していた。つまり、マーケティングは効き目がある、それもすごい効き目がある、ということだ。

もう一度言うけど、マーケティングは効き目があるということを知っていることと、マーケティングのキャンペーンのどういうことに効き目があるのかを知っていることとは違う。僕たちが南アフリカで人種についてテストしたように、インドの研究チームは保険のパンフレットに載せる宗教的な内容を変えたものを顧客にランダムに割り当てる方法で、微妙な問題をテストした。寺院の前に立つヒンズー教徒の男性の写真を使ったものと、モスクの前に立つイスラム教徒の写真を使ったものと、特徴のない建物の前に立つどの宗教とも分からない人の写真を使ったものを用意した。結果は、僕たちの研究と同じで、申し込みをした人の割合に差はなかった。また、保険を購入した人が得られるメリットだけを強調したものと、家族全体のメリットを強調したものの間にも、差はなかった。

広告の内容を微妙に変えてもあまり影響がないのなら、もっと大きな情報の問題のせいなのかもしれない。潜在顧客の中には、降雨保険とはいったいどういうものなのか、どういう仕組みなのかを理解していない人が多かった。商品のことをもっとよく知ってもらえたら反応がよくなるかもしれない、と研究チームは考えた。そこで、いくつかのマーケティング手法をランダムに選んだ対象者に実施してみた。たとえば、雨量の測定方法や、雨量と土壌水分と最適な栽培法との関係について、数分間のプレゼンテーションを行ったりした。でも、それでも同じだった。教育的な説明を受けた後でも、保険の購入率は上がらなかった（下がりもしなかった）。

大きな反応を生んだのは、個人的な接触だった。保険会社の代理人が一人ひとりと顔を突き合わせてマーケティングをするのが一般的な地域では、自宅に訪問を受けて勧誘されると加入を申し込む割合が三分の二も上がった。しかも、ほとんどの人（訪問を受けない人も含めて）がこういう保険に加入できると知っていたのに、だ。でもそれだけじゃない。戸別訪問で直接顔を合わせてのマーケティングは、地元のマイクロファイナンス銀行の信頼できる顔なじみの代理人から紹介された保険のセールスマンが行うと、三分の一も効果が上がった。

戸別訪問によるセールスと、信頼されている組織から紹介してもらって足がかりを作るという二つのちょっとした手法を組み合わせると、申し込みの確率はまるまる二倍になった。この方法をすべての人に使ったら、保険の加入者数は二倍になる。貧困の全体像の中で見れば、セーフティネットがある家族が二倍に、旱魃《かんばつ》のときも飢えを心配する必要のない人が二倍に増えるということだ。

売り込みが肝心

こういうプロジェクトについて、経済学者じゃない人、研究者じゃない人に話をすると、とんでもないズレたやつと思われているのが分かって愕然とすることがしょっちゅうある。正直な話、自分がとんでもない間抜けのような気になる。だけどよく聞いてほしい。こういうものも本当に売り込む必要があるんだって！

僕たちが援助や開発のマーケティングについてあまり考えないのは、何かの行商でもしているような気分になりたくないからかもしれない。僕たちが考える援助のあり方とぶつかるのだ。世界中で開発プログラムにかかわっている援助実務家や、政策立案者、大小のドナー。こういう人たちのほとんどは、立派な理由があって行動している。困っている人を助けたいと思っている。そして、（単純化しすぎるかもしれないが）困っている人の多くは、心から助けを求めている。双方の基本的な意図が噛み合っているんなら、困っている人たちをプログラムに参加させるために、どうして宣伝という闇の魔術の手を借りなければならないんだろう？

そうしなければならないかどうかはともかく、ふさわしい方法でプログラムを提示すれば、参加率を劇的に上げることができるのは事実だ。そして、効果がある方法がたくさん分かれば分かるほど、僕たちと貧しい人たちがそれを実行して成功する可能性が高まってくる。

この本で紹介する研究のほとんど、というより最近盛んになってきた開発についての厳密な研究のほとんどは、効果的なプログラムを開発することに力を注いでいる。それはいいことだ。貧困と闘うのに効果がある方法を探しだすことは、最初のステップだ。

それを魅力的なものにするのが、次にすることだ。

なにも恥じることはない。開発プログラムを積極的にマーケティングすることは、相手を欺くことでもないし、貧しい人たちはいい意思決定をできないと決めつけることでもない。貧しい人たちも他のみんなと同じで、道理に納得もすれば、微妙な暗示やあからさまな誘導にも影響されやすいということを認めることなのだ。

どうしてそれをチャンスととらえないんだろう？　何百万、何千万という人にスナギーを買わなくちゃと思わせることができたんだから（ちなみに、ほとんどの人は毛布はもう持っていた）、貧困問題の解決に効果があると分かっている解決策を売り込む方法だって見つけられるに決まっている。

第4章　お金を借りる——タクシーの運転手はどうしてローンを借りなかったか

欧州車のコンパクト・セダンがいかれてしまったらその魂がどこへ行くのか、僕は知らない。でも体《ボディ》がよく行くのはガーナだ。たぶんそこでタクシーに生まれ変わる。人は天国でもう一度完全な姿に戻ると信じている人がいる。でもガーナでは車はそうはいかない。ウィンドーのレバーも方向指示器も再生されることはない。元の姿に戻るかわりに、オレンジ色になる。政府の命令によって、免許を受けたタクシーは車体の四カ所を派手なオレンジ色に塗ることになっているんだ。それぞれのタイヤの上の方をオレンジ色に塗る。だから、タクシーを見つけるのはすごく簡単だ。でもたいていは、視力の助けがなくても分かる。タイヤをきしませながら、バタバタ騒々しく走ってきて、排気ガスと焼けたトランスミッション液の鼻をつく臭いを、猛り狂った幽霊のように後ろになびかせて行くんだから。

そんなタクシーの一つが急ハンドルを切って二つの車線を横切り、ジェイクが立っていた歩道の縁石に向かってきた。形は違うけどボウリングのボールが転がるみたいにするすると寄ってきた。運転手が開いた助手席の窓の方へ身を乗り出して、言った。

「こんにちは。お客さん、どこ行く?」

ジェイクは行き先と料金を言った。すると例によって、嘆いたり、訴えたり、怒ったりの陽気な駆け引きが始まり、二人はすぐに合意に達した。首都アクラの南の端の海岸沿いのラバディ・バイパスに向かって出発した。

ジェイクは走る車の中で運転手にいつもの質問をしはじめた。タクシーは彼のものか。維持費と修理費は誰が払うのか。結婚しているのか。子どもは何人か。きちんと貯蓄をしているか。運転手もジェイクに仕事のことを聞いてきた。さっきタクシーを止めたところにある貯蓄とローンの会社に勤めていると言うと、運転手はもっと詳しく知りたがった。

運転手の目標は自分の車を持つことで、買うためにはローンが必要だと考えていた。銀行を通して融資を受ける手続きについて、なかなか的を射た質問をした。融資を受けるには貯蓄口座を持っていないとだめかな？（そうだ）。利率はどれくらいかな？（ローン元本に対して月利三・一七パーセント、返済額はずっと同じだ）。支払いの間隔は？（毎月だよ）。一年で返済ってのはできる？（いや、初めて借りる人の返済期間は、最長で六カ月だ）。土地を担保にしなきゃならない？（保証人が必要だけど、担保はいらない）。

独立広場のロータリーに入って速度を落とすころには、運転手は大乗り気になっていた。「明日の朝、仕事の前にまっすぐ銀行へ行くよ」と彼は言った。口座を開くためにどんな書類が必要かも、ローンの申請手続きを始めるには誰に相談すればいいかも、もう分かっていた。彼の前には光り輝く道が拓けていた。そこにいたのは、成功への意志も必要な能力もある人だ。利用できる資源は前からあったのに、知らなかっただけだった。

タクシーはサッカースタジアム沿いにぐるっと回って、オス墓地の横を走っている。運転手とジェイクはしばしの間、心地よい静寂を共有していた。ジェイクには彼が満足していることが分かった。目的地が近づくと、運転手はもう一つ質問をした。「その銀行にいるもう一人のオブルニ（外国人）を知ってるかい？　ジェイムズっていうんだけど」。ジェイクはジェイムズを知っていた。銀行の幹部の一人だ。だから、知っていると答えた。

運転手は、ジェイムズをさっきと同じオフィスの前で拾って、自宅まで送ったのを覚えている、と言った。だいぶ前のことで、「少なくとも一年、いや、もっと前かもしれないな」。あのときのことが頭にこびりついているのは、今と同じように、いろいろと面白かったからだという。あの夜ジェイムズは、銀行で融資を受けるときの手続きについて「山ほどの質問」に答えてくれた。

ジェイクは尋ねた。「それで、ジェイムズが全部説明してくれたあと、君はなんて言ったの？」

彼は、皮肉でも何でもなく、こう言った。「明日の朝、行くって言ったよ」

けれども、次の日、彼は来なかった。一年前も来なかったし、今度も来なかった。彼は確かにお金を借りたいと言った――それだけでは、そんなに強い意志の表れとはいえないが。科学的に検証したわけじゃないけど、二年の間にガーナ人と交わした会話を振り返ってみると、お金を借りたいと言う人の数は、そのために実際に何か行動する人の数よりはるかに多いようだった。この運転手の場合、特にわけが分からないのは、あまりありがたくない話――口座の開設、ローンの特徴、保証のための要件など――を詳しく知っても、熱意が増すばかりだったことだ。ローン完済までの計画（簡単なものだったけど）まで立てたくらいだ。するべきことがちゃんと分かっていて、やる気十分に見えた。いったい何がまずかったんだろう？

貧しい人たちにお金を借りさせることが、世界の貧困撲滅における最大の希望の一つになっている。

だから、タクシーの運転手が翌朝、現れなかったのは奇妙なことで、残念に思うべきなんだろうか。次のいくつかの章で、これを解き明かしていこう。

マイクロクレジットの奇跡

あのタクシーの運転手は、マイクロファイナンス機関やマイクロファイナンスを唱道する人たちが出している販促資料をあまり読んだことがなかったんだろう。読んでいたら、これが人生をすっかり変えてくれるようなもので、あっさり見逃してはならないんだということが分かっていたはずだ。資料の一ページ一ページから「お客様の喜びの声」が飛び出してきて、あなたの襟首をつかむ。「さあ見てください！　私たちは前は苦しかったけど、今では○○がお金を貸してくれたおかげでこんなに豊かになりました」。希望にあふれた物語の横には、派手な色の服に身を包み満面の笑みを浮かべた女性の写真が添えられている。その女性は、最近拡張したコンビニエンス・ストアの商品でいっぱいの棚の前に立っていたり、新しいパン焼き用オーブンの扉を開けていたりする。ほほ笑みは威厳と満足感にあふれ、まなざしはカメラの向こうの一点、明るい未来にぴたりと向けられている。こんな女性を見たことはありませんか？

見たことがないなら、いくつかのマイクロレンダーのウェブサイトか年次報告書にあたってみればいい。探すのはそんなに難しくない。次に、僕にマイクロクレジットを初めて教えてくれた組織のＦＩＮＣＡからの例をあげよう。

マリア・ルシアア・ポトシ・ラミレスは……ずっと以前から美しいウールのセーターを編んで、地元の市場で売ってきました。しかし、手編みの商品を売って得た収入は、一家の生活必需品を買えばなくなってしまいます。お金を手元に残せないので、大量のウールを安く仕入れることができません。また、担保になるものもないため、昔からある貸付機関から融資を受けることもできませんでした。ポトシさんは二〇〇一年にFINCAのことを知り、二〇〇ドルの融資を受けました。おかげで彼女は……安い価格でウールを大量に仕入れることができるようになりました。今では家族の食生活も向上して、借入額は三倍になり、仕入れも節約ももっとたくさんできるようになりました。ポトシさんは、目に見えるものだけでない恩恵がもたらされたことをFINCAに感謝しています。(1)

お金持ちの国の人には、こういうストーリーが強力に効く。理由は二つある。まず、融資を受けた人の物質的な生活水準が向上しているのがよく分かることだ。たとえば、栄養のある食事を摂るか、必要な薬を買うかのどちらかを選ばなければならなかった家族が、今ではどちらもできる。次に、大きな変化が起きているらしいことが示されているからだ。ポトシ夫人が言うように、「目に見えるものだけではない」、エンパワメントと変身という崇高な領域に達する変化だ。これは金銭だけの話ではない。ドナーはそこを評価する。

一〇〇万人以上の顧客にサービスを提供している世界的なマイクロファイナンスのネットワーク、オポチュニティ・インターナショナルは、季刊のニュースレターで、ガーナの借り手を訪問したアメリカ人のドナーの話を紹介している。

パーム油を仕入れて売っているマルタの話を聞きました。彼女はオポチュニティから借りたお金で商品を仕入れ、町に雑貨店を開く資金を貯めることができました。今では子どもたちは中学校に通っていて、明るい将来が待っています。彼女は私たちを見て「私は自由になりました！」と言いました。この言葉がすべてを語っています。私たちが会った女性たちが大きな変身を遂げているのは間違いありません。私たちはそれをこの目で見て、彼女たちの驚くほどの意気込みを感じました。私たちはガーナへの旅で……オポチュニティ・インターナショナルを支持してきた理由が正しかったことを改めて確認し、マイクロファイナンスが人生を変える力を理解することができました。(2)

いい気分に押し流されてしまう前に、僕たちの立場を確認しておこう。マイクロクレジットというピカピカのうわべは新しいけど、借金というものは昔からある。世界中のあらゆるところで、人はお金持ちも貧しい人も、何千年も前からお金を借りてきた。僕たちはふつう、借金は重荷であり、拘束であると考える。貧困を解決する奇跡の治療法だとは思わない。お金を借りるという行為を、マルタが語るような人生を一変させる前向きな経験に変えてしまうマイクロクレジットには、まさに錬金術的な何かがあるに違いない。

マイクロクレジットにまつわる心温まるサクセスストーリーの起源は、一九七六年にまでさかのぼる。その年、当時バングラデシュのチッタゴン大学経済学部長だったムハマド・ユヌスが、貧しい人たちにフォーマルな融資と銀行サービスを提供することが可能かどうかを研究するプロジェクトに取りかかった。(3)

ユヌスが初めて融資をしたのは、竹の細工物を作っていた女性四二人のグループで、貸したのは二七ドルだった。彼女たちはそれまで、材料の竹を仕入れるために貸金業者から高金利のお金を借りていた。

ユヌスの関心は貧困の緩和であり、暴利をむさぼることではなかったので、女性たちにもっと有利な利率――彼女たちが利益の中から前よりたくさんのお金を手元に残しておけるほど低いけど、彼が投資した分を回収できるほどには高い利率――で貸した。

この新しいローンで女性たちは貸金業者からの借金の悪循環から抜け出すことができた。ユヌスはこの融資のアイデアはうまくいきそうだと思った。けれども彼にはもっと大きな理想があった。彼が取って代わることになった貸金業者と違って、ユヌスははっきりとした社会改革の構想を抱いていた。それは借り手たちを貧困から引きあげることだ。ローンは、そのための大きな矢筒の中の一本の矢にすぎないと考えていた。他の矢は、行動や習慣、たとえば子どもを学校に通わせる、産児制限をする、住まいに穴式の衛生的なトイレを作る、野菜を栽培して買ってくる食料を補う、などだ。こういう矢を射るのは、残念ながらユヌスの役割ではなかった。顧客自身がそういう行動をすることを選択しなければならなかった。

彼にできるのは、ローンをインセンティブとして使って行動を促すことだった。ユヌスは、竹細工師の女性たちに貸したのと同じようなグループローンを提供するグラミン銀行を設立した。そして行動上の目標をローンの仕組みに直接織り込んだ。お金を借りたい女性たちは、借金を返済するだけでなく、女性たち自身と家族全員がより豊かになり向上するのに役立つ「一六カ条の決意」を守ることを求められた（先に挙げたのは、そのうちの四つ）。突然、そして初めて、借金をすることが社会的に欠点を補って余りある行為になった。

その後のことは誰でも知っている。一九八三年にバングラデシュ政府から銀行免許を得て以来、グラミン銀行は着実に成長している。今では顧客数は六〇〇万人を超え、貸付残高は六億五〇〇〇万ドルに達しようとしている。(4) その間ユヌスとグラミン銀行は、その功績によって二〇〇六年にノーベル平和賞を共同で受賞した。もっと大事なのは、世界中の何百万という人々の、後に続こうという意欲をかきたてたことだ。今日では、六つの大陸で一〇〇〇以上のマイクロクレジット機関が活動し、およそ一億五五〇〇万人の借り手にお金を貸している。(5)

こういう数字と称賛の嵐から分かるように、みんなマイクロクレジットに興奮している。国連事務総長から、ロックスター並みに有名な経済学者、本物のロックスターまで、ありとあらゆる人がマイクロクレジットを褒め称えている。なかには、マイクロクレジットのことを、魔物を撃退することができるという「銀の弾丸」どころか「黄金の弾丸」とでも思っている人たちもいる。これ一つで貧困を永久に解決できる壮大なアイデアというわけだ。第1章でも触れた著名な経済学者、ジェフリー・サックスは、国連が野心的な貧困撲滅イニシアティブ、「ミレニアム開発目標」を定めたときに特別顧問を務めていたが、マイクロクレジット推進派の中でも最も影響力のある一人だ。彼はこう書いている。「貧困を終焉させるカギは、貧困層の中でも最も貧しい人々が開発のはしごに足をかけられるようにすることである。……彼らは足場を固めるのに必要なだけの元手を持っていない。したがって、最初の段に足をかけるのに助けが必要なのである」

他の分野のセレブたちも仲間に加わっている。たとえば、女優のナタリー・ポートマンは、ポトシ夫人のセーターービジネスに資金を貸し付けている慈善組織、FINCAの「希望の大使」を務めている。貧困撲滅活動家でロックバンドU2のリードシンガー、ボノは、サックスと世界中の貧しい人たちの同志として積極的に発言している。前にも触れたことわざをこんな風にもじっている。「男性に魚を与えれば、彼は一日だけ食べられる。女性にマイクロクレジットを与えれば、本人と夫と、子どもたちと、大家族が一生食べられる」[6]

マイクロクレジットがこんなにもてはやされている今、必要なのは、先入観を捨てて、くもりや偏りのない目で事実を見極めることだ。それをこの章でやっていく。本物のサクセスストーリーもあるけれど、「魚の獲り方を教える」ことと同じで、みんなが期待するほど簡単ではなく、どんな場合にも当てはまるわけでもないことが分かるだろう。この後の二つの章では、マイクロクレジットのプログラムを改善できるかもしれない方法について、その証拠を検証し、マイクロファイナンスの世界に分け入った僕たちの議論の締めくくりとして、マイクロ貯蓄をもっともっと重視する必要がありそうだと主張したい。

アーリンのドロップアウト

フィリピンで最も広く使われている現地語のタガログ語で「サリサリ」というのは、直訳すれば「あれやこれや」となる。フィリピンへ行けば、すぐに覚えるフレーズだ。どんな都市でもどんな村でも、この言葉がでかでかと書かれた看板を見かけるからだ。看板はたいてい赤い長方形で、どっちかの端にはコカコーラのロゴ、真ん中に白の大文字でSARI SARI STOREと書かれている。

名前の通り、何でもかんでも売っている店だ。地域にもよるけど、地元の人たちは近所のサリサリ・ストアに行って、温かい豚肉の煮込みとライス一皿、新しい鉛筆、熱いコーヒー一杯、洗濯用洗剤一回分、乾燥スパゲティ一袋、携帯電話の前払い通話料金、摘んだばかりのコリアンダーなどを買う。

でも、そのごちゃごちゃにも筋道がある。繁盛しているストアの裏にある原則は簡単だ。「みなが欲しがるものは何か?」だ。もちろん、答えはいつも変化している。でも、どんなときでも、狭い棚と陳列ケースの商品を見れば、だいたいのところは見当がつく。

ジェイクと僕は二〇〇九年の夏、あるサリサリ・ストアのオーナーのアーリンと出会った。どうやらアーリンの近所で買い物をする人たちは、豚の皮を揚げたスナック、ポークラインズを好むようだった。サイズも味付けもパリパリ具合も違う、いろんなポークラインズ。

アーリンは喜んで要求に応えた。彼女のサリサリ・ストアのカウンターの上の方では、大量のポークラインズが滝のようになだれ落ちそうなところで危うく持ちこたえていた。プラスティックの袋に入れたり、アルミフォイルの小袋に小分けして弾帯のようにつなげたりしたのを、大型クリップと釣り糸で横木からぶら下げている。他に人気がある商品は、粉末ジュースの素の「タン」で、これもたっぷりストックしていた。カラフルな小袋が万華鏡のように棚のあちこちを飾っていた。

アーリンはお客の好みに応えるだけではなかった。お客が銀行に押し入ったりしないでもほしいものが買えるように、彼らの予算に合わせる工夫をしていた。たばこをばら売りしたり、コークを半分ずつ売ったりした。小さなプラスティックの袋に一〇〇ミリリットルほど入れて縛っただけのものだ（僕は袋入りソーダを中央アメリカで初めて経験した。店主たちはこのコンセプトがお気に入りだ。ガラス瓶を取っておいて、返金してもらえるからだ。でも思いもよらず、買った方はほとんどすぐに飲んでしまわなくちゃならなくなる。袋入りの飲み物をどこかに置くのは難しい！　一袋はだいたい五〇セント。ホンジュラスで店のオーナーに一ドル払うから瓶もほしいと言ったことがあるけど、どんなにお金を払ってもそんなぜいたくは手に入らないようだった）。

こうしてアーリンは数え切れないほどの商品を少しずつ売って、商売を繁盛させていった。

顧客のニーズに応えるうちにありとあらゆる商品を扱うようになったのと同じように、アーリンは自分のニーズを満たすためのお金を何とか自分で工面してきた。ある程度までは。

一見すると、アーリンは理想的なマイクロクレジットの顧客に見えるかもしれない。事実、一時はそうだった。フィリピンでも最大級のある非営利マイクロクレジット機関から融資を受けていた。最初の何回かのローンがとてもうまくいったので、同じマイクロクレジットのグループの仲間やローン担当者からもっと借りるよう勧められた。だから借り入れを増やした。だけど、それまでに借りた最高額の二万ペソ（約四〇〇ドル）を持って家に帰ってきたとき、すぐには全額を商売に使えないことに気づいた。そんなに大量のポークラインズを買っても、店には置く場所がない。道路になだれ落ちてしまうだろう。だから彼女は商品の仕入れに使える分は投資したけど、残りを他のものに使いたい誘惑に駆られはじめた。使う機会はそこかしこに転がっていた。「二万ペソもあったら、そのうちのいくらかは家のことや、着るものやテレビに使ってしまうわ。結局、多すぎるということが分かったの。使うのはとっても簡単よ！」

店はこれ以上商品を増やせなかった。自分で借入限度を仕入れに使えるだけの金額に設定すればいいだけのことだったけど、それではアーリンのニーズを満たすこともできなかっただろう。銀行は期間六カ月の貸し付けしかしていなかったけど、店は二カ月ごとに在庫を補充しなければならなかった。補充に必要な額の三倍借りても、役には立たなかっただろう。遊んでいるお金は消えていくのが常だからだ。彼女は途方に暮れた。

でも、万策尽きたわけではなかった。貧しい人たちがお金を借りることができるのは、フォーマルなマイクロクレジットだけではなかった。マイクロクレジットが普及しているところでも、人はいろんな相手から借金をしている。隣人や親戚やお店のオーナー、それに、もちろん、悪名高い（けど、当てになる！）貸金業者からも。ダリル・コリンズ、ジョナサン・モーダック、スチュアート・ラザフォード、オーランダ・ラトフェンの四人は、最近出版された本『最底辺のポートフォリオ』で、南アフリカとバングラデシュの世帯を詳しく分析して、貧しい人たちが貯蓄や借金をするのに利用しているさまざまな選択肢や仕組みを明らかにした。そこから浮かび上がってくるのは、「マイクロクレジットは、貧しい人たちがそれまで受けられなかったローンを提供している」というような単純な話ではない。

アーリンの場合も、ぴったりの解決策があった。おまけにその解決策は向こうから来てくれるのだ。地元の貸金業者が四五日と六〇日のローンを提供していて、毎日返済金を受け取りに店にやってきた。金利は非営利のマイクロクレジット機関より高かったけど、アーリンが必要な額ちょうどを、必要な期間だけ貸してくれた。コストがかかっても彼女にとっては価値があった。アーリンは銀行から借りるのをやめた。この二年は貸金業者から借りつづけ、とても満足している。

これは想定とは違う。販促パンフレットによれば、マイクロクレジットは貧しい人たちが暴利をむさぼる地元の金貸しの魔の手から逃れるのを手助けするはずだった。高利貸しの方が、結局、ニーズによく合ったサービスを提供していると納得させるためのものではなかった。このミステリーをどう説明すればいいんだろう。

肉を削ぎ落として骨組みだけのローンにする

実はたいしたミステリーじゃない。マイクロクレジットと貸金業は違うと思っているかもしれないけど、境界線はそんなにはっきりしていない。世界中のマイクロローンの多くは、その条件が米国のほとんどの州で貸金業規制法違反になることを知って驚く人が多い。メキシコの例で考えてみよう。ＦＩＮ

CAの現地の提携組織の非営利マイクロレンダーは、すべての手数料を含めると年率八二パーセントで貸し付けをしている[7]。もう一つの大手非営利組織「プロムヘール」は五六パーセントだ。営利組織の金利がそれ以上に高いわけではない（でも、より多くの非難を受ける——なぜだろう?）。たとえば、上場営利企業の「コンパルタモス」の利率は七三パーセントだ。アメリカのどんなクレジットカードよりずっと高利だ。マイクロクレジットの金利は最低レベルでも、年率二〇パーセントあたりで、僕たちの基準では高い。

　ここでさっきも触れた疑問がわき上がる。「少額融資」を単に言い換えただけじゃないというなら、マイクロクレジットの正体は何なのだろう。マイクロクレジットというコンセプトをめぐって熱狂が巻き起こっているけど、これは簡単に答えられる問題ではない。今あるいろんな形のマイクロファイナンスの中には、ユヌスが竹細工師の女性たちと初めて作り上げたシステムとは似ても似つかないものもある。せいぜい、米国最高裁判所元判事、ポター・スチュアートがポルノについて述べた有名な言葉を思い出すくらいしかできないかもしれない。「それかどうかは、見れば分かる」。でもマイクロクレジットにお決まりの特徴もある。明確な社会的使命、起業精神の重視、ローンをマイクロビジネスに使わなければならないこと、グループ貸し付け、返済のための会合を頻繁に開くこと、融資による女性のエンパワメント——こういう特徴があるのがマイクロクレジットで、いちばん基本的なプレーンなバニラアイスのような貸し付けと違うところだと一般的に考えられている。

　マイクロクレジット独特のこういう特徴をぜんぶ削ぎ落としてみよう。融資額と返済期日と利率という必要最小限のものだけ残すのだ。すると、マイクロクレジットは効果をあげているのか、効果があるのなら、どういう効果で、それはなぜなのか、という大きな問題にスムーズに入っていける。こういう骨組みだけのローンでも借り手の役に立つのなら、マイクロローン全般について楽観的になってもいいだろう。

二〇〇四年にジョナサン・ジンマンと僕は、南アフリカのクレジット・インデムニティと共同で行っていた金利についての調査（前の章で触れた）の仕上げにかかっていた。みんな気さくで頭が良く、楽しく仕事ができたが、クレジット・インデムニティはほんわかと温かいマイクロクレジット機関なんかじゃなかった。社会的な課題など持たない営利目的の消費者クレジット会社で、どちらかと言えばモハマド・ユヌスのグラミン銀行より、米国のペイデイローン会社や、アーリンの店に回ってくる愛想のよい貸金業者に近い。特に女性や起業家をターゲットにしていたわけではないし、借り手が借りたお金で何をしようがどうでもよかった（返しさえすれば！）。そして、仕事がある人だけに貸していた。利率は年二〇〇パーセントほど。要するに、間違ってもノーベル平和賞を受賞する心配はなかった。

突き止めなければならないのは、「こういうローンは本当に人々の生活を良くしているか？」ということだ。

ジョナサンと僕はそれを見極めるチャンスを見つけた。僕たちが利率とマーケティングの研究をしている間、クレジット・インデムニティが顧客になりそうな人を断るのに相当な時間を費やしていることに気づいた。実際、ローンを申し込んだ人の半分もの人を、融資をするにはリスクが大きすぎるとして退けていた。でも、僕たちがデータを分析すると、ぎりぎりで融資要件を満たしている人は貸し手にとって非常に利益が大きい顧客らしいことが分かった。だからこう思わずにいられなかった。もしかすると、惜しいところで申し込みを却下された人たちも、利益の大きい顧客になっていたんじゃないか？

クレジット・インデムニティの融資チームをちょっとつつき、たっぷりブレインストーミングをした結果、僕たちはみなが得をするシンプルなRCTのアイデアを思いついた。(8) クレジット・インデムニティは業務を（うまくいけば収益も）改善でき、僕たちは借り手がクレジットの恩恵を受けているかどうかという疑問に答えることができる。ふつうなら研究者は、重要な意味を持つ問題に答えることと、パートナーの業務へのじゃまを最小限に抑えることの板挟みになるところだけど、このプロジェクトでは完璧なバランスをとることができた。

それは、すでにあった貸し付けのプロセスに乗っかることでうまくいった。新しい顧客がローンを申し込みに来ると、スタッフが年齢、収入、勤続年数など、いくつかの基本的な情報をコンピュータのプログラムに入力する。するとたちまちその人の信用度についての推奨――OK、ダメ、「もしかしたらOK」のどれか――が出てくるようになっていた。僕たちはソフトウェアを修正して、「もしかしたらOK」の一部をランダムにOKに、残りをダメに振り分けるようにした。融資担当者はコンピュータの推奨を無視してもいいことになっていたけど、結果的にぎりぎりの信用しかない申請者のうちの何人かがランダムに選ばれてローンを承認された。境界線上だった申請者すべて――ランダムに承認された人と、ランダムに却下された人の両方――を追跡してその経験を比較すると、融資を受けることで人々の生活が良くなったかどうかが分かる。

一年後には、はっきりとした絵が浮かび上がっていた。ランダムに「OK」をもらった申請者の方が、仕事を持ちつづけている率が相当高く、その結果収入も相当多かった。借りた本人だけでなく家族全体も、豊かになった恩恵をより多く受けていた。ランダムに承認された申請者の方が世帯収入も多く、貧困ラインを下回る割合が少なかった。調査への回答からは、おなかをすかせたまま眠りにつくことも少ないことが分かった。

いちばん重要なのは、収入と職の維持について良い結果が出たので、こういうローンが全体として有害である可能性を事実上否定できたことだ。

これは、マイクロクレジットを推進する人たちにとっては朗報だった。実は、ペイデイローンの支持者にとっても朗報だった。邪悪な借金を借り手に押しつけているとして世界中の貸金業者が非難の集中砲火を浴びていたけど、その弾薬というと、たいていは罵りとあてこすりで、事実をぶつけられていたわけではなかった。そもそもクレジットの影響について信頼できる情報が少なかったから、たとえ高利でもクレジットが役に立つことを示す証拠がマイクロクレジットをめぐる会話に加わるのは大歓迎だった。

手はじめは、お金を貸すことを支持する確かな証拠が出てきたことだったけど、クレジット・インデムニティとの研究から分かったのはそれだけではなかった。具体的にローンがどういう風に豊かさをもたらすことができるのかについても、面白いことを教えてくれた。ローンは不測の事態に対処するのに使われていたケースが多いことが分かった。

二つのよくあるストーリーが見えてきた。一つは、多くの借り手が借りたお金を交通関係の支出に充てていたことだ。故障した車やバイクの修理費や、バス代に使っていた。そのおかげで、時間通りに職場に着くことができ、雇い主から文句を言われずに済んでいた。もう一つは、生活が苦しい農村部の親類への送金だ。お金を送れないと、多くの人は、愛する人たちを助けるために、住んでいるところを引き払って田舎に帰るしかなくなっていただろう。そんなことをしたら、今の安定した仕事を棒に振ることになる。でもクレジットのおかげで――たとえ高くつく消費者クレジットでも――どちらのストーリーも比較的ハッピーに終わることができた。給料も途切れずに入ってきた。

ここまではいい。骨組みだけの少額ローンがクレジット・インデムニティの融資基準を満たした人、つまり正規雇用されている人の役に立つことは分かった。じゃあ、マイクロクレジットが普通ターゲットにしている小規模な事業を行っている人たちについてはどうなんだろう。

マイクロクレジットの土台になっているのは、貧しい人たちには実は素晴らしい経済的機会があるのに、それを利用するための資源がないという考え方だ。典型的な例を紹介しよう。裁縫師のルシアは、手で服を縫ったり繕ったりして生計を立てている。一日五ドルの儲けは、家族に食べさせて家賃を払えばなくなってしまう。一〇〇ドルの電動ミシンがあれば二倍の仕事ができる（儲けも倍になる）けれど、そんなお金はない。マイクロレンダーのところに行くまでは。

ルシアは六カ月のローンで一〇〇ドル借りてミシンを買い、毎日一〇ドル稼ぐようになる。貸金業者の利率が年利一〇〇パーセントだとしても——米国では考えられないような（たぶん違法でもある）高利だけど、マイクロローンとしてはまったく現実的だ——ルシアにはプラスになる。それもかなり大幅に。彼女の毎月の返済額は二一・八五ドルだから、一日一ドル弱をとっておけばいい。以前は一日の稼ぎの五ドルしか家族のために使えなかったのに、今では九ドルも使える。ローンの返済が終わったら、その分の一ドルも手元に残しておけるので、毎日一〇ドルをまるまる家に持って帰れる。というわけでルシアは、たいした苦労もせずに、年率一〇〇パーセントのローンのおかげで収入を倍近くに増やすことができる。

簡単だろう？

本当に貧しい人たちにこんなうまいビジネスチャンスがあるなら、マイクロローンの高い利率はそれほど問題にならない。借りる方も銀行も、どちらも得をする。でもそんなことはまずない。いま例に挙げたルシアのミシンのように、一度だけ一〇〇ドル投資したら長期にわたって収益が倍になるなら、それは金の卵を産むガチョウだ。マイクロクレジット推進派が言うように、本当にそんなにたくさんの黄金のガチョウが、ダカールやダッカの青空市場で露店の周りをよちよち歩いていたり、タイの小自作農の水田でのんびりしていたりするんだろうか？

まずこの基本的な問いに答えなければ、そもそもマイクロクレジットが役に立つのかどうか、どういう場合なら役に立つのかは分からない。なぜなら、マイクロクレジットは顧客がローンを返済しなければ成り立たないことだけは確かだからだ。利率が高かろうが低かろうが、顧客がローンを返済するには借りたお金で儲けを増やさなければならないのなら、システム全体の実行可能性はどれだけその儲けが増えるのかにかかってくる。経済学の専門用語で言えば、ここで問うべきなのは「その事業にとっての資本の限界収益はいくらか？」ということになる。平たく言うと、マイクロ起業家が自分の商売に一ドル余分に注ぎ込んだら、どれだけ儲けが増えるか、だ。

二〇〇五年に三人の経済学者、スリランカのペラデニア大学のシュレシュ・デ・メル、世界銀行とIPAのデイヴィッド・マッケンジー、カリフォルニア大学サンディエゴ校のクリス・ウッドラフが、スリランカ南部へ向けて旅立った(9)。この問いに答え、貧しい人たちには現実にはどういう種類のビジネスの見込みがあるのかを探るためだ。経済の牽引役としてのマイクロクレジットの力は、結局どれくらいなんだろう？　彼らの戦略はシンプルで直接的だった。いくつかの事業に資金を投入して、どれくらい利益が増えるかを見るんだ。

研究者たちは一軒一軒回って、四〇八人のマイクロ起業家を探しだした。仕立屋、レース編み職人、竹細工師、小さな食料品店のオーナー、自転車の修理屋など、マイクロクレジットの話になると必ず登場する典型的なマイクロ起業家たちだった。そのうち半分をランダムに選んで、一〇〇ドルか二〇〇ドルを給付した（金額もランダムに割り当てた）。これはかなりの額で、一般的な事業のおよそ三－六カ月分の収益に相当する。

研究者たちはその後一五カ月にわたって、四〇八のすべての事業の収益を四半期ごとに追跡調査し、給付金を受けた人と受けなかった人の収益を比較した。給付金を受けた人の一カ月当たりの収益は、平均して給付金の額の約六パーセントに相当する分増加していた。つまり、事業に一〇〇ドル余分に投資したら、一カ月当たり六ドル、一年で七二ドル収益が増えることになる。増えた分を事業に再投資したら、もっと増える可能性がある。こう考えてみてほしい。もしあなたが有り金すべてを年間利益率七〇パーセントの投資対象に注ぎこんだら（そして利益を再投資しつづけたら）、あなたの資産は毎年ほぼ二倍になる。金の卵を産むガチョウがあるとしたら、まさにこれがそうだ。

マイクロクレジットはなぜもっと人気にならないのか

もし世界中のマイクロ起業家が、スリランカの仲間たちのような高いリターンを得ることができるのなら、マイクロクレジットはさらに魅力が増す。でも、ちょっと待ってほしい。金の卵を産むガチョウがたくさんいるように思ってしまうけど、実際は大きな謎だ。伝統的な経済学では、そんなに高いリターンがあるんなら、みんな自分のべらぼうに儲かる事業に一ドル残らず投資すると予測するだろう。マイクロ起業家がレンダーに殺到しているはずだ。

ところが、そうはなっていない。

デ・メルとマッケンジーとウッドラフが研究を行ったスリランカ南部の地域では、マイクロローンを利用しようと思えばいくらでもできた。金利もそれほど高くなく、年率二〇パーセント前後で、研究の対象になったマイクロ起業者が得られるという平均的な利益率よりはるかに低かった。だからこういう人たちがお金を借りたら、利益をあげられる見込みはあった。それなのに、実際に借りたことがある人はとても少なかった。正式に融資を受けたことがある人は九人に一人しかいなかった。

妙に遠慮深いのは南部スリランカ人だけじゃない。先進国ではマイクロクレジット熱が広まっているけど、どうもまだすっかり魅了されたようには見えないとても重要なグループがある。それは、貧しい人たち自身だ。一見したところ、世界中で顧客が一億五五〇〇万人というのはすごい数字だけど、もう少しよく見てみよう。これを貧しい人たちの総数と比べてほしい。一日二・五〇ドル未満で暮らしている人は世界の総人口の約半分、ゆうに三〇億人を超える。マイクロクレジットの顧客の二〇倍だ。[10] だからマイクロクレジットの顧客がみな貧困層に属する人たちだとしても（実際はそうじゃない）、お金を借りているのは貧しい人たちの五パーセントにもならない。

現実的には、五パーセントというのは控えめな見積もりだ。貧しい人たちすべてがマイクロクレジットの融資資格を満たしているわけじゃないし、そもそも利用できるマイクロクレジットがないかもしれない。けれども実際にはこの数字はそれほど的外れでもなさそうだ。インドのハイデラバードで行われた画期的な研究でも、スリランカの研究と同じような数字が出ている。借りる資格がある人のうち実際に借りることにした人は、一〇－二〇パーセントだった。言わば反対票を投じる人がこんなに多いなら、マイクロクレジットには勝ち目がないだろう。つまり、この章のはじめに出てきたガーナのタクシー運転手は、決して例外じゃない。この謎をどう説明したらいいんだろう。

スリランカの研究の、九人のマイクロクレジット起業家のうちのローンを借りなかった八人は、チャンスがドアを叩くのを無視しただけかもしれない。でもそうじゃないと仮定してみよう。借りる人が少なかったのには、もう二つの説明が考えられる。

最初の説明は数字のトリックだ。スリランカの研究で見られた年間利益の平均が七〇パーセントというすごい数字は、話の半分しか語っていないのかもしれない。なんのかんの言っても、平均して七〇パーセントというのは、一人残らずぴったり七〇パーセントの利益があったということじゃない。たとえば、半分の人は一四〇パーセントの利益があり、後の半分はゼロだったとする。それでも利益の平均は七〇パーセントになるけど、利益がゼロだった人たちがマイクロローンを借りるのをやめても誰も驚かないだろう。

事実、こういうストーリーを裏づける証拠はあった。どの人も同じように利益をあげていたわけではなく、借り手のタイプによって差があった。なかには、予想がつくような違いもあった。たとえば、教育程度がより高く、頭のいいマイクロ起業家は、そうでない人より良い結果を出しているようだった（ただしこれらは、統計的に信頼性のある結果ではない。四〇八人という少ない参加者で行ったこの研究は、そんなに細かい分析ができるように設計されてはいなかった）。学校に一年長く通っていたら利益が四分の一増え、簡単な認知能力テストの成績とビジネスでの利益の大きさにも強い相関関係があった。

けれどもそれ以外の要因によって、意外で当惑するような利益の差が生まれていた。なかでもいちばん目を引かれたのは、男女による利益の差だ。男性の方がビジネスの利益が大きいことを示す強い証拠があり、女性が利益をあげていることを示す証拠はずっと弱かった。研究対象の男性の年間利益率は平均約八〇パーセント、女性は実はマイナスだった。[11] まさか男性しかマイクロ事業で成功できないということなんだろうか。

女性はマイクロ起業家として成功することはできないと一まとめにして言ってしまうのは、明らかに間違っているように思える。どんな途上国でも、にぎやかな市場を歩いてみると、耳に入ってくるのは野菜の値段を叫ぶ女性の声だ。物売りが通路をこちらへ向かってくるのは、彼女たちの長いスカートが擦れ合う音で分かる。途上世界のほとんどのところでマイクロ事業を動かしているのは女性だ。それに、マイクロファイナンス運動の多くは、ユヌスのグラミン銀行以来、女性への融資を重視してきた。借り手として男性より責任感があると思われているのが主な理由だ。でも、女性のビジネスが儲からない定めなら、彼女たちが起業向け融資を受けるべき人じゃないのははっきりしている。

女性をこんなにも重視してきたのは、まったくの見当違いだったんだろうか。そうとは思いたくないけど、スリランカの研究結果を見ると、この気まずい問題から目をそらすわけにはいかない。

ありがたいことに、フォーマルな融資が低調なことを説明できそうな理由がもう一つある。マイクロレンダーが敬遠されるのは、借りたお金の使い道を制限しすぎているからかもしれない。世界のどこでもそうだが、スリランカでも多くのマイクロクレジットの貸し手が、ローンをビジネス活動だけに使うよう求めている。たとえば、仕立屋はミシンを買うために融資を受けることができるけど、自分の子どもの既製服を買うために借りることはできないということだ。

問題は、スリランカの起業家たちはビジネス活動だけのためにお金を使いたいのではなかったことだ。他にもいろんな使い道を考えていた。

デ・メルとマッケンジーとウッドラフは、そういうビジネス以外の目的がどれくらい幅広いかを探れるように調査方法を設計していた。起業家に与える給付金を二種類にした。半分の人には「現物支給」

だ。給付金を受ける人は、ビジネスに関係のある好きな品物を給付額いっぱいまで選ぶことができ、研究者が一緒に買いに行った。後の半分の人には、条件を何もつけずに現金を渡し、何でも好きなものに使っていいと伝えた。

制限なしの現金を受け取った人は、半分強（五八パーセント）を仕事に関係のあるものを買っていたことが分かった。残りは、貯金や借金の返済、食品や衣類、薬、バス代などの日常的な消費に充てていた。お金をこういう風に使いたいというのが彼らの本音なら、使い道を事業に限定されるマイクロクレジットの利用が進まないのは、はたして驚くことなんだろうか。

この問題は別の角度からも見る必要がありそうだ。マイクロクレジットの貸し手は、融資したお金の使い方について、どうしてこんなにたくさんのルールを作っていたんだろう？（つまるところ、僕たちドナーがそうしろと言うからだ。Kiva.org がいい例だ。僕たちは、自分が貸したお金がマイクロ起業家タイプの人に届くというアイデアに魅力を感じる。もしも「この人が新しいテレビを買ったり床を張ったりできるように、ローンに出資してください」とお願いされたら、みんなは同じくらい Kiva にお金を送るだろうか？）。こういうルールがどれくらい役立っているか、そしてどれくらい無駄であるかを、次の章でもっと詳しく見ていく。

骨に少し肉をつける

南アフリカでクレジット・インデムニティと協力して、クレジットが借り手に与える影響を測る研究をした二年後、ジョナサン・ジンマンと僕はクレジット・インデムニティでやったのと同じ研究を、フィリピンの起業家に融資をしているレンダーでも行う機会があった。(12) 伝統的なマイクロクレジット（つまり、起業家を対象にしたもの）が、消費者志向のものと同じくらい良い結果を生むことができるかどうかを見極める、願ってもないチャンスだった。パンフレットに書かれているような希望にあふれたサクセスストーリーを裏づける証拠だって見つかるかもしれなかった。たとえば、新しいオーブンを買ったらビジネスがうまくいきはじめたというパン焼き職人や、ＦＩＮＣＡのポトシ夫人の繁盛しているセーターのビジネスの話のような。

ＩＰＡがフィリピンでマイクロファイナンス関係の仕事をするときは、たいていマイクロファイナンスの第一人者、ジョン・オーウェンズにお世話になっていたけど、今度もパートナーを紹介してくれた。首都マニラとその近郊に七〇〇〇人ほどの顧客を持つファーストマクロ銀行の頭取、レジー・オカンポに引き合わせてくれた。

ファーストマクロ銀行は、クレジット・インデムニティよりはるかにマイクロクレジットの世界にしっかりと腰を据えている。マイクロ起業家だけに貸し、借り手は自分の事業以外には使えないことになっている。ほとんどの顧客は正規の被雇用者ではなく、これまでに融資を受けた経験も、担保もない。そのうえ、ファーストマクロは営利企業でありながら明確な社会的課題を持ち、会社の使命として「コミュニティの発展」「顧客中心の商品」「持続可能な成長」を掲げている。ファーストマクロのローンの金利は、僕たちが南アフリカで調査したローンの約三分の一の年率六二パーセントだ。

けれども二つのレンダーの業務には、よく似たところがたくさんあった。クレジット・インデムニティと同じように、ファーストマクロも個人の顧客にたいていは期間が数カ月のローンを貸し、ローン申請者一人ひとりの情報をコンピュータのプログラムに入力して、瞬時に基本的な信用度についての推奨を得ていた。だから、以前の実験をこの状況に適合させるのはそんなに難しくはなかった。

ファーストマクロでの再実験は、クレジット・インデムニティでの研究のときとだいたい同じように行った。ジンマンと僕は、信用度を判定するソフトウェアを修正して、点数が合格ラインすれすれの初回申請者（つまり、「もしかしたらＯＫ」に分類される人。実際にはこういう人が申請者全体のおよそ四分の三を占めていた）のうちのいくらかがランダムに承認されるようにした。その後二年間、申請を却下された人も含めてすべての人を調査して、生活がどう変わったかを調べた。融資を受けた人は生活が豊かになっていただろうか？

答えはイエスでもあり、ノーでもあった。申請者全体を見ると、どうということのない結果だった。事業の利益は融資を受けた人が一〇パーセント多かったけど、統計的にはそれほど大きな意味はないから、利益の変化が融資を受けたことに何らかの関係があるとは言いきれない。

ところが、特定の申請者グループに目を向けると、やはりびっくりするようなことがいくつかあることが分かった。ただし、マイクロクレジットの伝道者が聞きたかったようなことじゃない。誰もが成功していたわけではなかったのだ。まず、スリランカの場合と同じように、男性の方が女性よりはるかに成功していた。事業の利益は、男性の方が女性の三倍も増えていた。次に、もともと余裕がある借り手ほどローンを上手に使っていることが分かった。全申請者のうち、（比較的）豊かな半数は、融資を受けたことによってビジネスの利益が二五パーセント急増していたけど、貧しい方の半数では、ローンが利益に何らかの影響を与えたと断言することはできなかった。世界中のマイクロクレジット物語に必ず登場するヒロインの貧しい女性は、マニラでは主役の座をさらうことはできなかった。

ついでに言うと、ファーストマクロの実験から浮かび上がった物語には、世間一般の通念とかみ合わないところが他にもあった。起承転結の最初と最後は合っている。大ざっぱに言うと、融資を受けたビジネスは、最初は利益が小さかったけど最後には大きくなっていた。ところがこの筋書きの真ん中の部分が意外だった。僕たちは、マイクロクレジットというと必ず出てくるあのお決まりの話、融資を受けた事業が成長し、大輪のアジサイの花のように外に向かって広がるとか、早春のマグノリアの花のような生命力と鮮やかな色彩があふれ出るとか、そういう類の話を再登場させる口実が見つかるかもしれないと考えていた。おあいにくさま。事業成績が実際に伸びていたのは、伸び放題にさせたからではなく、刈り込んだからだった。

そう、利益が増えたのはほとんどが事業を縮小した結果で、拡大したからではなかった。（ランダムに）融資を受けた申請者は、業務を一本化したりスリム化したりした。全体として事業の数が減り、残った事業に有給で雇われている人も減った。コストが下がり、利益が増えた。こんなに簡単なことだった。

簡単だけど、思いがけないことでもあった。何のかんの言っても、商売を畳んだり、雇っていた人をクビにしたりする物語でマイクロクレジットを売り込んだりする人はいない。でも試してみるべきかもしれない。少なくとも、話を裏付ける証拠はある。

マイクロクレジットはコミュニティを変えることができるか

これまでに見てきたことから、少なくともいくらかの人はマイクロクレジットを利用できれば豊かになることができるし、実際に豊かになっている、とは言えそうだ。でも、筋金入りの推進派から聞かされるストーリーは、それよりもはるかに踏み込んだことをほのめかしている。もう一度あのことわざのもじり、「男性に魚を与えれば、その人は一日だけ食べられる。女性にマイクロクレジットを与えれば、本人と夫と、子どもたちと、大家族が一生食べられる」を思い出してほしい。世界中のさまざまな人々が直接これらのローンの恩恵を受けられるだけでなく、社会全体が良くなる結果、あらゆる人々の生活が向上する、と言いたいのだ。マイクロクレジットは前途洋々で、ほとんどどんなところにでも植えつけることができ、コミュニティ全体を貧困から救いだしてくれると期待できるというわけだ。

これが本当かどうかを確かめる方法の一つは、実際にやってみることだ。マイクロファイナンスが初めてコミュニティにやってきたとき何が起きるかを見るんだ。二〇〇五年にJ‐PALとIPAの四人の経済学者、アビジット・バナジー、エステル・デュフロ、レイチェル・グレナスター、シンシア・キナンがインドのハイデラバードに集まり、RCTを行った[13]。およそ一二〇万人の顧客にグループローンを提供しているインドのマイクロレンダー、スパンダナと組んだ。そのころスパンダナはそれまで支店がなかった地区に支店を開いて拡大しようとしていた。スパンダナは研究者たちといっしょに、まだマイクロローンが利用できなかった一〇〇ほどの地区をリストアップして、そのうちのランダムに選んだ半分の地区に、翌年支店を開設した。

支店を開設しておよそ一年が過ぎた二〇〇七年の終わりごろ、研究者たちは一〇〇の地区すべてで幅広い調査を行った。新しく支店ができたところでは、お金を借りた人はもちろん、借りなかった人とも話をした。新しい支店に一番乗りした野心家だけでなく、コミュニティ全体の経験に興味があったのだ。

最初に気づいたのは、実際には、野心家はそんなに大勢いないことだった。スリランカの研究でもそうだったように、スパンダナの融資基準を満たしている人のうち、勧誘されて乗り気になり融資を受けた人は五人に一人以下だった。借りたお金をマイクロ事業に投資した人はもっと少なかった。むしろお金を借りた理由で最も多かったのは、ほかの借金を返すためだった。たいていは高利の貸金業者からの借金だ。

こういう事実を考え合わせると、スパンダナの真新しいピカピカの支店が通りにできても、コミュニティが一夜にして変わることがなかったのは、そんなに驚くことじゃないのかもしれない。調査では、女性のエンパワメントや、子どもの通学率、健康や衛生、食物への支出などに目立った変化はなかった。別の角度からの見方として、各世帯の毎月のすべての出費を追跡する方法がある。食費からおむつ代、学費からたばこ代まで、あらゆるものに使った金額を追跡する。支店開設から一年後、総支出額は増えていなかった。全体として、人々は前より豊かになったようには見えなかった。

つまり、ハイデラバードの貧しいコミュニティにとって、マイクロクレジットの導入はすべての人がたちまち豊かになることを意味していなかった。でも、話はこれで終わらない。マニラのファーストマクロでもそうだったように、ここでも興味深い力学は水面下で働いていた。それは、いろんなタイプの人々がいるということと、利用できるクレジットが増えたことに対してそういう人たちが見せたいろんな反応に関係があった。

研究者たちは、ハイデラバードの一〇〇の地区の住人をいくつかのグループに分類した。まず、すでに事業を持っていた人たちを抜き出した。次にある人が新しいビジネスを起こす可能性があるかどうかを、その人の世帯全体の人口統計学的情報――その世帯がどれくらいの土地を所有しているか、就労年齢の女性が何人いるか、家長の妻は読み書きができるか、有給の仕事を持っているか、など――に基づいて予測するモデルを使った。このモデルを使って、残りの人たちを起業への傾向の強さによって二つのグループに分けた。すべての人を実際に起業している人、起業しそうな人、起業しそうにない人に分類して比較すると、クレジットが各グループにどんな影響を与えたかを見ることができた。

こうして三つのグループに分けること自体が、僕たちの疑問の核心を突く。貧しい人たちには、マイクロローンを自分の利益のためや、家族やコミュニティのために利用する能力がみな同じように備わっているんだろうか。それともそういう能力をほかの人より多く持つ人たちがいるんだろうか。

三つのグループを並べて比べてみると、びっくりするほどの違いがあった。そして、そこから立ち上がってくるストーリーは一貫していた。

ビジネス意識の高い人は良い結果を出していた。すでに起業している人は、その事業にお金を注ぎ込むことが多かった。起業しそうな人は消費、特に、アルコールやたばこ、宝くじや道端での一杯のお茶（インド版スターバックス）などのいわゆる「誘惑商品」の消費を切り詰め、耐久財への支出を増やしていた。それも、まさに起業に必要なものを買っていた。裁縫師ならミシン、パン屋ならオーブン、食料品屋なら冷蔵庫という具合に。

このように仕事に関係のあるものに支出していたのは、経済的推進力を生むエンジンを組み立て、燃料を注ぎ込んでいたということだ。調査では、全体として人々が豊かになったわけではないという結果が出たけど、その方向に向かってはいるようだった。それに、誘惑商品への支出を控えるということからは、起業の夢に手が届くようになったから、賢明にも目標達成のために犠牲を払っていたことがうかがえた。ここまでは、古典的なマイクロクレジット物語は安泰だ。

ところが、起業しそうにない人たちがすべてをぶち壊しにしていた。彼らは耐久財を買うわけでも、事業に投資するわけでもなかった。ただ消費を増やしただけだった。衣類から食品、たばこ、一杯のお茶まで、あらゆるものにもっとお金を使うようになっていた。そして結局は、調査が始まったときに比べてもちっとも豊かになっていなかった。残ったのはスパンダナへの返済義務だけだ。つまり彼らは、マイクロクレジット関連の文献に出てくる感動的な人物というより、クレジットカードの借金を戒める話に登場する人物のようになっていた。

手段であって、目的ではない

ここで、この章で見てきた証拠について、ぜひともはっきりさせておく必要がある。証拠が意味しているのは、マイクロクレジットが失敗であるということでも、マイクロクレジットが巻き起こしたものすごい熱狂が必ずしも見当外れだということでもない。評決はまだ下されていないということだけだ。初期の試みがすべてバラ色の結果をもたらしたわけではないんだから、立証責任はマイクロクレジットの推進者の方に少し移る。彼らはマイクロクレジットの有効性についてもっと説得力のある議論をしなければならないし、研究者はもっと努力してマイクロクレジットが最も効果をあげるのはどんな状況なのか、もっと言えば、そもそもマイクロクレジットは有効なのかを探る責任がある。ある時、ある場所で行われた一つの研究だけでは、世界中に応用できる処方箋を書けるだけの十分な証拠は得られない。開発における最大のチャレンジの一つは、さまざまな場所と状況で、同じ評価方法を十分に繰り返して、最終的に普遍的な教訓にたどりつくことだ。このチャレンジが動機の一つとなって、僕はIPAを創設した。目的は、難しい仕事をこつこつと積み重ねて、最終的には個別の研究を、たとえて言えば銀行が預かってくれる現金ぐらい確実な、包括的で一貫した証拠につなげようとする組織だ。

決めゼリフはこうだ。マイクロクレジットの限界についてこの章で見てきたことは「悲劇ではない！」　みんなが生まれながらの起業家――またはマイクロクレジットの顧客――ではない。それだけのことだ。みんなが生まれながらの漁師じゃないのと同じだ。次の章で、その理由を詳しく見ていく。だから、マイクロクレジットの問題は、マイクロクレジットじゃない。貧しい人たちの役に立ち、十分にビジネスとして成り立っているマイクロレンダーの成功は、純粋に感動的だ。そしてそれよりも大事なのは、この三〇年の業界の爆発的な成長のおかげで、たくさんの人が以前よりも多くの選択肢を持てるようになったことだ。これは本当に素晴らしいことだ。

問題は、これまでの売り込み方だ。慎重な影響評価も行われていないのに、どんな場合でもこれ一つで効果が得られる貧困の万能薬で、貧しい人はみんなが欲しがるはず、という触れ込みだった。マイクロクレジットには利点もあるが、そんなものじゃない。

二〇一〇年の初めにセンター・フォー・グローバル・ディベロップメントが主催したマイクロクレジット関係の集まりで耳にしたことを思い出す。学者、政策立案者、実務家が集まって、この章で触れたようなマイクロクレジットの評価に対するメディアの否定的な取り上げ方について議論していた。出席者のあいだに漂う明らかな不安感と不吉な予感を、誰かが一言でこうまとめた。「マイクロクレジットの将来が危機にさらされている」と。

ここで本当に危機にさらされているのは何だろう？　マイクロクレジットは目的を達成するための手段で、目的そのものじゃない。危機にさらされているのは貧しい人たちの生活を改善する機会だ。膨大な額のお金が開発援助に流れ込んでいるけど、貧困問題を解決するには決して十分ではない。僕の中には世界をトレードオフの視点で見ている経済学者の部分があって、僕たちがマイクロクレジットにこんなにたくさんのお金と努力と善意を注ぎ込む一方で、それ以外のこと、たとえば貯蓄や保険、教育、保健などに向けていないことに苛立ちを覚えている。これから紹介していくけど、こういうマイクロクレジット以外のものの中には、僕たちの最終的なゴールである貧困の削減を達成するのに効果があり、マイクロクレジットより安く実行でき、より多くの人たちが参加できるようなものがある。

今ある資源のいちばんいい使い方は何だろう？　もっとたくさんの人に本当に効果があるプログラムがあることを納得させ、参加したいという気持ちを持ってもらうことはできるだろうか？　カギを握るのはこれだ。

重要なのは道具ではない。貧困を削減することだ。

第5章　幸せを求める——もっと楽しいことがある

オティの車は六時半過ぎに現れた。灼熱の太陽はもう沈み、ジェイクは暗い通りの喧騒の中に立っていた。渋滞でくたくたになっていたのかもしれないけど、オティにはそんな様子はなかった。元気そのもので、屈託なくにこにことジェイクに挨拶をした。でもジェイクは二時間も立ちつくしていた。顧客サービスについての厳しいお説教が喉元まで出かかっていた。

ふたりを引き合わせたのは、ジェイクが住んでいたアクラのラバディビーチ地区の住宅地の守衛、ダニエルだった。毎日タクシーで通勤していたジェイクに、友だちのオティを運転手として月極めで雇ったらどうかと言ってきた。報酬とスケジュールの折り合いがつき、オティが毎朝八時に家に迎えに来て、午後は毎日四時にオフィスに迎えに来ることになった。オティはとても愛想がよく人好きのする性格で、乗り心地のいい軽自動車を持っていた。動くことは動く、といったところ。少なくとも、言うことを聞かなくなっても、押すのは楽だった。

こうして麗しいビジネス関係が始まった。でも、すぐにはっきりした。信頼性に問題があるのはオティの車だけじゃなかった。二度、三度と蒸し暑い闇の中で待ちぼうけを食わされたら、もう疑いの余地はなかった。薔薇は色あせた。でも、オティをクビにするより、人間関係をちょっとケアして様子を見た方がいいような気がした。油をさしてやればオティの車がたいてい直るように、十分に効き目があるかもしれない。

ジェイクがこの状況を何とかできるだろうと思ったのは、問題のタスクがとても簡単なことに思えたからだ。オティが現れる時間のあまりのいい加減さには、ミステリーの気配さえあった。オティの家からオフィスまでは六キロあるかないかだ。なのに、約束の時間に二時間も遅れてくるとは、いったいどういうことなんだ？

どういうことなのかを正確に答えるのは難しい。ただ一つ言えるのは、遅刻の仕方には、いろいろあるということだ。普通の遅れ方もある。たとえば、ガールフレンドと映画を見ていたから、家を出たときには迎えの時間を一時間過ぎていたとか、全国宝くじ委員会の事務所の近くでものすごい渋滞に巻き込まれたとか。もっとややこしい遅れ方もある。オフィスに向かって出発したのはいいけど、ガソリンタンクが空だったので途中でガス欠になり、ガソリン用の缶を家に忘れてきたのに気づいて、缶を取りに家まで一キロ以上歩いて戻り、ガソリンスタンドまで歩いて行って缶にガソリンを入れて、戻ってきたら車はラッシュアワーの殺気だったドライバーに押されて路肩から歩道に乗り上げていて（しかも、びっくりした歩行者が集まってきて車を取り囲み、運転手が戻ってきたら文句を言おうと待ち構えていて）、やっとのことでタンクにガソリンを入れて、迎えに来ることができたとか。そう、二時間遅刻する方法は山ほどあり、オティはたくさん知っていた。

不測の事態の幅広さと多彩さには目を見張るものがあるけど、それよりもっと驚くのはオティが見事なまでの冷静さでそれらに耐えている――あるいは、積極的にシナリオを書いている――ことだった。

問題の夜、何度もあった夜と同じように、オティは笑顔で到着し、陽気に「やあ、ジェイク、調子はどう？」と言った。ジェイクは、その後いったいどんな話が飛び出すんだろうと思わずにいられなかった。非はオティにあったとしても、悔いている様子はなかった。運命が彼を陥れようとたくらんで、一歩も進まない交通渋滞の真ん中に何時間も閉じ込めたんだとしても、彼は平然としていて消耗しているようには見えなかった。

オティが自分のお客の時間を無駄にするのを何とも思っていないんだったら、まあ分かる。誰でもそういう人に会ったことはある。分からないのは、オティが自分の時間を無駄にするのも気にしてないらしいことだった。そういうわけで、この問題が、ガーナの首都の穴ぼこだらけの道路を、重そうなバンやガタガタうるさいタクシーの間を縫って家に帰る車の中でのオティとジェイクの真剣な会話のトピックになった。

いちばんいいところにいちばんいいタイミングで

あなたも千回ぐらい聞いたことがあるはずだ。ビジネスと現実生活が根っこでは同じであることを、いみじくも一言で表現したあのフレーズを。「時は金なり」だ。ドットコム・ブームのころのいつだったか、この格言がビル・ゲイツにあてはめられて、目をむくような結果が出た。年収から一時間当たりの稼ぎを計算すると、ゲイツは歩いているとき一〇〇ドル札が歩道に落ちていても、しゃがんで拾い上げてはいけないということになった。理由は、拾うことは彼の時間の価値に見合わない、その二秒を仕事に使えば一〇〇ドル以上儲けることができるから。

この例はもちろん、正確には正しくないけれど（第一、ビル・ゲイツは時間給で仕事をしているのではない）、その裏にある考え方は間違っていない。何か特定のことをするのに時間を使うときは、それをする代わりにできたことと比べることができる。その特定のことをするのにかかるすべてのコストを考えるときは、それをする間にあきらめた他の選択肢の価値を計算に入れなければならない。経済学者はその要素を「機会費用」と呼ぶ。

機会費用が問題になるのはビル・ゲイツだけじゃない。みんなに関係がある。大学院に行くコストは学費だけじゃないのはそのためだ。その何年かの間、働いてお金を稼げたはずだからだ。土曜日は家族と公園へ行きたいから働かない、という選択もそうだ。仕事をするために見逃す楽しみがあまりにも大きいから、わずかな経済的利益をあきらめるんだろう。仕事の選択についてのいろんな問題も、同じように考えることができる。もっと楽しく仕事ができるという理由で収入が少ない仕事に転職する人もいるし、子どもと過ごすために仕事を辞める人もいる。

確かに、こういう選択をしたら、最終的には銀行口座の残高が減ってしまうかもしれない。だからといって、そういう選択が非経済的かというと、必ずしもそうではない。何を優先するか、何が自分にとって大切なのかを表しているだけだ。その物差しがお金だけだなんてことはあり得ない。突き詰めると、機会費用とは満足の問題だ。自分がいちばん幸せになる選択をすること、そしてそのために何をあきらめようとしているのか、仮にそちらを選んだとすると自分はどれくらい幸せに（または不幸せに）なるのかをちゃんと自覚することだ。

だから、オティは時間きっかりにジェイクを迎えに来てお金を稼ぐことができたはずだけど、いろんなことを考え合わせるとそうすることが悪い選択になるような何かがあったのかもしれない。渋滞がひどくて往復一三キロに三時間もかかりそうだったとしたら？　この場合、運転にともなうイライラと余分にかかる時間のコストが、稼げるお金より大きくなるだろうから、仕事をキャンセルするのが合理的な判断になる。

といっても、大きな展望については正しい選択をしたのに、小さいけれど高くつく間違いをすることがある。オティが午後のどこかの時間帯に映画を見たかったとしよう。誰も迎えに行かなくていい一二時から二時まで見るという選択肢があった。この場合の機会費用はゼロに近い（もちろん、もっと稼ごうと思って仕事に出ていくこともできたんだから、多少はコストがある）。または、四時から六時まで見ることにして、今日は迎えに行けないと電話してもよかった。この場合、映画を見ることの機会費用は、ジェイクを家に送っていって稼げるお金だ。

ジェイクが見る限り、オティはイーコンの冷徹な洞察力をもって機会費用を計算しているようにはとても見えなかった。彼は渋滞がひどいときにキャンセルせず、楽々と時間通りに着けるのがはっきりしているときに遅れてきた。映画についてはこう言った。「だって、ガールフレンドと映画を見ていたんだよ。どうしようもないでしょ？　ビデオを切って家を出ろって？　僕は遅くなっても迎えに来るつもりだったんだから。でなきゃ、少なくとも明日の朝は来るよ」。渋滞についてはこう言った。「ノロノロになったらどうしようもないよ。もう車の中なんだし、行くって言ったんだ。だからどれだけ時間がかかっても迎えに来なくちゃなんない。二時間かかっても、三時間かかっても、僕はかまわないよ」

こんな調子だった。禅のようにシンプルで、卵の殻のように丸く滑らか。完璧だし、そう言われたら一瞬、文句のつけようがない。というわけで、オティが顔を見せた日には送ってもらい、そうでない日は、ジェイクはタクシーに乗ることになった。

当然の疑問がみんなの頭に浮かんでいることだろう。ジェイクはなぜオティをクビにしてほかの人を探さなかったのか？　僕たちは誰だって情にほだされることがある。ジェイクもイーコンじゃない。彼はオティが好きだった。問題は、オティがそのことをあまりにもよく知っていたことかもしれない。

幸せを求めて

議論の糸口として、オティが仕事（送迎）とレジャー（ガールフレンドと映画を見る）の理想的なバランスをまだ見つけていなかったと仮定しよう。じっくりと筋道立てて考えて、道路が混んでいない日には、映画をいったん止めて、ジェイクを迎えに行ってお金を稼ぐ方がいいとオティが本当に思ったとしたら？　気休めになるかどうか分からないけど、こんな間違いを犯すのはオティだけじゃない。ニューヨークの仲間たちだってたいして変わらないようだ。

行動経済学者のリンダ・バブコック、コリン・キャメラー、ジョージ・ローウェンスタイン、リチャード・セイラーのチームが、ニューヨーク市のタクシー運転手数千人の記録を分析して、彼らが一日に働く時間をどうやって決めているのかを探った(1)。特に、運転手たちが仕事をする時間を効率よく配分しているかどうかを知りたかった。

前提として、タクシーの運転手には忙しい日と暇な日がある。たとえば、天気が悪いときや町で会議があるときには、お客が増える。特に短距離の客が多くなる傾向がある（こういう客は、一キロ当たりの儲けが大きい）。逆に、気持ちの良い春の日には、タクシーを呼びとめる人は少なくなる傾向がある。忙しい日の一時間当たりの儲けの平均は、暇な日よりかなり多い。運転手は、どの日が忙しくてどの日が暇かを自分でコントロールすることはできないけど、自分の勤務時間を選ぶことはできる。車を出すたびに、何時間働くかを自分で決められる（通常、最長でシフトの限度の一二時間まで）。一方、タクシー運転手は余暇の時間も好きだとする。

標準的な経済学によれば、時間配分の問題を解決する方法は簡単だ。運転手は忙しい日に長時間働き（稼げるときに働く）、暇な日には早めに切り上げる（稼げないときは働かない）べきだ。こうすれば一週間に同じ時間働いて、いちばん儲けが大きくなるように時間を配分することができる。機会費用で解釈しても同じだ。暇な日のレジャーは忙しい日のレジャーより安くつく。暇な日の方が、ソファでごろごろして過ごす一時間ごとにあきらめる収入が少ないからだ。

この理論が当てはまる場所もあるけど、たぶんそれはニューヨーク市のタクシーの中ではない（ついでに言うと、シンガポールのタクシーの中でもない。メルボルン大学のユアン・チョウがシンガポールで行った研究でも同じ結果が出た）。経済学者たちは、運転手が標準的な理論に合わない行動をとっているという結論に達した。彼らはむしろ、理論とは逆の行動をとっていた。

運転手たちは、忙しい日にはすぐに切り上げ、暇な日には粘っていた。彼らがうっとうしい雨の（忙しい）日より、気持ちの良い春の（暇な）日の余暇の時間を高く評価しているとすれば、二重に腑に落ちない。研究者たちが提案する説明はこうだ。運転手たちは、一時間当たりの平均収入を最大化することよりも、毎日、ある額の収入を得ることを目標にして働いていたのではないか。これが本当だとすると、データは完全につじつまが合う。忙しい日にはすぐに目標額に達して店じまいするけど、暇な日には目標を達成しようとしてぎりぎりまでお客を求めて流しつづけるのだ。

日々の目標額という説を受け入れたとしても、まだ疑問が残るかもしれない。じゃあどれくらい違うのか？　たった二、三時間ずつ勤務時間を変えるだけで、本当に儲けがそんなに変わるものだろうか？　バブコックのチームは運転手たちの毎日の記録を使って、それぞれの運転手が勤務時間の配分を変えていたらどれくらい利益をあげていたかを推定した。その結果、平均すると、毎日同じ時間働いたら長い間には五パーセント多く稼ぐことができ、一週間の労働時間が同じでも、忙しい日に長く、暇な日に短く働いていたら、長い間には一〇パーセント多く稼ぐことができる、ということが分かった。想像してほしい。一時間も残業をせずに給料を一〇パーセントも増やせるなんて！

働く時間の決め方を間違ったら、一〇パーセントの昇給を逃しているのと同じだと聞いたら、誰だって耳をそばだてる。貧しい人たちはなおさらだ。彼らにはほとんど余裕がないから、こういうミスが日常生活を大きく左右しかねない。ぎりぎりのところで生きているからこそ、経済的な意思決定を少しずつ着実に向上させていくことで最も利益を得るのは貧しい人たちのはずだ。

オティとマイクロクレジット

収入を一〇パーセントも失う間違いは、もちろん痛い。でも、金利がその六、七倍もの利率で膨れ上がった借金を抱えているときにはもっと痛い。マイクロクレジットの価値が問い直されるのはこういうときだ。

世界の貧困層の大多数——そして事実上、世界中のマイクロクレジットのすべての顧客——は、自営業か不定期の仕事で生活している[2]。ということは、毎日、かなり大きな複雑な経済的選択をしているということだ。特にマイクロ起業家にとっては、その日に何時間働くか、だけの問題じゃない。どういう商品を仕入れて売るか、どこで商売をするか、人を雇うか、給料はいくら払うか、なども決めなければならない。

米国ではこういう問題を片づけていくのは、たぶん会社の重役や戦略コンサルタントの仕事だろう。

でも開発途上世界にはMBAはめったにいないし、とにかく歩道に敷物を広げて野菜やプラスティックのおもちゃを売っているMBAにはまずお目にかからない。

マイクロクレジットの顧客のほとんどは、なろうと思って起業家になったんじゃなく、必要に迫られてなった、というのが実情だ。ほとんどの途上国には失業手当や食料配給券のような社会的セーフティネットがない。食べたかったら、働かなくちゃならない。それに、生計を立てる必要がある人すべてを雇えるだけの有給の仕事口がないから、自分で仕事を始めるんだ。

アメリカ人が抱いている起業家精神のイメージとは大違いだ。アメリカ人が思い浮かべる起業家とは、エネルギーと独立心と創造性と意欲があるから、群れから抜け出す人だ。途上国の起業家にこういう資質がないと言っているんじゃない。むしろその逆だ。決意と創意を十二分に持ち合わせていないと、彼らの多くはとても生き残ることはできないだろう。それでも、彼らに尋ねたら、ほとんどの人は、小さな事業を起こして経営するのはいちばんやりたかった仕事ではなかったと答えるだろう。逆に、どこの国の人でもいいけど、僕たちがよく思い浮かべるような並はずれた行動力と意欲を持った起業家を見ると、彼らのような仕事が誰にでもできるものではないことが分かるはずだ。

なのに、マイクロクレジット運動はなぜそうであるかのように行動するんだろう。ノーベル賞受賞者でグラミン銀行創始者のムハマド・ユヌスはこんな風に言っている。

私は、すべての人は生まれながらのスキルを持っていると固く信じている。私はそれを生き残るためのスキルと呼ぶ。貧しい人たちが今生きていることが、彼らの能力をはっきりと証明している。彼らは私たちから生き残る方法を教わる必要などない。もう知っているのだ。だから私たちは、彼らに新しいスキルを教えようとして時間を無駄にするより、彼らが現に持っているスキルを最大限生かそうとしているのだ。貧しい人たちがクレジットを利用できるようにすれば、彼らはすでに知っているスキルをすぐにでも実行に移すことができる……。(3)

ユヌスは素晴らしい人だけど、このロマンティックな見方は間違っている。生き残ることと、事業を一から始めることはまったく違う。特に、典型的なマイクロクレジットの利率で借金をしても返せるほど利益の大きい事業を起こすとなるとなおさらだ。前の章で見たスリランカのプロジェクトの結果は、有望なビジネスチャンスがあっても、誰もが同じようにそれを活用できるわけではないことを示していた。

これは何も驚くことじゃない。たとえば、アメリカやヨーロッパの街のどこにでもいるような人みんなに、ちょっとしたうまいビジネスを思いついて経営する能力があるなどと言う人がいるだろうか？　もっと言えば、そう考えて、その辺にいる人にお金を貸す事業を始めることを提案する人なんているだろうか？　最近の金融危機でよく分かったように、世界でいちばん豊かな国々の高等教育を受けた人でも、お金を借りるとなると、非合理的で自分も含めていろんな人に損害を与えるような行動に出ることがある。借金が豊かさへのカギになることもあるけど、足枷になることもそれと同じくらいある。

でもここは百歩譲って、マイクロクレジットは少なくとも一部の人たちにとっては価値あるツールになり得ると仮定しよう。だけどやはり、貸すときに少し指導をするともっとうまくいくんじゃないか？　誰もが生まれながらの起業家じゃなくても、ちょっとした助言が役に立つかもしれない。いくつかのマイクロレンダーが借り手に提供しているビジネス研修プログラムの背景にある考え方はこれだ。義務づけているところもある。

ムハマド・ユヌスが正しくて、貧しい人たちが生き残るためのいろんなスキルをすでに持っているのなら、今ごろ彼らは効率よく事業を経営して、大きな利益を得ているはずだ。そしてユヌスが断言したように、どんな種類であれスキル（ビジネススキルも含む）の研修を提供するのは時間の無駄だろう。でも逆に、ビジネス研修が役に立つことが証明されたらどうだろう。少なくとも生まれながらの辣腕起業家じゃない人がいる、ということだろう。彼らは生まれながらのマイクロクレジット顧客でもないかもしれない。

エルサルバドルのFINCAで二年過ごした後、僕の頭の片隅にいつまでも引っかかっていた疑問の一つがこれだった。大学院の最後の年までずっとそうだった。そのころ僕は、ペルーで開かれたある会議でマルティン・バルディビアと知り合った。マルティンは、ペルーのGRADEという、貧困問題を研究している社会科学者がいっぱいいるシンクタンクの研究者だ（彼はリマのありとあらゆる素晴らしいレストランでもてなしてくれる最高のホストでもある。これが僕たちの協働関係と友情に欠かせない要素であることは間違いない）。マルティンと僕は、同じ問題に悩んでいることが分かったので、ペルーのマイクロレンダー、FINCAペルー(4)の事務局長、イリス・ラナオと三人でチームを組んで、ビジネス研修についてのRCTに資金を提供してくれるところを探した。

まもなく僕は、新しくできたヘンリー・E・ナイルズ財団からちょっと話をしてほしいといわれた。テーマはマイクロクレジットについて分かっていること。でも僕は逆に、マイクロクレジットについては少ししか分かっていない、基本的な働きさえまだ完全には理解されていないという話をした。彼らも僕が格闘していた謎に興味を持った。つまり、ビジネス研修をまったく受けていないマイクロ起業家が、こんな金利のローンをいったいどうやって借りているのか（そしてちゃんと返済している！）という謎だ。おかげで、ＦＩＮＣＡペルーのプロジェクトも動きだした。

ＦＩＮＣＡペルーからお金を借りている人は、ローンの額に応じた金額を週払いか月払いで返済することを義務づけられ、利子がつく口座に貯金することも奨励されていた。だから、少なくとも行動を修正するという意味では、訓練のようなものを受けていた。顧客はそうするよう求められることによって、定期的に返済することと貯蓄をすることを学んでいた。でも、スキルの向上やお金の管理、ビジネス・金融リテラシー教育という面では何の訓練も受けていなかった。

研修プログラムを拡大すれば、借り手のためになるんだろうか。この問いに答えるためにマルティンと僕は、リマとアヤクーチョ（アンデス山中の大学町）にあるＦＩＮＣＡペルーのビレッジバンク〔マイクロクレジットを中心とするサポートグループ〕の中から二〇〇以上を選んで、ランダムに二つに分け、半分には毎週行われているミーティングで三〇分のビジネス研修を受けさせた。[5] 各グループはこれを一年から二年続けた。グループはビジネスの基本、たとえば、きちんと記録すること、市場を理解すること、扱う商品を多様化すること、事業用資金を自分用のお金と別にしておくことなどを学んだ。残りの半分のグループは、それまでどおり、ローンの話だけを取り上げるミーティングをつづけた。こちらは対照群として観察した。

すごい結果が出たわけじゃないけど、いくつか明るい材料があった。治療群の顧客は研修で学んだ戦略のいくつかを実際に採り入れていた。ビジネスの売り上げはそれほど大幅にではないけど増えていた。特に増え方が大きかったのは景気が良くない月だった。どこも同じだけど、マイクロ起業家は季節によって事業の売り上げが上下する。需要も供給も変化するからだ。いろんな運が重なって景気が好くなることもある。そういう月には、仕入れ値は安く、いつもブロックを一回りするほどのお客の列ができているように見える。でも、うまくいかないときもある。誰も何も買わない月がある。学費や毎年の家賃を払わなければならないときとか、卸売業者が値上げしたときとか、インフルエンザが流行しているときとか。そうすると、今月は子どもに店を手伝わせるために学校を休ませなくてはならない、今月は収入が減ったから食事を抜かなくてはならない、ということが起きる。

でも、研修を受けて仕事のやり方を少し変えたら、こういう悪い結果にならずに済むかもしれない。研修を受けた顧客は、季節変動に備える戦略を実行していた。治療群と対照群で差が出た点はいくつかあったけど、その中でこれがいちばん大きかった。研修の影響は、全体としてはたいしたことがなくても、いちばん必要なところに集中していたことがうかがえる。

ＦＩＮＣＡペルーは、顧客が成果をあげていることが分かって喜んだ。そのことだけでもビジネス研修を提供しつづける理由になったかもしれない。うれしいことに自分たちの業績を見たとき、研修を続けることにもう何の躊躇もなくなった。研修にかかる費用を計上しても、プログラムのおかげでＦＩＮＣＡは利益を出していた。研修を受けた顧客は受けなかった顧客よりローンを期日に返済する可能性が高く、融資プログラムから脱落する可能性は低かったからだ。ＦＩＮＣＡペルーはこの朗報に飛びついた。研究が終わるとすぐに、すべての顧客に研修を受けることを義務づけた。

でも、もっとうまくやれたんじゃないか？　ＩＰＡは、いつもアイデアをもっと良いものにし、どこででも同じ結果が得られるようにしようと努め、環境を変えたり対象になる人を変えたりして試している。何が有効かについて、特定の状況での発見の域を超えて、一般的な教訓を導きだすためには、これが欠かせない。二つ目の研究は、ＭＩＴスローン経営大学院のアントワネット・ショア（現在はＩＰＡの中小企業イニシアティブのマネジングディレクターも務めている）、ロンドン・スクール・オブ・エコノミクスのグレッグ・フィッシャー（IPAの理事も務めている）とテキサス大学オースティン校のアレハンドロ・ドレクスラーが指揮して、ドミニカ共和国のあるマイクロファイナンスのプログラムでビジネス研修が顧客に与える影響をもう少し詳しく探った[6]。

彼らは一つの研修方式だけではなく二つの方式をテストして、それぞれを対照群と比べてみた。その結果、標準的な会計研修はあまり役立たないことが分かった。けれども、お金の出し入れを記録するには経験上こういう風にしておけばいいというシンプルな「経験則」を具体的に教えるのは効果があった。事実、「経験則」研修の効果は僕たちのペルーでの研究の結果と同じだった。マイクロ起業家たちは、収入の増減をならして、景気が悪い月でもあまり業績が悪くならないようにする方法を見つけていた。実入りが少なくてもそんなに苦労することがなくなっていた。

でも、どちらの研究でも、研修を受けた人たちがマイクロビジネスを中小企業へと飛躍的に成長させた例は見つからなかった。変身は起きていなかった。マイクロクレジットではおなじみの、絵に描いたような物語はなかった。そこで、世界銀行のミリアム・ブルーンとアントワネット・ショアと僕はチームを組んで、メキシコで中小企業を対象にして、一人ひとりに合わせた研修に焦点を絞ったプロジェクトに取り組んだ。どちらかというと、ビジネスコンサルティングに近い形だ[7]。中小企業にそれぞれメンターをつけて、基本的なスキルを教えるというより、事業内容と起業家を詳しく理解したうえで改善方法を助言した。州政府から資金を受けたこのプログラムの最大の目的は、雇用を増やすことだった。その目標は達成できなかったけど、プログラムに参加した企業の利益は倍以上になった。なんと一一〇パーセントも増えていた！

ここから何が学べるだろう？　ペルーとドミニカとメキシコの例を見た限りでは、一般的なスキルの研修より、すぐに実践できる具体的なことを教えるのと、コンサルティング式のメンタリングを個別に集中的に行う方が、効果が大きいようだ。集中的な研修は当然、経費が余計にかかるけど、メキシコでの研究では、経費の高さ以上に利益が増加していた。全体として、ＦＩＮＣＡペルーの研修プログラムよりも費用対効果が高かった。

こういう研究から、マイクロ起業家は研修によって業績を改善することができることは分かったけど、それよりも重要なのは、やはり彼らには学ばなければならないことがあるということが立証されたことだった。前にも言ったように、貧しい人たちすべてが生まれながらの一流の起業家ではないという事実は、それほど驚くことじゃない。でも、ムハマド・ユヌスの言葉から判断すると、マイクロクレジットを唱道している人たちの中にはこのことに耳を傾ける必要がある人が多いようだ。

途上国だけでなく他のどこでもそうだけど、誰もが事業を経営する――または、起業のための借金をしょい込む――のに向いているわけではない。専門知識がないからとか、適性がないからという人もいるけど、たいていはもっと簡単な理由からだろう。彼らが偉大な起業家じゃないのは、偉大な起業家になるというのが彼らの人生のいちばんの目標じゃないからだ。人が幸福を追求する仕方は他にもある。もっと楽しめる仕事をするとか、家族と時間を過ごすとか、昼下がりにガールフレンドといっしょに映画を見るとか。

能力と優先事項は人によって違うものだという常識的な事実が、起業のためのマイクロクレジットへの世界的な熱狂と真正面からぶつかると、何が起きるだろう。成功しそうにない人にお金を貸すという、丸い穴に四角の杭を打ち込むようなことになる。融資をして、たくさんの新しい草の葉が萌え出るようにビジネスがにょきにょきと育ってくるのを心待ちにして見守る。でも生えてくるのはきれいに揃った一面の緑ではなく、所どころがはげている。

炊飯器を求めて

しゃがみこんでそのむき出しの土をつついてみると、そこに蒔いたと思っていた種が全部地面に落ちたわけじゃなかったことに気がつく。マイクロクレジットの顧客の中には、借りたお金で事業を始めようとした気配さえない人もいる。貸し手は理由があってお金を渡したのに、それがまったく別のことに使われているのを見ると、たいていイライラする。ドナーもそうだ。

ジェイクはこれを地で行く経験をした。ガーナに住んでいるとき、彼はフィリップという名の男と友だちになった。そいつはしょっちゅう金欠病になっていた。

ある日、いっしょにランチに行こうとして歩いていたとき、フィリップが助けてほしいと言った。彼は自分では賄えないような高い部屋を借りていた。もっと安い住まいを探すあいだ、二、三週間だけそこにいるつもりだった。でもそのあいだに滞納した家賃が貯金では足りないくらいたまって、部屋の大家は逃げられるのを恐れて引っ越させてくれない。つまり、フィリップの借金は、一晩ごとに膨らんでいた。

フィリップは言った。「ジェイク、そんなわけで、お願いしなくちゃならなくなったんだ。もし助けてくれるなら、必ずゲストハウスの家賃を清算して、給料が入ったらいちばんに返すよ」。ジェイクは疑っていた。それまでにもフィリップにお金を貸していたけど返してもらっていなかった。また踏み倒されるのは気が進まなかった。

その日の午後、緊張が走った。二人の制服警官がジェイクとフィリップの職場に現れてフィリップの机の前に立ち、外に出てほしいと言った。フィリップは黙って出て行き、二〇分ほどして戻ってきた。まっすぐにジェイクのデスクに来て、言った。「分かっただろ、ジェイク。ヤバいんだ」。翌朝、ジェイクはお金を渡した。

二週間ほど過ぎて給料が出たころ、ジェイクはその後どうなったのか聞いてみた。フィリップは上機嫌だった。「あのゲストハウスは出たよ。もう捕まるもんか」と言って、首を振り、動物の首根っこをつかむまねをした。

「じゃあ、家賃はすっかり払ってしまったの？　もう借りはないんだね？」

「まあ、ちょっとだけ残ってるけど、やつらはあれっぽっちのために追いかけてなんかこないよ」

「残ってるって？」

ジェイクはフィリップに借金を全部返せるだけのお金を貸していた。大家に払ったんじゃないのなら、あのお金はいったいどこへ消えたんだ？

「えーっと」フィリップは目をそらして言った。

「炊飯器も買ったんだ。自炊できるようになったよ」

こういうシナリオにドナーは激怒する。自分のポケットからお金を掻き集めて、家賃を払うのを助けてやったのに、くるりと背を向けて台所用品を買うなんて。ジェイクはフィリップに大目玉をくらわせた。

フィリップは悪びれる様子もなく、自説を展開した。笑みを浮かべて深いため息をつき、こう言った。

「怒るだろうと思っていたよ。でもジェイクはああいう大家にはどうすればいいか分かってないんだ。少しだけ渡しとけば、何週間かは面倒なことは言ってこないよ。残りは給料が入ったら払えばいいいんだ」

フィリップは自分の言葉を守らなかった。お金は家賃を払うのに使うと、確かに言ってたのに。といっても、彼の世渡りの方法はそれなりに効果があった。その後、警察やゲストハウスの大家が現れたり、何か言ってきたりしたことはなかった。フィリップは新しい部屋で、見事に炊きあがった白いごはんをボウルにてんこ盛りにして何杯も味わうことができた。

つかみどころがないお金

経済学者が言うとおり、お金は交換可能だ。そしてつかみどころがない。テーブルの上の水銀のように、あるところから別のところへするりと滑っていき、後に何も残さない。ジェイクがゲストハウスの大家宛てに小切手を切っていたら、違う結果になっていたかもしれない。でも、現金はクーポンなんかと違って、使用先が特定の人や商品、店に限定されていない。フィリップが見事に披露してくれたように、どんなものにでも使える。お札を連番で追跡したり、前の章で紹介したスリランカの研究で研究者たちがやったように、ある人のお金の使い方を監視するために背中に張りついて歩いたりしない限り、特定の札束が次々と手から手に渡るのを追跡するのは事実上不可能だ（それに、この章の後の方で紹介するけど、貸し付けた特定の現金の束を追跡しても、必ずしも知りたいことが分かるわけじゃない）。だからほとんどの場合、現金のローンや寄付の使い道に規則や制限をつけても、ふつうは、「その通りにします」という借り手の言葉を信じるしかない。

こういうとき、何が正しくて何が間違っているかという問題は単純じゃない。ジェイクと同じように、提供したお金が特定の方法で使われることを求める援助機関は、たいてい善意からそうしている。顧客に、その事業内容にふさわしいものに投資した領収書を持ってこさせるマイクロレンダーもある。でも、借り手の差し迫ったニーズや日々変化するニーズを誰よりもよく知っているのは、たいていは彼ら自身だ。フィリップがそうだった。前の章で見たクレジット・インデムニティの研究での借り手も同じで、ローンの使い方を制限されなかった借り手の方が、生活が向上していた。

ここには誰が正しくて誰が間違っているかよりも重要なポイントがある。それも二つだ。二つ目のポイントは後で見るとして、一つ目はこうだ。マイクロローンがマイクロ事業に使われることにこだわって、借り手にこの前借りたお金を何に使ったか、次に借りるのは何に使うつもりかと尋ねたりすると、うそをつかれることがよくあるけど、それに驚いてはいけないということだ。自分の心積もりをいつも真っ正直に話していたら、絶対に援助を受けられない人が多いだろう。ドナーになる可能性がある人の多くは（ジェイクも含めて）、フィリップがお金を本当は何に使うつもりなのかを知っていたら、または、本心は分からないまでも、お金を借りた後でなら、彼は好きなように使い道を決めることができると考えるだけでも、貸すのをためらうだろう。融資を受けられるかどうかが、ある行動を借り手が約束することで決まるけど、僕たちは、借り手を監視したり強制したりすることはできない（またはしようとしない）――そんなことなら、借り手に態度を示せと迫ることに意味があるとは思えない。口約束だけするように仕向けているようなものだ。

だとすると、結局損をするのは僕たちだ。借り手が本当は資金を何に使うつもりなのかを正直に言えなかったり、わざと言わなかったりするのなら、僕たちはこういうプログラムが果たしている本当の役割について思い違いをしてしまう。前の章で紹介した評価から分かったのがまさにこのことだ。こういう評価からマイクロクレジットの本当の影響が少しずつ浮かび上がってきた。そこから言えるのは、僕たちの描く絵は不完全だということだ。本当にマイクロクレジットが貧しい人たちの役に立つようにしたいのなら、すべてのマイクロローンが事業に投資されるなどと勘違いしてはいけない。機械の仕組みが僕たちが描いた設計図とは似ても似つかないものだったら、修理できるなんて思えるだろうか？

真実を知る

これは、僕たちが世界の貧困問題の解決に取り組むうえで、とても重要なポイントだ。善意だけじゃない行動をしたいと思ったら、開発のプロセスと、それが具体的にはどういう風に人々の生活を改善しているのか、または改善するのに失敗しているのかを正確に知る必要がある。行動経済学と厳密な評価を組み合わせたツールのおかげで、それが実際にできるようになった。

借りたお金の使い道について、借り手がローンを本当はどんなことに使っているかを無理に白状させなくても知ることができるうまい方法がある。ポイントは、人はあまり知られたくない事実でも、たくさんの当たり障りのないことの中に隠せるなら、明かそうとするってことだ。だから、答えにくいことをズバッと聞くんじゃなく、どうってことのなさそうな質問のリストに紛れ込ませればいい。

仕組みはこうだ。近所のお店からミルキーウェイのチョコバーを盗んでいる人がいるかどうかを知りたいとする。直接聞いてもいいけど、全員が盗んでいないと答えてもたぶん誰も驚かないだろうし、その答えを疑うのは当然だ。そんなやり方じゃなく、いくつかの文章が並んだ二種類のリストを作り、顧客一人ひとりにどちらかのリストを（ランダムに選んで）渡す。そして、「次の文のうち、あなたに当てはまるものはいくつありますか」と質問する。「どれですか」じゃない。

リスト1

1　私は近所のお店に少なくとも週に一度は行きます。
2　ミルキーウェイは私のお気に入りのチョコバーです。
3　私は少なくとも一週間に一個、チョコバーを食べます。

リスト2

1　私は近所のお店に少なくとも週に一度は行きます。
2　ミルキーウェイは私のお気に入りのチョコバーです。
3　私は少なくとも一週間に一個、チョコバーを食べます。
4　私はお店からチョコバーを盗んだことがあります。

リスト2は、ミルキーウェイ泥棒が、自分だとばれるのを恐れずに盗んだことを認めるのに必要な隠れ蓑になっている。ある顧客（自分が泥棒だと自覚している）に二つ目のリストを渡したとする。彼は四つの文章のうち、二つに当てはまると答える。彼はうそをついて、たとえば2と3に当てはまるだけだと言うかもしれないから、これで彼が盗んでいたと見破ることはできない。でも情報はここにある。あとは引き出せばいいだけだ。

ランダム化はこれにぴったりのツールだ。顧客はランダムに振り分けられてどちらかのリストを渡されるわけだから、リスト1を渡された顧客とリスト2を渡された顧客の間に実質的な違いはないはずだ。特に、二つのリストに共通の、1から3までの文章に当てはまるという人の数は（平均すると）差が出ないはずだ。リスト1のすべてに当てはまる人の割合と、リスト2の1から3までに該当するという人の割合は一致するということだ。それを、リスト2のすべてに該当する人の割合から引くと、ほしい答えが出てくる。僕たちが関心のある数――文章4が当てはまる人の割合、つまりミルキーウェイ泥棒が顧客に占める割合――は、1から3に当てはまる人の割合を引いた残りだ。

このテクニックを使うと、あるグループの人たちの行動を、個人の行動を暴かずに、くっきりとあぶり出すことができる。それは、「消えたミルキーウェイの謎」を解決するのに役立つだけじゃない。IPAの前ウガンダ担当ディレクターで、今はイェール大学大学院博士課程で政治学を学んでいるピア・ラフラーと、ボストン連邦準備銀行のエコノミストのジュリアン・ジェイミソン（マラソンを「トレーニングとして走っている」と思っているような男）と僕は、このテクニックをウガンダで使った。僕たちが評価したのは、グラミン財団とグーグルが共同で提供している、携帯電話のテキストメッセージで健康に関する質問に答えるサービスのプログラムだった。知りたかったのは人々の性行動、具体的には浮気という微妙な問題だったんだけど、もちろん、直接質問したら本当のことを答えてくれないかもしれないということは分かっていた。じかに質問をぶつけてみると、過去三カ月の間に浮気をしたと答えたのは、回答者の一三・三パーセントだった。でも、浮気に関する質問をリストに紛れ込ませてみたら、およそ三割も多い一七・四パーセントが陰でコソコソしていたことを認めた。

ジョナサン・ジンマンと僕は、ペルーのマイクロファイナンス機関、アラリワのプロジェクトで同じテクニックを使って、顧客が借りたお金で実際に何をしているかを探った。(8)

アラリワのルールでは、ローンは事業への投資にしか使えないことになっていた。もし借り手がローンを食料や学費、そのほかの消費（投資以外の）に使ったことを認めたら、将来、借りることができなくなる恐れがあった。でも銀行は、貸したお金がいったいどこへ流れているのか知りたかった。だから彼らは質問した。

借り手が答えるのを聞くと、思った通り、ほとんどすべてが申し分のない答えだった。ローンでどういう必要を満たすことができたかと直接尋ねたときは、八パーセントがローンの一部を家庭用品に使ったと答えた。もう七パーセントは子どもの教育に使ったと認めた。医療に使ったと答えたのは、たったの二パーセントだった。それ以外の人たちはみな、銀行の指示を忠実に守って、消費にはまったく使わなかったかのようだった。

だとすれば素晴らしいけど、ほんとはそうじゃなかった。

ランダム化の手法を使ったら、ぜんぜん違う答えが返ってきた。デリケートな質問（たとえば「マイクロローンで借りたお金の一部を、家庭用品を買うのに使いましたか」）を、答えやすい質問（たとえば「マイクロローンで借りたお金の一部を、事業に必要なものを買うのに使いましたか」）の間に紛れ込ませたら、本当の姿が見えてきた。借り手の三二パーセントがローンのお金の一部を家庭用品に、三三パーセントが子どもの教育に、二三パーセントが医療に使っていたようなのだ。

違いはこんなに大きかった。貧しい人たちが生活を良くするのにアラリワのローンが実際にはどう役立ったかは、よく聞くストーリーとはぜんぜん違っていた。誰もがマイクロ事業を一から起こそうとしているわけではないことが分かった。顧客の多くは、起業精神によって立派に成功するというアラリワのビジョンにリップサービスをしておきながら、何のことはない、お金は好きなように使っていた。これは珍しいことじゃない。ニューヨーク大学のドン・ジョンストンとジョナサン・モーダックがインドネシアで行った研究では、顧客の五〇パーセント以上が借りたお金を消費に使っていることが分かった。(9)

お金のように貴重な資源を配布するプログラムでは、守られそうにないルールを課すのが賢明なことかどうかを問い直すべきだ。強制できないことを方針にするのは、愚の骨頂だ。それに、ごはんを楽しんでいるフィリップを思い出してほしい。ルールなんて気にもしない連中は、実はいいところに目をつけているのかもしれない。

でも、問題はもう一つある。

つかみどころのないお金のもっと大きな問題

借り手がプログラムとプログラムの資源を使って生活を向上させる方法を制限しようとするよりも、もっと視野を広げる必要があるということに関して、二つの大きな問題があるとさっき書いた。その二つ目の、もっと重要な理由はこうだ。借り手がすべてのルールを忠実に守ったとしても、プログラムに参加したことによる本当の影響は思いもよらないところに表れるからだ（貸し手が借り手にルールを守らせることができるとしても、貸したお金を追跡することでは十分でないのはそのためだ）。水と同じで、お金は自然に低いところに流れて水平を保とうとする。でこぼこの地面に注がれた水は、まずいちばん深い穴を満たす。お金に何と言おうと、お金を持っている人に何と言おうと、無駄だ。お金とはそういうものなんだ。

人はときどき、低いところに流れるプロセスを意図的に助けようとする。フィリップが炊飯器を買ったときのように。ためていたゲストハウスの家賃を大家がうるさく言ってこない程度に払ったら、フィリップの借金はいちばん深い穴ではなくなった。だからお金はどこか他のところへ流れて行くことができた。

でも、こういうプロセスは、そうしようと意識しなくても起きることが多い。イタリア風の噴水を滝のように流れ落ちる水を想像してほしい。てっぺんの吐水口から噴き出された水はいちばん上の水盤にたまり、あふれ出て次の水盤に落ち、またそこからあふれ出て三番目の水盤へと次々に流れ落ちる。いちばん上の水盤に注ぎ込まれた水が、最後にはいちばん下の水盤を満たす。開発プログラムからもらう物資もこれと同じだ。特定のニーズを満たすために、何か価値のあるものが与えられる。たとえば乳が搾れるヤギとか、子どもの学校の制服とか、マイクロ起業するための資金だ。でもその効果は、最終的には、もらった人の生活の、本来の目的とはかけ離れたところに表れるかもしれない。

例をあげよう。にぎやかな路上市場でトマトを売っている女性を想像してほしい。彼女は毎朝、卸売業者から五〇ドル分のトマトを仕入れ、一日の間にそれを五五ドルで売る。一日の終わりにその中から五ドルを自分用に取り、残りの五〇ドルは、次の日の朝トマトを買うために後ろポケットにしまっておく。このトマト売りの商売を大きくするために一〇〇ドルのマイクロローンを申し込んでいたのが、ある日承認される。翌朝いちばんに銀行へ行って一〇〇ドルの現金が入った封筒を受け取り、まっすぐに卸売業者の店に行き、封筒の一〇〇ドルを使ってふだんの二倍のトマトを買う。そして一日かけてトマトを一一〇ドルで売る。ほら、ビジネスは成長している！

夕方になり屋台を閉めているとき、彼女は前の日の午後、取っておいた五〇ドルのことを思い出す。昨日後ろポケットに入れたままだ。一日の興奮醒めやらず、彼女はお祝いをすることにする。そして家に帰る途中で寄り道をして、家族のためにDVDプレーヤーを買う。

お金が二番目の水盤にあふれ出るのが見えただろうか？　銀行からローンを何に使ったかと聞かれると、彼女は全部トマトを仕入れるのに使ったと答える（正直に！）。でも上空から眺めている僕たちには、マイクロローンの本当の影響は、彼女がそれまでより五〇ドル分多いトマトと五〇ドルのDVDプレーヤーを買うことができたことだと分かる。人柄はあてにできても、お金自体は相変わらずあてにならない。

目に見える問題に対して具体的な解決法を処方することはできても、僕たちの処方箋にはふつう強制力がない。人はわざとルールを無視することもあれば（フィリップのように）、まじめに約束を守ろうとしても、結局同じことをしてしまうこともある（トマト売りのように）。

前の章では、現場で得た証拠から、使い道を起業に厳しく限定したローンはすべての人への答えではないらしいことが分かった。そしてこの章では、たとえそうだとしても、優先順位が人によって違うことやお金自体はつかみどころがないことを考えると、借り手のお金の使い道の選択を制限しようとして関係者がどんなに力を合わせて頑張っても、無駄になる可能性が高いことが分かった。

それでも、貸し手はあきらめない。顧客にルールを守らせるためにいちばんよく使われている戦略は、借り手にお互いを監視するよう促すインセンティブを作ることだ。外から押し付けられたルールを守ろうとしないのなら、内部の誰かを使えばうまくいくかもしれない。いっそのこと、内部の人全員を使えばもっといいだろう、という理屈だ。

次の章では、仲間からのプレッシャーを利用するために貸し手が使う主な手段であるグループ責任ローンと、それが結局どれくらい効果をあげているのかを見ていく。

第6章　力を合わせる――集団の欠点はどうする?

ロクシー劇場の玄関から、アールデコ様式のひさしが空に向かって三角形に突き出ている。それだけを見ると、繁栄を極めた植民地時代の熱帯都市を思い浮かべるかもしれない。麻のスーツ、柔らかな風に揺らぐ濃密な夜の空気、物憂げな椰子の葉擦れ、道端の屋台から漂う揚げバナナの甘い香り、ナイトクラブ「コパカバーナ」のドアから漏れ出る音楽。そこには小さな円卓とバンド用のステージと上等の輸入物のジン……。

でも、ロクシー劇場のひさしだけを見ているわけにはいかない。他のものも目に入る。ファサードは崩れかけ、優美な曲線を描く切符売り場のガラスはクモの巣と埃にまみれ、斜めにひびが走っている。空っぽのポスター用ウィンドーには虫の死骸が腹を見せて転がっている。空気とともに吸い込んだ駐車場の細かな土埃を喉の奥に感じないではいられない。石灰のようにこびりつき、セメントの粉みたいにザラザラする。背後の路上でアイドリングするトレーラートラックの低いうなりや、その横の狭い路肩を切り裂いてすり抜けていくバイクの電動鋸のような鼻息がいやでも耳に入る。そしてそれは蒸し暑い夜ではなく、二〇〇八年二月五日火曜日の、強い日差しが目を射る朝のことだった。

ガーナのアクラは、植民地の繁栄を謳歌している都市ではない。でも、別の種類の繁栄を謳歌しているのかもしれない。そして、ロクシー劇場はそのいちばんのシンボルといえる。映写機もスクリーンも座席もなく、おまけに屋根までないという荒れ放題の場所だけど、それでも一週間に少なくとも二、三回は人であふれる。でも、いま集まってくるのは映画の観客ではない。マイクロクレジットの顧客たちだ。

そのカンカン照りの朝、ジェイクは「コミュニティリーダー」たちと話をするためにロクシー劇場にいた。ガーナのマイクロレンダー大手のオポチュニティ・インターナショナルから、長い間、お金を借りてはきちんと返済しつづけるという立派な成績を収めている女性たちだ。一〇回以上も融資を受けた人も多く、たいていは借入グループの役員を務めていた。そして全員に共通することが一つあった。それは一度も返済を怠ったことがないということだ。彼女たちは、完璧な顧客だった。

ジェイクは劇場に着く前に説明を受けていたけど、心の準備ができていなかった。全員がいるはずのバルコニー席へ続く、でこぼこのセメントの階段をのぼりながらジェイクは思った。この女性たちはどんな格好をしているんだろう？　彼は半ば、パンツスーツに身を固めたビジネスの大御所の一団を想像していた。パンプスに、肩パッド入りのピンストライプのスーツ。まじめ一方でやり手。なにしろ、最も優秀な人たちなのだ。

その夢想はあっけなく崩れた。階段をのぼりきると平らなセメントのバルコニーがあり、金属の折りたたみ椅子がきちんと列に並べられていた。その正確さは一目瞭然だった。椅子が少しも動かされていなかったからだ。誰も椅子に座っていなかった。女性たちは立ったまま動き回り、話をしていた。どこにでもいるような人たちだった。派手なプリント生地の長いスカート、ゴム草履、シルクスクリーンの模様の古着のTシャツ、頭に巻いた布。真っ白な歯を縁取る満面の笑み。そして笑い声。

ジェイクはその朝学んだ。この女性たちに共通するもう一つの特徴は陽気さだった。真剣じゃないという意味ではない。まったく逆だ。彼女たちは自分たちの借金をとても真剣に受け止めていた。何百カ月にもわたって何千ドルも借金をして返済するには、よほどの自制心と意気込みがなければ無理だ。他の借り手がくよくよするような場面を彼女たちのユーモアのセンスが救っていた。そのおかげで彼女たちは髪をかきむしらないで済んでいた。

彼女たちが受けていたのはグループローンなので、銀行に対して同じグループのメンバーと共同で義務を負っていた。ロクシー劇場に集まった女性たちは優秀な成績のおかげでコミュニティリーダーに指名されていたけれど、それほど順調ではなかった人たちも多かった。コミュニティリーダーたちは豊富な経験の中でいろんなことを見てきた。返済期限に払えない人、全額を支払えない人、何が何でも借金を踏み倒そうとする厄介な借り手、突然姿を消すメンバー。こういう人が出てくると、他のメンバーが後始末をしなければならない。自分たちの乏しい懐から工面して、滞納者の返済を肩代わりした。長い間にこういう支払額が膨らんでいった。

こういうことを数え上げたらきりがないけど、マーシーのユーモアのセンスは一〇〇〇ドル以上の価値があった。ガーナの一人当たりの年間所得の約一・五倍と言った方が分かりやすい[1]。マーシーはそれだけの額を、顧客だった八年の間に、資金繰りに困ったグループの他のメンバーの肩代わりをして支払ったという。

マーシーは、アクラで最も大きな青空市場の一つ、マコラ市場で、乾物類や缶詰を売っていた。扱う商品は、スパゲティやブックマッチ、インスタントコーヒー、トマトペースト、ニシンの缶詰など。初めて融資を受けたとき、彼女はしがない「卓上」露天商だった。朝早く市場に来て、手には折り畳み式の小さなテーブルを持ち、頭の上には商品を入れた段ボールの箱を載せてバランスをとりながら市場の通路を通り抜け、歩道に店を設営し、日が暮れるとこの全プロセスを逆に繰り返す。数え切れないほどのそんな女性の一人だった。今では、ローンも一二回目になり、大いに出世した。金属のドアと頑丈な錠前がついた軽量コンクリートブロック造りの売店にアップグレードしたので、毎日売り物をかついで行き来しなくてもよくなった。以前は商品は頭に載せて運べるだけに限られていたけど、今では量と種類も増えた。業者から商品を大量に安い値段で仕入れることもできるようになった。

マーシーがマイクロクレジットの顧客だった間に商売が繁盛するようになったことは間違いない。もちろん、融資を受けていたのと同じ時期に商売が繁盛したからといって、クレジットのおかげでこの成長を達成することができたということにはならない。でもローンが彼女の役に立ったかどうかとか、どれくらい役に立ったかにかかわりなく、疑問が残る。彼女はお金を借りたために、本当にあれほどのペナルティー（債務不履行に陥った人たちの代わりに払った一〇〇〇ドル）を払わなければならなかったのだろうか。もっといい方法はないだろうか。

ロクシー劇場のバルコニーの静かな空気の中で、マーシーはジェイクにこのローンが最後になると思うと言った。「自分の借金だったら全然構わないのよ。自分で返せるから。仕事は大きくなっているし。でも、あの人たちの尻ぬぐいをするのはもうやめるわ」。そう言って彼女は口をへの字にゆがめて目を閉じ、首を振った。たぶんあの一〇〇〇ドルのことを考えていたんだろう。「二度としないわ」

グループ貸し付けモデルは持ち上げられすぎ

マーシーがやめようと思うのも無理はない。むしろどうしてそんなにぐずぐずしていたのかと聞きたいくらいだ。でもここでの大きな疑問は彼女についてではない。グループ貸し付けそのものについてだ。前の章では、貧しい人たちも他の人たちと同じで、ニーズや優先順位、幸せを追求する方法は人それぞれで、どうにも抑えようがないものだということを見た。オティが恋人といっしょに映画を見るためにビジネスチャンスを見送ったのも、フィリップが借りたお金で炊飯器を買ったのもそのためだ。一つひとつがばらばらの方向に引っ張られているいろんな糸を一つに束ねようとすることは、本当に意味があるんだろうか。誰かが必ず損をしてやめていくんじゃないか。特にマーシーのような信頼できる人がいちばん優秀な顧客に、借金を踏み倒した人の肩代わりというペナルティーを科すような貸し付けプログラムなんて、何の意味があるんだろう?

不思議なことに今日のマイクロクレジットは、マイクロクレジット運動のゴッドファーザー、ムハマド・ユヌスが一九七〇年代末にバングラデシュの竹細工師の女性のグループに初めて融資をしたときからずっとこれを売り物にしてきた。その三〇年の間、世界中に続々と誕生した何千というマイクロクレジット機関のほとんどは、ユヌスのグラミン銀行をモデルにして、個人ではなくグループに融資することで成長した。

標準的なやり方では、グループ全体で各メンバーのローンに責任を負う。だから、たとえば顧客一〇人が一〇〇ドルずつ借りると、マイクロレンダーは一〇〇〇ドルのグループローン一件と見なす。グループはみんないっしょに泳ぐ(または沈む)。グループが期限通りに全額をきちんと返済しつづけると、今のローンの返済が終わればメンバー全員が次の融資を受けられる。返せなければ、メンバー全員が

——成績の悪い人だけでなく良い人も——その後の融資を受けられなくなる（少なくともそういうことになっている。多くのマイクロレンダーは返済できなくなったのがわずか数人でもグループ全体への融資を停止すると脅しているけど、徹底しているところはそれほど多くない。優秀な借り手を債務不履行に陥ったグループから抜けさせて貸しつづけることはよくある）。

こういう仕組みは、マーシーのような良い顧客にとっては不公平だけど、現実にはこれは妥協の産物だ。理論的には、そもそもマイクロレンダーの事業が成り立つのはグループ責任のおかげだ。グループ貸し付けモデルによって、それまでずっと銀行が貧しい人たちに融資をするのを妨げていた三つの問題が解決されたのだ。これらの問題を、銀行が融資をする場合、採算が合うかどうかを判断するために答えなければならない質問と考えればこうなる。

第一に、お金を借りたいというこの人はどういう人物なのか？　第二に、どうすれば彼女がちゃんと返済すると確信できるのか？　第三に、うまくいかなくなったとき、どうすれば貸したお金を取り戻せるか？

ほとんどの先進国では、膨大な情報ネットワークと強力な法的メカニズムがこれらの問いに答えるのを助けてくれる。でも先進国以外では、信頼できる資源があまりにも少ないため、業者は参入さえしようとしない。グループ貸し付けモデルの偉大な革新は、借り手自身が持っている情報と力を利用することによって、これらのギャップを埋めたことだ。

この仕組みを理解する一つの方法として、融資担当者になったつもりで、米国で融資申請者を審査するプロセスと、途上国での同じプロセス——たとえばガーナのマーシーの銀行でのプロセス——とを比べてみればよい。

借り手の素性は？(2)

米国の銀行なら、最初の質問に答えるのは簡単だ。たとえば、社会保障番号や納税者番号が分かれば、住所から自動車登録や選挙人登録まで、いろんな信頼性のある情報が明らかになる。そのうえ、エクスペリアンやエキファックス、トランスユニオンなどの信用調査会社が僕たちの生活の詳細な履歴を集めていて、単純な三けたの数字をはじき出している。それがクレジットスコアだ。銀行はクレジットスコアからローンを申し込んだ人が過去の支払い義務をどれくらい忠実に守ったかを知ることができるし、将来の行動をかなりの確度で予測できる。こういうことすべてが、銀行の担当者が申請者の名前をコンピュータに打ち込んだら、もちろんのこと、たちどころに出てくる。

じゃあ、ガーナではどうだろう。銀行はまず申し込んできた人に名前を聞く。でも（ジュリエットじゃないけど）名前で何が分かるというの？　あんまり分からない。その名前が、その人だけの名前だったり、ずっと変わらなかったり、証明できたりしない限り。ガーナ人にはたいてい四つ名前がある。姓（ラストネーム）、クリスチャンネーム、現地語の名、それに生まれた日の曜日にちなんだニックネームだ。つづりと順序は決まっていない。公的な書類でもそうだ。そもそも公的な書類があれば、の話だけど。住所はもっと難しい。郵便番号、通りの名前、番地の代わりに、こんな風だ。「アゴナの交差点まで行って、テマの方向へ四〇〇メートル歩いて、エベニーザー教会の向かいで右に曲がる。サッカー場の近くのクインシー・チョップ・バーの裏の土の道を進む。緑の門のある白い塀に囲まれた家を探せ」。幸運を祈る。

名前や住所が分かっていても、あんまり助けにならない。必要な情報が次々に手繰り寄せられてくるわけじゃないからだ。最大の空白は、信用調査機関がないことだ。たいていの途上国と同じように、ガーナにもない。ある人の経済的履歴を知ることは事実上不可能だ。銀行が潜在顧客の履歴を知ることができなければ、悪い種をふるい落とすことはできない。そうすると、融資をすること自体が、信頼できない借り手を選んでしまうというリスクを負うことになる。

グループ貸し付けモデルは、ふるい分けの責任を借り手に負わせることによって、この問題を解決する。メンバーが不始末をしたらペナルティーを払うのはグループだから（銀行ではない）、誰が信頼できるかを知ろうとするのがインセンティブになるのは彼女たちだ。銀行の手に入る情報がほとんどないことを考えれば、どちらにしても彼女たちの方がこの仕事に適しているとは言える。借り手は隣人、親類、同じ教区民、グループのメンバーの友人などとして、レンダーがどんなに頑張ってもかなわないほどお互いのことをよく知っている。

どうして借り手が返済できるといえるのか？(3)

ローンの申し込みをしてきた人が本物だと何とか信じることができたとしよう。じゃあ、どうすればその人がお金を受け取ったら必ず返済すると確信できるのか。

米国ではローンを申請したら、返済するという意思を証明しなければならない。家や車、宝飾品などを担保に入れるのだ。または、いま持っている資産をリスクにさらす代わりに、申請者が返済するだけの収入があることを給与明細書や納税申告書で証明することもできる。少なくとも、事業用融資を受けたい人は、詳しい事業計画を提出して、借りたお金をどう使うか、その事業がどうやって借りたお金を返済できるだけの収益を生み出すのかを説明しなければならないことが多い。

一方、ガーナ人のクレジット申請者が担保を入れることを選択するとは考えにくい。そもそもある程度の資産を数多く持っている人はほとんどいないし、持っていたとしても財産法が頼りないので権利があいまいだ。よくある話だけど、相続した土地を担保にローンが申請されて、銀行が調査すると、その小さな一区画の所有権を主張する人が六人もいることが分かったりする。つまり、六人もの人がその土地が自分のものだと信じている。もしその土地を差し押さえることになったら、たぶんそうはさせまいと邪魔をする人たちが六人いるということだ。たいていの銀行がそんなややこしい事態を避けようとするのもうなずける。

収入を証明するのだって、所有権を証明するのに負けないほど難しい。ガーナでの雇用はほとんどが正規ではないので、(4) 給料はたいてい現金で受け取っている。自営業が多いマイクロクレジットの顧客は特にそうだ。だからほとんどの申請者は、収入を証明する給与明細書を提出することができない。事業のために買ったものや売り上げを詳しく記録している人なんてほとんどいないから、事業計画や将来の収益見通しは、あったとしてもたいていは素朴なものだ。

そういうことすべてが、貸し手の不安を煽る。本当のところは、顧客を監視していたい。そうすれば、借り手にローンを有効に使わせ、きちんと返済できるように努力させることができる。でもそれは無理だ。一人ひとりを見張るにはとても人が足りない。だから、貸し手が認めないようなことをする人が出てくる。たとえば、家賃を払う代わりに炊飯器を買ったフィリップのように。

グループ貸し付けはこの問題を見事に解決してくれる。ふるい落としのときと同じように、ここでも顧客が銀行よりもお互いのことをよく知っていることがポイントだ。グループのメンバーは、同じ業者から仕入れをし、同じ青空市場で売り、教会で顔を合わせるから、お互いを監視できる。だから、誰かが借りたお金で新しいテレビ（または炊飯器）を買ったら、そのことは耳に入る。誰かが突然仕事を休みはじめたら、分かる。そして、全員に失うものがある（つまり、将来またお金を借りる可能性がある）ということは、それぞれのメンバーにとって他のメンバーが羽目を外さないようにすることが重要なインセンティブになる。

グループ貸し付けの顧客は、他のメンバーからやいのやいのと言われなくても、きちんと返済しなければならないというプレッシャーを感じている。もし返済を滞らせたら自分の社会的地位が危うくなる恐れがあるからだ。供給業者や顧客との関係もぎくしゃくする。困ったときのコミュニティの助けもたちまち受けられなくなり、そうなったら取り返しがつかない。いったん借金を踏み倒す人という悪い評判が立ったら、結局は非常に高くつくことが多い。だからそうならないように全力を尽くすのだ。

グループ貸し付けモデルは、フォーマルな融資を社会的信用で保証させることによって、借り手を脱線させない方法を見つけた。

うまくいかなくなったらどうなる?

米国の銀行は、三番目の問題——借り手が完済できなかったときに、どうやって貸したお金を取り戻すか——を解決するには、法的手段に訴える。州によって規則は違っても、貸し手はおおむね債務不履行からよく保護されている。必要なら担保や賃金を差し押さえたり、その他の資産を没収したりする権利がある。

法律がシステムに実効性を与える歯なら、信用調査会社は顎だ。先進国では、返済を怠った借り手が姿を消し義務を逃れるのは難しい。僕たちの行いの記録は、良いことも悪いことも、影のようにどこまでもついてくる。名前や社会保障番号、住所によってしっかりとくっついている。こういうのは振りほどくのが難しい。

それに比べると、ガーナでは消えてしまうのはとても簡単だ。ジェイクは二回返済を滞らせた顧客を追いかける融資担当者について行ったことがある。うんざりするような旅だった。二人はその女性が働いていた市場の屋台へ行った。見つけたのは何も載っていない合板のテーブルだけだった。町の反対側にある彼女の家まで歩いて行ってみると、鍵がかかっていた。近所の人が言うには、一、三週間前から姿が見えないらしい。「葬式があってケープコーストへ行ったのかもしれないよ」とその人は言ったけど、分かったのはそれだけだった。

融資担当者は、ちょっと探ったらその女性は見つかるかもしれないという。でもそんな価値があるだろうか？　そもそも彼女のローンはたかだか数百ドルだし、ほとんど返済している。バスで三時間もかけてケープコーストまで行ったり、何日もアクラ中をウロウロしたりしていたら、ざっと四〇〇人もいる他の顧客に対応する時間がなくなる。警察に頼むのもあまりいい考えとは思えなかった。もっと時間がかかるし、成功する可能性が大きいわけではないし、おまけに面倒なことが多いだろう。懸賞金がもっと大きかったら彼も力を入れたかもしれないけど、結局そうするべきだとは思えなかった。彼はあきらめた。

世界中のマイクロレンダーは同じような目に遭っている。どこに住んでいようと、いくら借りていようと、借金を踏み倒す人を追跡して捕まえるのは難しい。でもマイクロローンはふつう額がかなり小さいから、マイクロクレジットの顧客一人ひとりの負債はわずかだ。一人の滞納者を追いかけるのは融資担当者が費やす時間の割に合わないかもしれないし、その顧客が見つかったとしても、融資担当者にはお金を回収する力はあまりない。でもグループだと、もし誰か一人でも正当な理由がないのに返済が遅れたら、全員がもうお金を借りることができなくなるという脅しに信憑性がある限り、銀行は滞納分を埋め合わせるためにグループにメンバーからお金を集めさせることができる可能性が大きい。

これもまた、執行責任を借り手に転嫁することだ。まじめな顧客も銀行と同じで、損をしたくない。仲間の一人の穴埋めをしたら、その分を回収するため彼女たちはできることは何でもする。これのいいところは、たいてい彼女たちの方が融資担当者より借金の取り立てがずっとうまいということだ。必ずしも彼女たちの方が粘り強いからではなく、いつも生活や仕事をともにしている彼女たちの方が取り立てに適した立場にあるからだ。

もっとあるグループ貸し付けの利点

グループ貸し付けは、途上国のレンダーが以上の三つの重要な問題に答えられるようにしただけでなく、レンダーのコストを抑えることによって、クレジットをより魅力的な事業案にしている。顧客一人ひとりと会うのは時間と経費がかかるところでは、銀行はグループ全員――またはいくつものグループ――と一度に会う方が得だ。融資担当者が、二週間に一度、それぞれ一二人のメンバーがいる一〇のグループを集めて返済集会を開くのは珍しいことではない。これだと二時間ですべてが終わる。一人につき一分の計算だ。

銀行がこんなに返済プロセスを合理化できるのは、一つには、一人ひとりの顧客について詳しく記録する必要がないからだ。銀行がいちばん気にするのはグループのレベルでの返済だから、毎週誰がいくら払ったかをきちんと把握するのはグループのメンバーに任せてもいい。グループがいくつも集まる大きな返済集会では、たいていこれをやっている。グループの会計係が各メンバーの返済額を帳簿に記録し、全員分をまとめて融資担当者に支払う。担当者は、グループの返済額が少ないと、個人の記録を見せてほしいと言うかもしれないけど、そんなことでもなければ、ふつうはすぐに次のグループに移る。全体として融資担当者は大幅に時間を節約でき、ずっと多くの顧客に対応することができる。

マイクロクレジット推進派は、(少なくとも)もう二つのグループモデルの利点をもてはやしている。貸し付けプログラムを補う介入策を導入できることと、顧客のエンパワメントだ。二週間に一度、返済集会に集まる一〇〇人以上の顧客は、そこから逃げ出せない聴衆だ。どうせ座って待っているんだから、ビジネス研修(前の章で触れたＦＩＮＣＡペルーのように)や、栄養についての話をしてもいいんじゃないか? 補助的プログラムを融資プログラムに抱き合わせにして成功している銀行もある。

エンパワメントの方は、顧客が定期的に集まるという単純な事実から生まれる。彼女たちは仕事や家庭生活についておしゃべりをし、知識を教え合い、互いに助けあって問題を解決する。互いを啓発しあう。いくつかのマイクロレンダーはエンパワメントという課題を追求することをはっきりと謳って、そのために借り入れグループ内の社会的力学を利用している。いちばん有名なのがユヌスのグラミン銀行だ。グラミンは、野菜を栽培して自給することから教育まで、生活を改善する一六カ条の行動を顧客に約束させることでこれを実行している。[5] グループがいっしょに誓約すると、自分の行動に気を配るからだけではなく、メンバー同士の連帯感から、約束を守ろうと努力するだろう、という理屈だ。

グループ責任の問題点

グループ貸し付けを支えている理論の利点は、こんなところだ。グループ貸し付けは、貸し手が直面する三つの基本的な問題(ユヌスが三〇年前にバングラデシュで行った大胆な実験以前には、途上国では手に負えなかった問題）を解決し、銀行の業務の合理化を可能にし、その他の社会的に有益な試みの媒体の役割を果たす。

次は悪い点だ。グループ貸し付けを決定づけているこういう特徴にメリットがあることは確かだけど、本当のところは妥協でしかない。業務として成り立つように貸し手の負担を減らすトレードオフなのだ。そういう負担が、ただ消えてなくなることはない。銀行が重荷を背中からおろしたら、顧客が余分の荷物をしょい込むことになる。

グループローンの顧客が割を食う状況でいちばん分かりやすいのは、お互いの返済の肩代わりをすることだ。マーシーのように、その額が一〇〇〇ドルにもなることがある。でも、それ以外にももっと分かりにくいけど一人ひとりの顧客がシステムによって負担を強いられる状況がある。

一つは時間の問題だ。さっきも見たように、大きな返済集会を開くことは銀行にとってとても有利だ。たった一人の融資担当者がわずか二時間ほどで大勢の顧客の返済を処理できるからだ。でもこれは、顧客の側から見たらそんなにいい話じゃない。銀行の窓口で支払ったら五分か一〇分で終わるのに、融資担当者が他の顧客の支払いを処理する間、二時間も待たなくちゃならない。往復の時間も入れたら、一、二週間ごとに半日も仕事ができなくなるかもしれない。ローンの期間が終わるまでには、相当な時間が無駄になる。

グループ貸し付けシステムのもう一つの欠点は、それほどたくさん借りる必要のない顧客に、必要以上に借りることを暗に奨励していることだ。どういうことか説明しよう。それぞれの顧客が自分にちょうどいい額のローンを申請したとする。じゃあ、ローンの申請額がいちばん少なかったメンバーについて考えてみよう。他のみんなは自分より借金の額が大きいから、彼女は他の人たちの肩代わりをすることを約束することによって、公正な負担分より大きなリスクを負うことが多くなる。極端な話、メンバーが二人だけのグループを想像してほしい。一人は一〇ドル、もう一人は一〇〇ドル借りている。一〇ドル借りている人が一〇〇ドルのローンに責任を持たなくちゃならないなんて、そんなバカな話はない。借り手は条件を同じにしようとして必要以上に多額のローンを借りて、借り過ぎに陥り、結局は困ることになる（解決法として考えられるのは、借り手の責任をグループ全体の借金に占めるその人の借金の割合に見合うようにすることだ。そういう風にしているマイクロレンダーもあるけど、僕が見たほとんどはしていない）。

いったんトラブルに見舞われたら、借入グループは不安定なドミノの連鎖になる。返済をしないで姿を消すメンバーが増えるほど、残された人たちは借金の泥沼に深く沈んでいく。誰だって最後の一人のお人よしになんかなりたくない。いちばん優秀な顧客でもそうだ。そのうち、成績上位の借り手でも払いきれないほど借金が膨らみ、全員が返済をやめてしまう。そうなれば銀行は損をするけど、貸付残高の少なくとも一部は回収できていたかもしれない。良い顧客は損をして、自分は悪くないのに評判を落としてしまう。

もちろん、もっと積極的な行動をとる顧客もいる。仲間の借り手から困った状況に陥らされるまで何もしないで待っている代わりに、ローンはもうこれっきりにして、完済したらグループを抜けるのだ。マーシーはそうしようとしていた。もう一歩先を行って、最初からマイクロクレジットに手を出さない人もいる。

皮肉なことだけど、グループの中の腐ったリンゴによってひどい目にあわされるのが怖くてお金を借りない人たちこそ、本当はマイクロローンを受けるべき人たちなのだ。参加を拒否すること自体が、グループの他の顧客より自分の方がずっと返済能力があると自負していることを示している。

少ないことはいいことだ。答えは単純な個人ローンかも

マーシーのような人が責めを負わせられたり、恐れをなして逃げだしたりするようなマイクロクレジットは、銀行にとって理想的ではない。なによりも、貧しい人たちを助けるいちばんいい方法じゃない。皮肉なことに、マイクロクレジットを良いものにするのに大きな障害になるのは、悪いところがないと思っている人が多いことだ。伝統的なモデルの枠の中だけで活動している世界中の何千ものマイクロレンダーは、景気がよくほとんど貸倒れがない。国連からU2まで、グローバルな思考に影響力を持つ人たちがマイクロクレジットにお墨付きを与え、政府や慈善財団、個人寄付者の資金をレンダーの金庫に流れ込ませている。

マイクロレンダーにやり方を変えるよう言ってみるといい。彼らは当然、反撃するだろう。「どうしてうまくいっているものをいじくらなくちゃならないんだ？」

いじくらなくちゃならないのは、マーシーのような顧客を失っているのなら、そんなにうまくいっているとはいえないからだ。マイクロクレジットの世界は、自分でもゆっくりとこの結論に向かっている。この一〇年の間に、プレーンバニラタイプのグループ貸し付け方式の変形がいくつも出てきた。いちばん目立つのは、グループ方式のマイクロクレジットの生みの親（偉大な唱道者でもある）、ムハマド・ユヌスその人が、手直しをしはじめたことだ。

彼が考えていたのは、グループ貸し付けの利点である借り入れグループの社会的力学と、コスト節約効果が大きい大規模な返済集会はそのままで、優秀な顧客に負担をかけすぎないマイクロクレジットの新しい形を作ることだった。ユヌスは二〇〇二年にその新しい形を発表し、グラミンⅡと名づけた。表面だけ見れば、以前のものとよく似ている。顧客がグループを作り、融資を受け、いっしょに返済するために毎週集まる。でも見えないところにとても大きな違いがあった。グラミンⅡは、個人責任の貸し付けしかしなかった。顧客はもうお互いの肩代わりをさせられることがなくなった。

計画は大コケするんじゃないかと不安視されていた。何といっても、理論上、グループ貸し付けモデルを成り立たせていたのは、グループ責任だ。グループ責任こそが、顧客がお互いをふるいにかけ、励まし、見張り、催促し、最後は助け合って、期日通りに返済する、強力で重要なインセンティブになっていた。それがなくなったら、いったいどうなる？

結局、心配することはなかった。グラミンⅡはヒットだった。借り手は装いを新たにしたマイクロクレジットが気に入った。記録的な数の人が申し込んだことがそれを証明している。二〇〇二年に二一〇万人になるのに二四年かかった銀行の顧客基盤は、二〇〇四年には三七〇万人まで膨らんでいた[6]。

グラミンの変身は重要で明白な前進だったけど、独力でマイクロクレジットを取り巻く状況を塗り変えたわけじゃない。世界規模の変化を起こすには何千もの銀行が加わらなければならない。世界中のマイクロレンダーがグラミンの成功に刺激を受け、励まされたけど、まだ不安が残っているのもうなずける。事業活動の環境は大きく異なり、直面する問題もみな違う。なぜ、バングラデシュの現実に合わせて開発された解決策が自分たちの場合も効果があると考えられるんだろう？

証拠

うれしいことに、単なる頭の中の考えに頼らなくてもいい。グラミンⅡの成功で、個人責任のマイクロクレジットはうまくいく可能性があることが示された。人々にやる気を起こさせるにはこれで十分だった。すぐにマイクロレンダーは経済学者と組んで、重要な問題を特定して現場で答えを探りはじめた。

個人責任のマイクロクレジットは、グループ責任のマイクロクレジットより多くの、またはより良い借り手を集めることができるんだろうか？　貸倒れ率は違うんだろうか？　方式が違うと、顧客の行動も違ってくるんだろうか？

どういう種類の貸し付けがいちばんいいのかを判断する前に、こういう疑問に答える必要があった。そこで、世界銀行のチャビエル・ジネと僕は二〇〇四年に、個人責任のマイクロクレジットをテストするパートナーになってくれる組織を探した。実はしばらく前から探していたけど、引き受けてくれる相手はまだ見つかっていなかった。僕たちは世界があまりにもはっきりと分かれていることに驚いた。レンダーは何らかの方式でビジネスをやっていたけれど、自分たちにとってどのシステムがいいのかを厳しく見極めることに関心があるレンダーはほとんどなかった。

話に乗ってくれそうなパートナー候補がフィリピンに見つかった。ミンダナオの家族経営の銀行で、フィリピンで最も成長著しい農村銀行の一つ、グリーンバンク・オブ・カラガの頭取、オマール・アンダヤは、並々ならぬ才能で成長と拡大に突き進む卓越した起業家だ。そして、あちこちいじくり回すのが好きな根っからの変革者だ。いつも、自分の事業と顧客にとって何が本当に役に立ち、何が役に立たないのかを学んでは、刺激を受け、意欲を新たにしている。

思った通り、オマールは興味を示した。僕たちは、個人責任のローンとグループ責任のローンを比較するRCTを考案することになった。(7) 両者を比較しやすくするために、問題点を、グループ貸し付けのモデルが最初に答えなければならない次の三つの重要な質問に分けて考えた。（1）グループ責任の方が質の良い顧客が集まるか？　（2）グループ責任だと、顧客は借りたお金を自分で言っていた通りの使い方をして、事業に十分な力を注ぐのだろうか？　（3）グループ責任は、どんな場合でも顧客から資金を回収するのに役立つんだろうか？

どの疑問もとても重要だけど、何もかもが同時に起きて答えが出てくるわけじゃない。それぞれを見極めるには、グループ責任ローンと個人責任ローンを、融資のプロセスのいくつかの段階で比べなければならなかった。だから僕たちがグリーンバンクといっしょに設計したＲＣＴは、二つの実験を一つにしたようなものだった。

まず僕たちは、フィリピン中部のレイテ島にすでにあった一六九の借り入れグループで実験した。全グループから半分をランダムに選んで、その後のローンについては個人責任に切り替えた。残り半分は、その後もふつう通りのグループ責任ローンを続けさせた。切り替える方に選ばれた人もそうでない人も、ローンにまつわる日々のプロセスは全員同じままだった。もうお互いの肩代わりをしなくてもよくなった顧客も、やはり一週間に一度集まって、グループでまとめて支払った。

次に、レイテからカモテス海をはさんで西に約八〇キロのセブ島で、新しく顧客になりそうな人にローンを売り込んだ。二〇〇四年に研究が始まったとき、グリーンバンクはまだセブ島では融資を始めていなかったけど、翌年業務を開始する予定の六八のコミュニティを選び出していた。僕たちはその拡大計画に相乗りして、いろんな地域でいろんなタイプのローンを宣伝してもらった。コミュニティの三分の一にはプレーンバニラのグループ責任ローン、三分の一には個人責任ローン、残りにはハイブリッド型を割り当てた。ハイブリッド型では、グループが最初に借りるのはグループ責任のローンで、その後はすべて個人責任になる。レイテ島のときと同じように、セブ島での個人責任ローンは、ちょっと見たところ標準的なものとそんなに違わなかった。顧客はグループを作り、グループの集会で返済の支払いをした。こういう設定にした動機は、ユヌスがグラミンⅡを作ったときと同じだった。グループ責任をなくしても、グループ貸し付けには借り手同士の社会的支え合いと業務効率の良さという利点があるかもしれなかった。

数カ月のあいだ観察して見えてきた基本的なストーリーは、シンプルなものだった。グループ責任をやめると、顧客の負担が軽くなる。それが顧客を惹きつける。顧客の数がそれを物語っている。レイテ島では個人責任に移行したグループは、グループ責任を続けたグループよりたくさんの新しいメンバーを獲得し、脱落者は少なかった。

個人責任になったことで、グループのメンバー同士の社会的絆も二つの面で強まった。まず、借り手は自分の懐を痛めて滞納者の肩代わりをしなくてもよくなったので、お互いを少し大目に見るようになった。仲間の誰かをグループから追い出すことが少なくなった。次に、もともと強い社会的な絆を持っている顧客は、仲間の借り手に催促したり罰を与えたりしなくてはいけなくなるのがいやで、いっしょに参加する気にならなかったのが、その恐れがなくなった。仲のいい友人や親類をグリーンバンクのマイクロクレジットに加わるよう誘いはじめた。

予想どおり、個人責任の顧客はグループ責任の顧客より、監視したり、うるさく言ったり、お金を回収したり、罰を与えたりすることが少なかった。代わりに融資担当者が後始末をしていた証拠がある。個人責任の借り手をグループから追い出す仕事は銀行のスタッフがすることが多かった。また、セブ島の融資担当者は、個人責任の顧客との週ごとの返済集会は、九〇分よけいに時間がかかると報告している。

グリーンバンクの融資担当者も、当然、やり方を変えることに不安を覚えていた。何といっても、グループ責任を廃止するのは、貸倒れに対する防衛の第一線を手放すことだったからだ。それに、個人責任のローンになったら、汚れ仕事も増えそうだった。だから、個人責任の融資業務を始めるのに気乗りがしなかったのは分かる。家賃を払うからというのでお金を貸したら、そいつは炊飯器を買っていた、なんて経験をしたことがある人なら分かるだろう。

でも大きな驚きもあった。グリーンバンクは何も心配することはなかったのだ！　個人責任のグループとグループ責任のグループの返済率は、どこでも同じだった。そのうえ、ランダム化を取り入れた研究のおかげで、もっと励みになることを言える。僕たちの観察したことがまぐれで、本当は返済率に差があるとしても、その差はほぼ間違いなくとても小さいということだ。

銀行の収益から見ても、結果はかなり良かった。最悪の場合、個人責任ローンの顧客の方が債務不履行に陥りやすいとしても、より多くの顧客を惹きつける（そして維持する）ことができるなら、全体として銀行は黒字になる。現実に貸倒れが増えて損失が出ても、借り手が増えて生じた収益で簡単に取り戻せるだろう。

では、グリーンバンクの経験から、マイクロレンダーは何を学ぶことができるだろうか？　世界の貧困に対して何かしたいと思っている人は、何を学べるだろうか？

まず、僕たちはマイクロクレジットというと、色鮮やかなサリーをまとった女性たちが輪になって座り、自分の野菜売りのスタンドのことを話し合っている、というような情景を思い浮かべるようになっているけど、そんな陳腐なイメージはもう過去のものだ。正確にマイクロクレジットの肖像を描くとしたら、フィリップからマーシーに至るまで、その間に位置する多彩な人物が登場するだろう。そんな幅広い野心やニーズに応えるには、テーマも多様化しなければならない。米国ではたくさんのクレジットの選択肢が選り取り見取りだ。住宅ローンに自動車ローン、学生ローン、事業向けの各種の融資、クレジットカード、クレジットカードによるキャッシング、ペイデイローン。ちょっと挙げただけでもこんなにある。どうしてただ一つのタイプのマイクロクレジットで、世界中の数十億人もの貧しい人たちのニーズに応えられるなんて考えられるんだろう。

そこで次のポイントだ。僕たちは何にでも興味を持つとともに、冷徹にならなくてはならない。新しいプログラムを開発し、今あるものを微調整し、何が効果的かを見つけなくてはならない。

それはマイクロレンダーにとって、伝統的なグループ貸し付けに変更を加えることかもしれないし、一部の顧客に違う商品を提供することかもしれないし、まったく新しいものを試してみることかもしれない。実験をしている間は経過を見守り、結果に対応する必要がある。自分たちにとって新しいアプローチは前のものより役立つか。もっと大事なのは、前よりもっと貧しい人たちに役立つようになったかどうかだ。貧困問題で本当に前進したいのなら、定量化可能な実証済みの方法で改善し、その改善を同じ手順を踏んでさらに改善するというやり方に慣れなければならない。これはいつまでも続けなければならないプロセスだし、今後もずっとそうだ。

幸いなことに、僕たちは何もできないとあきらめる必要はない。マイクロクレジットは全部壊してもう一度最初から作り直さなくても、改善できる。それも劇的に！　長年の実績があるグループ貸し付けモデルの一部は、うまく機能している。その部分を探しだして、使い続けよう。機能していない部分は、修正するか、もうやめよう。

グループ貸し付けを動かすものは？——信頼のゲーム

では、問題の核心に迫ろう。グループ貸し付けモデルの本当の原動力は何だろう？　グリーンバンク・オブ・カラガとのプロジェクトでは、グループを束ねていた法的な縛りがなくなっても、人々は前と同じように借り入れをして責任をもって返済し続けていた。つまり、グループの力学には貸し手の契約条件よりも大きな何かがあるらしい。それに、前の章でも見たように、外から課せられたルールが個人の優先事項とぶつかる場合は、ルールが後回しにされがちだ。だから、成功するかどうかはルールとはあんまり関係がなく、むしろ、グループの人たちは個人としてどういう人間か、他の人と社会的にどうかかわっているかに関係があるのかもしれない。

そこでこんな考えが浮かんだ。借り手が自分たち自身の正直さと自然な社会的力学に動かされて、危なっかしい人を前もってうまくふるい落とすことができるんなら、グループに責任を負わせる必要はないんじゃないか。信頼できる顧客は、仲間からのプレッシャーの助けを借りなくても、頑張って期限通りに返済しようとするだろう。

借り手に面と向かって、あなたたちの仲間の中に返済できなくなっている人がいるのは、みなさんが信頼できない人だからですか、と聞けたらいちばんいいんだけど、そんなわけにはいかない。でも、それが分かったら大いに役立つはずだ。

だから誘導尋問をする代わりに、僕はFINCAペルーのローン顧客の一部を対象にした実験を計画した(8)。各グループの集まりで、顧客にゲームをしてもらった。まず、部屋にいる人全員に三ソル(約一ドル)ずつ与えた。次にグループをランダムに二人ずつの組に分けて(他のグループのメンバーとペアになった人もいた)、それぞれにAかBのどちらかの文字を割り当てた。ペアの相手が分かったところで、Bの人たちを別の部屋へ入れた。

そしてAの人たちにゲームを説明した。「三ソル取っておいてもいいし、あの部屋にいるパートナーにあげてもいい。一ソルでも、二ソルでも、三ソル全部でもいい。あげた分、僕が倍にしてあげる。つまり、二ソルあげるんなら、パートナーは四ソルもらうことになる。それから、パートナーはもらった分の中から、あなたたちに自分が好きなだけ返すんだ」

　パートナー同士で話をするチャンスはなかったから、彼女たちは心の中で相手を信頼し、信頼に応えなければならなかった。ＡはＢに三つのコインを全部あげるだろうか。ＡはＢが少なくとも自分があげた分を返してくれる、もしかしたらもっと返してくれると期待するだろうか。そしてＢは、Ａの気前の良さにつけ込んでまったく返さないだろうか。それともフェアプレーをして、自分が信頼に値する人間だと証明するだろうか。

　伝統的な経済学は、イーコンが信頼のゲームをどんな風にプレーするかを教えてくれる。Ｂはいくらもらったかに関係なく、Ａに何も返さない。それが「利潤を最大化する」行動だからだ。Ａはそれが分かっているから、Ｂに何もあげない。すっきりした合理的な説明だけど、ヒューマンはそういうプレーをするとは限らない。社会的規範がそうだから分け与える人もいれば、ゲームが終わった後の仕返しが怖いから分けてあげる人もいる。実験では、Ａのおよそ四分の三は少なくとも一ソルをパートナーに渡し、Ｂのうちいくらかでも受け取った人の四分の三以上は少なくとも一ソルを返していた。

　僕はゲームで信頼に値するプレーをする人が、実生活でも本当に信頼できるかどうかが知りたかった。Ｂのうちパートナーにたくさん返した人は、一年後にＦＩＮＣＡペルーにローンの返済をしている可能性が高いだろうか。

　一言で言えばイエスだ。一年過ぎた後、より多くＡの好意にお返しをした人は、借入額のうち、より多くをＦＩＮＣＡペルーに返済していた。それだけじゃない。もっとすごいことが分かった。Ｂがゲームで見せた行動から判断した限り、信頼感は借り入れグループの境界も超えるようだった。ゲームでのBの行動からは現実生活でローンの返済ができなくなる可能性も同じようによく予測できたけど、これはAが同じ借り入れグループのメンバーであるかどうかに関係がなかった。つまり、ゲームには特定の借り入れグループのメンバー間の力学だけでなく、紛れもない個人の本質的な特徴まで表れるようなのだ。

でも、返済ができなくなるのは、借り手本人の信頼性の問題だけでなく、いろんな要因による。顧客同士がふるい落としをするのは、グループから借金を踏み倒す人を出さないようにするのにおおいに役立つけど、どんなに優秀な人でもうまくいかないときがある。誰だって予測できない衝撃に見舞われることがある。個人の頑張りが限界に達したときにものをいうのが、グループの強さだ。

借り手がもともと持っている信頼性のような美点のおかげでいつも申し分ない振る舞いをしていても、仕事が苦しくなったり、子どもが病気になったりすることがある。ミスをすることだってある。そういう何週間かを何とか切り抜けるには、グループは助け合う方法を知っていなくちゃならない。大目に見てあげなくちゃならないときもあれば、叱咤激励する必要があるときもある。

信頼性もそうだけど、グループ独自の社会的力学は、ローン契約書の責任条項から直接生まれるわけじゃない。人々のかかわり合いの中から自然に出てくる。グループを強くしたり弱くしたりする社会的要因が理解できたら、グループ責任で縛らなくても強いグループを作ることができるかもしれない。このことを念頭に置いて、グループを機能させる要因を探る二つの研究を見ていこう。

帽子の重要性

一九九九年の春、僕はMITの試験が終わるやいなや、ペルー行きの飛行機に乗った。ラナオ家の人たちに会うためだった。イリス・ラナオは、FINCAペルー（僕が後に、さっき見た信頼のゲームと、第5章で検討したビジネス研修プロジェクトをいっしょに行うことになる組織）の事務局長だった。彼女の両親は、FINCAペルーのほとんどの顧客を擁するアヤクーチョ支店を運営していた。ラナオ一家は、顧客とそのコミュニティのことを深く気遣っていた。いつも自分たちがしていることを問い直し、改善する方法を探している、思慮深い人たちだった。そして言葉の最もいい意味で、好奇心いっぱいの人たちだった。だから僕が到着したとき、考えられるいちばんいい進軍命令を下してくれた。「探検せよ」

アヤクーチョ支店には、大学院に行く前にコンサルタントとしてFINCAで働いていたときに行ったことがあった。でもそのときは旧式のコンピュータにかじりついて、ソフトウェアシステムをプログラミングしていた。返済集会が行われていることは知っていたけど、居合わせたことはほとんどなかった。今度はグループ活動の真っただ中に飛び込んだ。観察し、集会に参加してどんな風に運営されているのかを学び、顧客と話をして考えを聞いた。

あの帽子に何かヒントがあるような気がした。

僕は頭の中で集会を再現して、帽子をかぶった女性とかぶっていない女性について考えた。彼女たちはいくつかの輪になって座り、おしゃべりをしていた。それから帽子をかぶった女性だけが集まって、一つの大きな輪になって座り、会を続けているところを想像してみた。帽子をかぶった女性だけ（またはかぶっていない女性だけ）のグループは、半分が帽子をかぶっているグループよりうまくいくんだろうか？　メンバー同士もっと支え合ったり、気遣ったりするんだろうか？　そうだとしたら、彼女たちはより良い借り手になるんだろうか？

実のところ、僕の疑問は帽子だけの問題じゃなかった。帽子はフェルトとリボンでできているだけだけど、かぶっている人の血そのものを表していた。帽子をかぶっていたのはインディヘナス、つまりアンデスの先住民だった。彼女たちは厚い生地の長いスカートをはき、黒い髪を太い三つ編みにして長く垂らしていた。どうにかスペイン語も話せたけど、仲間内ではケチュア語をしゃべっていた。帽子をかぶっていないのは、メスティサス、つまり混血かヨーロッパ人の祖先を持つ女性たちだった。スペイン語しか話さず、ジーンズをはいて化粧をし、今風のヘアスタイルをしていた。

女性たちは別々に輪を作って座っていたけど、折り合いが悪いわけではなかった。いつもお互いに礼儀正しかった。でも僕にはお行儀なんかよりもっと知りたいことがあった。社会的なつながりがグループをうまく機能させるのかどうかを見てみたかったのだ。メンバー同士が「近い」（帽子に関して、という意味で）グループは、強みがあるかもしれないと思った。彼女たちが一つの大きな輪になって座っているのなら、たぶんお互いについてよく知っていて、きちんと返済をするようお互いにより効果的に圧力をかけることができるのかもしれない。

ＦＩＮＣＡペルーは変わった方法で借り手を組み合わせてグループを作っていたので、この疑問への答えを探るには理想的なパートナーだった。一種のランダム化を組みこんでいたといえる。ほとんどのマイクロレンダーの顧客は自分たちでグループを作るけど、ＦＩＮＣＡペルーでは、ローンを申請したい人が支店に行って自分の名前をリストに書き込む。申請者がたまったら、ＦＩＮＣＡペルーがリストの上からの三〇人で一つの新しいグループを作った。つまり、登録した順番によって、お互いに関係があるかどうかにかかわりなく、グループが作られた。だからグループ内の社会的つながりの強さの違いは、ある程度ランダムだった。経済学者がいう「自然実験」、つまりまったくの偶然によるRCTだ。

残る課題は、社会的なつながりと借り手としての行動についての情報を定量化してとらえることだ。FINCAペルーは以前から顧客の返済記録をとっていたので、借り手の行動は簡単に把握できた。でも社会的なつながりとなると、そう簡単にはいかなかった。そもそも、人が社会的につながっているというのは、実際的、経験的にはどういう意味だろう？

僕は二種類のつながりについて実験をすることにした。一つは文化指数だ。実は、これは帽子で思いついた。どんな言葉を話し、どんな服装をしていて、それにもちろん頭に何かかぶっているか、というような簡単なことを観察して、1から8までの数字で一人ひとりの「西洋人らしさ」または「先住民らしさ」を表す。ある顧客と文化指数が同じである人がグループの中にどれくらいいるかがその人の文化スコアになる。もう一つのつながりを示す地理的尺度は、その顧客の家から歩いて一〇分以内のところに住んでいる人がグループにどれくらいいるかを表す。

知りたかったのは、グループのメンバー間にこういう種類のつながりがあった方が、顧客としての行動がよくなるかどうかだった[9]。二年近く六〇〇人ほどの顧客を追跡調査してみると、はっきりと答えがでた。社会的なつながりは確かに影響があった。文化スコアと地理スコアが高い顧客ほど期限通りに返済をする可能性が高く、たとえ支払い期日に間に合わないことが何回かあっても、グループから抜ける（または追い出される）可能性が著しく低かった。

人に善い行いをさせるのは愛のムチだけではなさそうだった。つながりが強いグループはつながりが弱いグループより、滞納者を許す傾向が強かった。プロジェクトが始まって一年たったころに調査したら、滞納する人が出た場合、グループがその人と文化的に近いと、そうなった事情を他の人が知っていることが多かった。つまり、つながりが強いグループの顧客は、より効果的にお互いをモニタリングしていて、滞納する正当な理由があるときはそれが分かるので、大目に見るようなのだ。もちろん、甘すぎるとよくない行動を招く恐れがあった。でも、つながりが強いグループの方が返済率が高かったところを見ると、顧客たちはさじ加減を承知していたようだ。

社会的なつながりが強いグループの方が良い行動をする傾向があるという単純な事実は、あっと驚くようなことではないかもしれないけど、どういう仕組みでそうなるのかを理解することはとても役に立つ可能性がある。たとえば、文化的に似ている顧客はとてもうまくお互いをモニターしているということをレンダーが知っていたら、文化的に同質なグループを作ることによってモニタリングを積極的に推進することができるだろう。

集会は大切

信頼できるとか帽子を好むというような、その人本来の変わることのない特徴が、借り入れグループの成功に重要な役割を果たすとしても、世界がマイクロクレジットに興奮した大きな理由の一つは、マイクロクレジットが個人とグループを変身させるという期待だ。顧客は帽子をかぶっていようがいまいが、お金を借りるプロセスの中で、話をしたり、知識を共有したり、お互いを見張ったり肩代わりし合ったりしながら、ともに成功することを学ぶ、ということになっている。実際、グループの中で強いきずなが育まれることは、週に一度という頻度でグループの返済集会を開くという時間を食うやり方のメリットの一つとされていて、このやり方を正当化する理由にされることが多い。

メンバーがしょっちゅう会って交流することを義務づけたら、借り入れグループはメンバー構成に関係なく成功するんだろうか。マイクロクレジットの世界では毎週返済するのが主流だけど、毎週というのは何がそんなに特別なんだろう。二週間に一回とか、一カ月に一回じゃだめなんだろうか。答えはグループ貸し付けプログラムの設計に大きな意味を持ってくる。週払い以外の返済方式でも満足できる返済率が得られるなら、集会の間隔をもっとあけるのは魅力的な選択肢かもしれない。顧客も融資担当者も貴重な時間を節約できるし、顧客は返済用に現金を用意しなければならない回数が減るから、お金のやりくりが楽になるだろう。重要な問題は、グループの集会の頻度がグループの成功に実際にどんな影響を与えるかだ。

こういう関係こそ、現場でテストできるし、またテストしなければならない。でも、グループ責任か個人責任かという選択と同じで、現実にはほとんどのマイクロレンダーは（たいていは参考になる情報もほとんどないか、まったくないまま）ある返済スケジュールに決めたら、それを続けている。皮肉なことに、レンダーがまずい選択をしても、たぶんそのことに気づかない。たいていはオーソドックスな時間を食う週払いに決めるから、慎重すぎるという間違いを犯している可能性が大きい。そういう間違いは見過ごされることがある。

二〇〇六年にハーヴァード大学の二人の開発経済学者、エリカ・フィールドとロヒニ・パンデが、インドのコルカタのマイクロレンダー大手、ヴィレッジ・ウェルフェア・ソサエティ（ＶＷＳ）にアプローチしたときに頭にあったのが、こういうシナリオだった。年末報告書を見ると、ＶＷＳの業績はかなりよかった。融資を始めて一一年で、四万人の借り手（すべて女性）に最高三〇〇ドルの融資をするまでに成長した。二二パーセントという金利はインドのマイクロクレジット市場では低かった。でも年次報告書の中でいちばん光っていた数字は、九九・一パーセントという顧客の返済率だった。どこから見ても、素晴らしい数字だ。ちなみに、同じ年のアメリカの小規模事業向けローンの返済率は九四パーセントだった（「VWSの返済率は高すぎる。リスクの高いビジネスに融資していたら、全体としてもっと儲かり、成長に貢献していたかもしれないのに、そうしていなかったということじゃないのか」といえるかもしれない）。

でもフィールドとパンデは、まだ改善の余地があるかもしれないと考えた。そして、グループがひんぱんに集まることが本当に成功の原因なのか、そうだとすればなぜなのかを理解するチャンスだと思った。何もかもうまくいっていたのだから、VWSは二人に今のままでいいと言ってもよかったけど、快く話を最後まで聞いた。

当時のVWSのクレジット商品はユヌスのグラミン・モデルを忠実になぞっていた。女性がグループでお金を借り、お互いのローンに責任を持ち、週に一度集まって四四回の均等払いで返済していた。フィールドとパンデは、ベンジャミン・フェイゲンバーグ（現在、MITとJ-PALの大学院生）とともに、集会の頻度とグループの力学と顧客の債務不履行との関係を探るRCTを設計した[10]。新しく結成された一〇〇グループそれぞれにスケジュールをランダムに割り当てた。三〇グループは標準的な週払いのパッケージ、残りは毎月集まることになった。その後二年の間に、ほとんどの顧客は最初のローンを返済し終え、少なくとももう一回融資を受けていた。その間、彼らは一人ひとりの返済記録をとり、グループの力学を理解するための調査をした。

いきなり違いがはっきりと出たわけじゃないけど、確かに違いはあった。最初のローン期間中は、月ごとに集まる方が断然得なように見えた。週払いと月払いの顧客の間に債務不履行率や脱退率の差はなかった。ところが長い間には、たびたび集まる方がゆっくりとだけど確実にグループを強くしていることがはっきりしてきた。開始から五カ月たったときには、週払いの返済をしているグループは、グループの他のメンバーの家族の名前を知っている割合と、自宅を訪問したことがある割合が、月払いのグループより九〇パーセントも高くなっていた。一年を過ぎると、週払いのグループのメンバーの方が、他のメンバーと付きあいがあり、急病のときには助け合うと答える割合が多くなっていた。

週払いのグループの社会的つながりの強さは、彼女たちの経済的選択にも表れていた。最初のローンの返済が終わって約一年後、経済学者たちは本物のお金を使った福引の実験をしてグループのメンバーがお互いをどう思っているかを探った。福引は注意深くデザインされていて、顧客がグループの仲間のメンバーに対して利他的な気持ちを持っているかどうか、または実際に相手を信頼してリスクを共有し合うことができるかどうかを見るために、うまくひねりを加えていた。

顧客一人ひとりに、二〇〇ルピー（約五ドル）が当たるくじ引きの券を一枚渡した。彼女たちには、そのくじ引きには全部で一一枚の券があり、そのうちの一〇枚は他のグループの人に渡したと言った。顧客はもらった券を持っておいてさっき言われたようなくじ引き（あたる確率は一一分の一）に参加するか、自分のグループの他の人に最大で九枚まで追加の券を与えるかを選べた（その場合、その人自身がくじ引きに当たる確率は二〇分の一まで下がるけど、その人のグループの誰かが当たる確率は高くなる）。

そこで、ひねりだ。一部の顧客には、賞金は二〇〇ルピーの商品券一枚で支払われ、一つの店で使わなければならないと伝えた。他の顧客には賞金は五〇ルピーの商品券四枚で支払われると言った。これは分け合うのが簡単だ。だから、五〇ルピーの商品券が当たるくじ引きの方の顧客は、同じグループの他のメンバーに券を配って、そのうちの誰かにくじが当たったらお返しに商品券を一枚もらえることを期待することもできる。だけど、二〇〇ルピーの商品券は分割できないから（わざと、くじに当たった人しかお店で使えないようにしていた）、他の人と分かち合われる可能性は低い。

だから、毎週集まることで人々が全般的により利他的になるのなら、商品券の金額がどちらでも、週払いの顧客は月払いの顧客より仲間に追加の券をたくさん配るはずだ。一方、毎週集まることでリスクをよりよく分担し、お互いを信用するようになるのなら、週払いの顧客はやはり月払いの顧客より仲間に追加の券をたくさん配るけど、それは五〇ルピーの商品券が当たるくじ引き（当たったときに、券をあげた人の気前の良さが報われやすい）の方に集中するはずだ。

実際、くじ引きの実験はこの通りの結果になった。

実験を行った経済学者たちは、素朴な形で、リスク分担と経済的協力に対するグループの傾向をあぶり出していた。貧しい人たちは衝撃を和らげる経済的なクッションをほとんど持っていないから、リスクに対処する能力は死活にかかわる。だからなおさらくじ引きの結果がとてつもなく重要な意味をもってくる。外部の力（レンダー）が介入して、毎月ではなく毎週集まることを要求するのは、顧客がリスクを分担する能力に抜群の効果があったのだ！

思った通り、顧客たちが経済的に協力する効果は、まわりまわってレンダーの最終損益にまで及んだ。最初のローンの返済が終わった後、毎週集まっていたグループの顧客は毎月集まっていたグループの顧客より、その後のローンで債務不履行になる率がかなり低かった。

フェイゲンバーグ、フィールド、パンデの研究は、ひんぱんにグループが集まることで返済率が良くなるという確かな証拠を示し、そうするなかで、お金を借りることが顧客の本当の社会的変化（ここでは、リスク分担の程度が高まるという形）を促すという、マイクロクレジットの唱道者の最大の主張の一つを解明した。これだけで、それぞれのマイクロレンダーがどういう方針を取るべきかという議論に終止符が打たれたとはとても言えないけど、正しい方向に一歩進んだのは確かだ。

次のステップ

マイクロクレジットは、ある重要な意味においてもう成功している。世界中の関心を惹いたことだ。潘基文《パン・ギムン》国連事務総長からボノにいたるまで、あらゆる人々が支持してくれ、マイクロクレジットによって変わることができたという人たちのたくさんの感動的な実話のおかげで、多くの人が貧困との闘いに取り組みはじめている。Kiva.org の無数のクリックや、ホールフーズのスーパーマーケットのレジの列からの一ドルが積もり積もって二〇〇万ドルにもなったマイクロレンダーへの寄付(11)を見ればいい。人々の熱意と参加はそれ自体が大きな前進で、僕たちの努力を力強く後押ししてくれるだろう。問題は、僕たちが正しいツールを使っているかどうかだ。

今でも世の中にある善意で、今の二倍も善いことができるとしたら？　鋼鉄のやすりを使うこともできるのに、バターナイフで監獄の鉄格子をゴシゴシ削っているとしたら？

マイクロクレジットはユヌスのグループモデルに強い基盤を置いている。グループモデルはいくつかの重要で根本的な意味では機能している。でも完成には程遠いし、簡単に改善できる方法がある。良い行動を促す要素を探しだして、それを推し進めればいい。脂肪がついているところを見つけて、切り取ればいい。こういうことは待っていても起こらない。つねって、叩いて、テストして、足りないところを埋め、余分なものを削り落とさなければならない。誰かに他の人の肩代わりをすることを強制せずに、マーシーにもフィリップにも役立つ融資システムができるまで、マイクロクレジットにはまだ手直しが必要だ。

融資のやり方を改善するのは、マイクロクレジットの進化の一部でしかない。それ以外に、レンダーが業務を拡大して顧客へのサービスの幅を広げるやり方がある。開発関係者はたいていマイクロファイナンスについて議論するけど、マイクロクレジットはパズルの一片にすぎないということが覆い隠されることが多い。米国で僕たちの生活に銀行が果たしている役割について考えるとき、ローンだけのことを考えることはない。ローンが真っ先に頭に浮かぶことすらない。ATM、貯蓄口座や小切手用口座、為替、電信送金などについても考える。こういうのはクレジットではないけど、だからといってツールとしての価値が低いわけじゃない。どれもみな、生活を楽にしてくれるツールだ。

こういう便利なものがなくても何とかしなければならなかったのは、そんなに遠い昔のことじゃないけど、そのころの世界はどんなだったかを想像するのがどんどん難しくなっている。僕は一〇代のころ、デューク大学の夏期プログラムに参加して数学とライティングの講習を受けた（そして期せずして、妻となるシンディに出会った）。一年目は三週間の予定で申し込んでいたんだけど、大学に着いてから七週間滞在することに決めた。となると、夏を生きのびるためのピザとソーダを買わなくちゃならないから、もっと現金が必要だ。どうやったらノースカロライナからフロリダにある僕の貯蓄口座のお金を引き出せるかを突き止めるのに悪戦苦闘したことを今でも覚えている。延々と続く長い試練だった。あちこち調べて、何度も電話をかけて、友だちのお父さんに車で一時間もかかる銀行に連れて行ってもらい、最後は銀行の支店長と面談しなければならなかった。

もちろん、どこにでもATMがある今では、ほとんどの先進国ではこんなシナリオは考えられなくなった。でも貧しい人たちにとってはそんなことはない。そもそも銀行に口座を持っている人があまりいないし、口座があってもただ預け入れや引き出しをするために遠くまで出かけ、何時間も待たなければならないことが多い。送金はほとんどの場合、窓口で現金で行う。時間がかかるだけでなく、危険もともなう。

マイクロファイナンスの影響が最も大きく表れるのは、結局日常的な面かもしれない。たとえば、毎日の取引がスピードアップする。お金をあるところから別のところへすばやく安全に移動させることができるようになる。そして、最も広い意味で、あるとき、あるところでお金を稼ぎ、別のとき、別の場所でそれを使うことができる安心で確実な方法が利用できるようになる。稼ぐより前に使うのなら、それはクレジットだ。でもほとんどの人はたいてい、使う前に稼ぐ。それは貯蓄だ。(12) そう、両親や祖父母が教えてくれたような、昔ながらの貯蓄だ。次の章では、貧しい人たちが貯蓄をするのを助ける革新的なアプローチをいくつか取り上げて、マイクロファイナンスについての議論をまとめることにしよう。

第7章 貯める——楽しくない選択肢

ヴィジャヤは美しかった。インドのチェンナイのコヤメドゥ市場の崩れかけた東のファサードが作る日陰で、美しい花に囲まれて座っていた。ジェイクが初めて彼女に会ったとき、彼女はテーブルを前にして座り、花綱を作っていた。えんえんと同じことを繰り返す作業だった。前に手を伸ばして何千ものジャスミンの白いつぼみの山から一つをつまんで、細い茎に白いナイロンの紐を回して結び目を作り、紐をひっぱってそれまでに結んだ何百ものつぼみにしっかりとくっつける。一筋に伸びる大昔のＤＮＡ。反対側を向いた一対のつぼみが軸を中心にらせんのようにねじれていく。仕上がった部分がテーブルの上で豪華なおとなしい蛇のようにとぐろを巻いていた。

あたりには濡れた花びらと甘いお香の香りが漂っていたけど、ぜいたくなスパを思わせるようなものはそれだけだった。新鮮な花でできた見事な綱が飾るのは、豪華なホテルのロビーや、お金持ちの有名人の晩餐の席でもなかった。ふつうの人々が買い、使い捨てる。町のそこかしこにあるヒンズー寺院の神像の首にかけたり、足元に置いたりする。顔はすすだらけ、ぼろぼろの腰布を巻いたはだしの男が、五〇センチほどの新鮮な薔薇の花綱を手に歩いている。慣れるのにちょっと時間がかかるけど、これが現実だ。なけなしの二〇ルピーをはたいて買ったのかもしれない。

ヴィジャヤや、隣で同じようなテーブルの後ろに座って同じような花綱を作っている女性たちは、働き者で、その証拠に、埃っぽいサリーのひだの間にひっそりと、しわくちゃの汗じみたお札の小さな束が隠れていた。一〇ルピーに五〇ルピー。ふつうはたくさんのルピーにお目にかかることはないから、それらはいっそう大事だった。

ヴィジャヤは毎朝コヤメドゥに着くと、卸売業者から三〇〇ルピー（約六・五ドル）分の花を買う。テーブルを据え、白い紐を置き、木箱を立てて腰掛にする。それからその日買ってきた花をテーブルの上にあけ、仕事に取りかかる。手がひとりでに動いて手際よく結んでいく。ジェイクが見た限りでは、結びそこなったり茎を折ったりすることは一度もなかった。手を休めるのは客が来たときだけ。客が渦巻いている花綱の一つを指差すと、前腕にあてて測る。言われた分をかみそりの刃で切り、右手でお金を受け取り、サリーのひだの奥にしまう。

一日の終わりには、売り上げは四〇〇－五〇〇ルピーほどになるようだ。ジェイクは彼女に、儲けをどうするのか尋ねた。分かったのは、そのほとんどが市場から出ることはないということだ。毎日、夕方になり、花が全部売れたころ、ヴィジャヤのところに花綱を買うつもりはまったくない男がやってきた。日払いのローンの返済金を取りに来るのだ。実際には複数のローンの返済金だ。

ヴィジャヤは三つか四つのローンを同時に抱えていた。借りたお金はほとんどすべての出費に充てていた。たとえば毎朝買う花、家族が住んでいる家の毎月の家賃、子どもたちの学費や病院の支払い。ローンの金額と期間はいろいろだったけど、一つだけ共通していることがあった。それは、金利がつくということだ。つまりヴィジャヤは、家族の大きな出費のほとんどに余分にお金——ふつう一カ月三パーセント——を払っていたことになる。

ジェイクがこれまでにローンの金利を全部でだいたいどれくらい払ったかと尋ねると、ヴィジャヤは「金利？」と口ごもった。相当な負担だとしても、彼女は顔色に出さなかった。「毎日、あの男に一〇〇か一五〇くらい払います。余裕があるときはもうちょっと払うかもしれないわね。もっとお金が必要になったら、彼に頼みます。そういうローテーションなんです」。彼女は「ローテーション」という言葉を強調した。スムーズに切れ目なく続くサイクルのように聞こえた。来ては去るモンスーンのように。

ほとんどの大きな出費のためにお金を借りるシステムは、本当は、モンスーンというより、水が漏れる蛇口に似ている。ルピーはつねにヴィジャヤのサリーから——そして結局は一家の金庫から——漏れ出し、金利という形で金貸しの下水管に渦を巻いて吸い込まれていく。皮肉なことだけど、毎日毎日こんな形でお金を失っているというのは、実はすごいことだ。ヴィジャヤがいくつもローンを借りてもちゃんと返していけるのは、経費を支払うのに十分な額以上の売り上げがある（以上というのは金利の額）ということの証拠だ。

そこに謎がある。

どうして貯蓄はいいことなのか

少額の短期ローンを何度も繰り返すのが経済的にいちばんいいやり方であることはめったにないけど、多くの人がやっているのがまさにこれだ。チェンナイの花市場だけでなく、サウスダコタ州スーフォールズのネオンがまたたくペイデイローン会社でも、この「ローテーション」がせっせと回っている。

それにかかわっている借り手は「必要なものがあるのに買えるだけの現金が手元にない。だから私は今日クレジットでそれを買い、早く手に入れられるという特権に対して後で余分に支払う」と言っているようなものだ。

でも、だからといって余分のお金を払う？　これは、たとえば毎週月曜日に五〇ドル借りて金曜日に五五ドル返しているような、借金リピーターにとって特に重要な問題だ。借り続けることができるということは、五〇ドルを元手に（少なくとも）五ドルを絞りだしつづける方法を見つけているのに違いない。だから彼女はお金を働かせる方法を知っているけど、残念ながらお金は金貸しのために働いている。でも一週間で五〇ドルを五五ドルにできるというのは強力なエンジンだ。それを、債権者ではなく彼女のために働くように改良することはたぶんできるだろう。

彼女が、毎週一ドルをとっておいて次の週の五〇ドルの経費に充てると決心するとしよう。（問題を単純にするために、商売の規模はずっと同じで、仕入れに毎週五〇ドル必要だとする）。貯蓄を始めた週の次の月曜日、五〇ドルではなく、四九ドル借りる。その金曜日の返済は五三・九〇ドル（四九ドル＋一〇パーセントの金利四・九〇ドル）だから、金利を〇・一〇ドル節約できる。その週の終わりまでにもう一ドル取っておいたから、全部で二・一〇ドル貯まっている。次は四七・九〇ドル借りるだけでいい。このサイクルが続くと、金利の節約の複利効果と毎週増える貯蓄のおかげで、借入額を徐々に少なくすることができる。思った以上に完了するのは早い。二〇週で彼女は借金から完全に解放される。地元の金貸しを養っていた彼女の強力なエンジンは、今度は規則正しく毎週一回、貯金に回せる五ドルを吐きだしてくれる。

この例は金額にしても利率にしてもかなり現実的だけど、寓話でもある。つまり、教訓がある。どんなに少しずつでも、貯金をしていればいずれは大きな違いが生まれるということだ。

どうしてお金を貯めるのは難しいか

正しくて良いことでも実践するのが難しいことはいっぱいある。貯蓄もそうだ。みんなたいていそれを証明するのに十分な経験がある。でも、世界中の人がなかなか貯蓄できない理由をいくつか挙げてみるのも助けになる。

第一に、ちょっと見ただけでも貯蓄はあまり魅力的じゃない。渇きをうるおしたり、おなかをいっぱいにしたり、病気を予防したりしてくれない。キラキラしていないし、楽しくもない。禁欲と節制を説き、いつも実用性を重んじる。たぶん地元の禁酒同盟にも入っている。僕たちと僕たちの財布を誘う他のいろんなものに比べたら、貯蓄なんて退屈の極みだ。

次に、質素なうわべの下まで見通すことができる人たちにとっても、今すぐ使うものを買うことよりも貯金をする方を選ぶには、自制心が必要だ。どうしても今すぐ買わなくちゃならないように思えるときは特にそうだ。現在のニーズや機会のほうが将来のニーズや機会よりずっと切迫していると考えてしまう。そして自制心が昼寝をしている間に、先送りしたい気持ちが忍び込み、好き勝手をしはじめる。貯蓄は、灰色のウールのスーツを着た年のいった厳格な女教師みたいなものだ。明日も必ずいるから、待たせておけばいい。

これが繰り返されると、ぼんやり霞んだ将来はいずれするつもりの良いことを放りこんでおく倉庫になり、貯蓄をしないことの方に勢いがついてくる(正しくは、惰性)。これは、実は、広く蔓延していることが心理学や行動経済学の分野で報告されている現象だ。誰にでも起きるし、ブタの貯金箱だけのことじゃない。「貯蓄をする」を「禁煙する」とか「健康的な食生活をする」とか「定期的に運動する」と入れ替えてみても、このストーリーは成り立つ。

自制心と先見の明に恵まれた人にとっても、貯蓄への道は障害と危険だらけだ。その中には、口座開設手数料や引き出し手数料、最低残高などの、透明で前もってわかっているものもあるけど、ほとんどの障害はこそこそした、たちの良くない類のものだ。それは悪魔のささやきであり、どうにもやめられない悪癖であり、貧しい親類縁者たちだ。夫が毎週欠かさないカードゲーム、上等のワインの誘惑、いとこからしつこくかかってくる小金を無心する電話——こういうのはみんな獰猛な獣で、体重の一〇〇倍も貪り食ってもまだ腹をすかせている。

ヴィジャヤはそういう獣の一匹と格闘していた。ジェイクがいくらかでも家にお金を貯めているかと聞くと彼女はそんな風に言った。当たり前だけど、一日の稼ぎを家に持って帰る代わりに大半を借金取りに渡すのはいい気がしなかった。でも他にどうしていいか分からなかった。彼女は事もなげに笑い、隣に座っている女性の腕をピシャッと叩いた。その女性もクスクス笑って、作りかけの花綱から目をあげずに首を振った。ヴィジャヤはもう一つジャスミンのつぼみを結んで言った。「家でお金を貯めておくなんて、とてもできないわ。持ち帰ったお金は夫が飲んでしまうのよ」

そう言って、世界共通のお酒を飲む仕草をした。両隣の花売りは、彼女の一言を耳にして、同意を表した。彼女たちもその仕草を知っていた。

タンス預金と変わらない

家では苦しい闘いをし、フォーマルな銀行サービスをほとんど利用できない多くの人たちは、別のお金の貯め方を編み出さなくてはならない。ヴィジャヤがローンでしていたことは基本的にそれだ。毎日やってくる金貸しの集金を、自分では持っていない貯蓄口座の代わりに使っていた。

他のいろんな状況からも、世界中でさまざまなインフォーマルな貯蓄方法が生まれている。西アフリカの「スス」という仕組みは、集金人が毎月手数料をとって顧客から毎日、積立金を集めて回る。ROSCA（「Rotating Savings and Credit Association＝回転型貯蓄信用講」の略）というのは、毎月の貯蓄をプールしておいてメンバーが順番に使えるというものだけど、全世界で盛んに行われている。

形はいろいろ違っていても、ほとんどのインフォーマルな貯蓄方式には少なくとも一つの共通点がある。貯蓄する方の人がコストを負担することだ。利子がつく貯蓄口座が広く利用できてコストもかからない先進国では、こんな解決策ではとても商売にならない。でも、世界の人口の半分の二五億人以上は、お金を貯めるのにも借りるのにもフォーマルな金融サービスを使っていない。(1) インフォーマルな解決策が生きのびているのは、コストがかかるけど、誰も埋めようとしない隙間を埋めてくれるからだ。

効果的な開発プログラムが大きな影響を与えられるのは、まさにそういう隙間だ。現実の生活の中で人々がコストのかかる貯蓄方式を使っている実態を研究することで、何が必要なのかについてたくさんのことを学ぶことができる。

カリフォルニア大学ロサンゼルス校（UCLA）のパスカリーヌ・デュパとカリフォルニア大学サンタクルーズ校（UCSC）のジョナサン・ロビンソンが、二〇〇六年にケニア西部の農村地帯でそういう研究を行った。(2) 彼女らは、マイクロ起業家の事業の成長率が低いのは、貯蓄をするのに障害があるからなのかどうかを確かめるRCTを設計した。具体的には、基本的な貯蓄口座を利用できるようになると人々の生活が向上するかどうかを見るRCTだ。

まずデュパとロビンソンは一定数の起業家を探しだして調査した。市場でものを売る人、自転車タクシーの運転手、理髪師、大工、行商人などだ。そして毎日の収入、支出、健康状態を詳しく記録してもらうよう同意を取りつけた。その中のランダムに選んだ半数には、地元の協同組合に無料で貯蓄口座を開けるというオファーをした。

彼女らが売り込んだ口座は、特にお得というわけじゃなかった。利子はつかないし、お金を引き出すたびに手数料がかかった（だから、実質的にマイナス金利）。そんな口座でも積極的に使おうという人は、何かが貯蓄をするのをじゃましているに違いない。だって、昔ながらのタンス預金は同じ金利（ゼロ）で、引き出し手数料もかからない。だから最初の疑問は、「そんな口座でも使う人はいるだろうか？」だった。

答えは、断然、イエスだった。オファーを受けた人のうち、八九パーセントが口座を開き、五五パーセントが六カ月以内に少なくとも一回、お金を預け入れた。こんなに反応が強かったのは、村の協同組合の口座が割高で基本的な機能しかなくても、多くの人にとって今あるものの中ではベストだったからだろう。そういう状況で参加したのはどういう人たちだったのかを探るために、デュパとロビンソンは最初の調査で集めたデータを分析した。はっきりしていることが一つあるようだった。女性の方が男性よりはるかに多く口座を利用している、ということだ（ただし、研究対象の個人のサンプルが少なすぎるため、なぜそうなのかと断言できる統計的な根拠は得られなかった）。ヴィジャヤがそうだったように、女性は家庭の方により多くの障害があったのかもしれない。

しかし、ちょっと見ただけでは分かりにくい要因も見えてきた。ある人が口座を利用するかどうかをいちばん正しく推測できるのは、前にも言った回転型貯蓄信用講などの地元の貯蓄方式に参加していることだった。オファーを受けたとき、正規の銀行でなくても、もう貯蓄をしていた人は、そうでない人より新しい口座を積極的に使うようになる割合がかなり高かった。ちょっと奇妙な発見ではある。地元の貯蓄方式に参加している人は、もう貯蓄する方法を見つけていた。だのになぜそんなに多くの人が新しい口座の申し込みに殺到したんだろう。実際には新しい口座の方がそれまでの方法より良かったのかもしれない。それを確かめるには、村の協同組合が人々の日常生活をどう変えたかをみる必要があった。

そこでデュパとロビンソンが目を向けたのが、シンプルなノートにボールペンやちびた鉛筆でこまごまと書き込まれた日常の記録だった。何の変哲もないノートは情報の宝庫だった。商売用の仕入れから病院の支払いまで、いろんなことが記録されていた。それらを総合すると、ある一貫した筋書きが見えてきた。村の協同組合の口座に貯蓄をしている女性は、自分の事業に投資する金額が大きく、食糧やその他の商品に使う額も増えていた。

口座を使っているおかげで、自分や家族が病気になったとき、よりよく対処できるようになったことを示す証拠もあった。デュパとロビンソンの研究で、口座を持たなかった女性は、重い病気になったとき、働く時間を減らしたり、仕事の運転資金に手をつけたり、商品を掛けで売ったり（たぶん、傷む前に売ろうという戦術）していた。そのために、いちばん必要なときに仕事を休まなくてはならないし、収入も滞るために、病気の影響がさらに大きくなる。

一方、口座を開設した女性たちはもっとうまく対処していた。貯金をおろしてすぐに治療を受けられたので、病気の間も働く時間を減らさなくて済むことが多かった。その結果、運転資金に手をつけたり、商品を掛けで売ったりしなくても良かった。これらは良い方向への前進だ。でも、デュパとロビンソンの研究では、どうして女性だけにこういうことが起きたのだろう？　これにはまだ答えが出ていない。もっと研究をする価値のある問題だ。彼女らの発見はまぐれかもしれないし、女性と男性の違いについての重要な真理なのかもしれない。そうだとすれば、今後のプログラム設計に影響を及ぼす。答えを見つけるには、彼女らがやった実験を別のところで再現してみるのがいちばんいい。そのためにデュパとロビンソンは現在、ケニアで追跡調査を行っていて、ウガンダ、マラウィ、チリ、フィリピンで実験を再現し規模を拡大する研究には僕も加わっている。これらはビル＆メリンダ・ゲイツ財団が資金を提供してくれた。

パスカリーヌ・デュパとジョナサン・ロビンソンのケニアでの研究は、二つのことを教えてくれた。第一に、貯蓄をしたいと思っている人たちは、そもそも不利な立場にあった。実効金利がマイナスの口座に人々が殺到したということは、彼らが直面していた障害がいかに大きかったかを物語っている。第二に、村の協同組合に口座を作ったことで人々の生活が現に向上したということから、他に利用できた選択肢はその力が弱かったことがうかがえる。

これらの発見をもっと前向きにとらえることもできる。村の協同組合の口座を使うことを通して、ケニア西部の人たちは貯蓄をする意志も欲求もあることを示した。こういう平凡な解決策でこんなに改善できるのなら、もっと良い商品を作ればどんなに多くのことができるだろう。デュパとロビンソンが見つけた貯蓄の効果は、励みになる。次に探さなくちゃならないのは、もっとたくさんの人に参加してもらえる方法だ。

サニーの貯蓄

ヴィジャヤの夫のように手元に残ったわずかなお金までむしりとる飲んだくれの夫がいなくても、僕たちの多くは何とか貯蓄をしない方法を見つける。僕はこの前、「貯蓄をしない」という技を惜しみなく披露した。つまり、特にお祝いすることもないのに、友だちを豪華なディナーに招待した。あれはどう見ても無駄遣いだったけど、お金を使ってしまった言い訳はちゃんとたつことが多い。家の修繕とか、新学期に必要なものを買うとか、親戚を援助するための仕送りとか。こういうのは浪費じゃない。

だけど残念なことに、ブタの貯金箱の中から見たら、白黒ははっきりしている。お金が背中の穴から入ってくるか、入ってこないか、どちらかしかない。口座の残高は、理由とか言い訳には聞く耳を持たない。貯金箱を振って、中でどれだけ音がするか聞いてみるといい。チャリン、チャリン。コインは少ししかない。かすかに悲しい音がするだけだ。後悔が湧き起こる。最近、必要もないのに買ったものは何だろう。待てたはずなのに。

サニーの場合もそうだった。

僕はフィリピンのミンダナオ島北部の都市、ブトゥアンでサニーに会った。サニーには自宅をこうしたいという目標がいくつかあった。壁のしっくいを塗り直したかった。素敵なパティオを作りたかった。浴室を修理したかった。どの改装にも二〇〇ドルくらいかかる。

サニーは近所でいちばん貧しいということも、いちばんお金持ちということもなかった。だけど、二〇〇ドル持っていないのは確かだった。ただ、グリーンバンク・オブ・カラガに口座を持っていた。だからゴール目指してお金を貯めはじめた。一回に五ドルずつ預けるうちに、預金額はゆっくりだけど着実に増えていった。でも五〇ドル貯まったら必ず、何かが起きるみたいだった。別に天地がひっくりかえるようなことじゃない。あるときは子どもの服が必要になった。最新型のテレビを買おうと夫が大騒ぎしたこともある。で、どうなったか。預金を引き出して、サニーは振り出しに戻った。

ある日、何かが変わった。

グリーンバンクがやって来てサニーにＳＥＥＤ（Save Earn Enjoy Deposit の略）という新商品を勧めた。Ｓ

ＥＥＤは彼女が持っていた口座とよく似ていたけど、一つだけ違うところがあった。いくら貯めるという誓約（コミットメント）をする、というのが特徴で、自分で決めた目標額に達するまでお金をおろせない。

サニーは申し込んで、目標は二〇〇ドルに決めた。二〇〇ドル貯め、引き出し、すぐにまた申し込んだ。質的追跡調査で僕が彼女に会ったときは三回目の途中だった。以前はどうしてもそんなにたくさん貯めることはできなかった。

ＳＥＥＤはグリーンバンクにとってもサニーにとっても初めてだったけど、コミットメント貯蓄自体は古くからある仕組みだ。米国にはクリスマス・クラブ口座というのがあって、昔から人々が大きな目標に向かって少しずつ貯めるのを助けてきた。コミットメント貯蓄方式の特徴は、ある日付まで、またはある預金額に達するまで、預金を引き出せないことだ。

標準的な経済学の理論から見て驚くのは、実際にこういうものに申し込む人がいるということだ。標準的な見方の裏には、好きなときにお金をおろせるといったオプションがたくさんある方がいい、という考え方がある。ふつうの貯蓄口座だって引き出すよう強制されることはない。目標に向かって貯めるのも、そうしないのも、自由だ。自分の好きなようにできる。ところが、コミットメント方式で貯蓄している人は、引き出しというオプションを放棄している。それのどこがいいんだろう？

一つには、誘惑の声を黙らせてくれるということだ。僕たちと財布に呼びかけてくるすべてのものの喉元につかみかかってくれる。自分のお金が銀行の金庫室に鍵をかけてしまわれていたら、衝動買いはできない。これだけでもサニーの問題を解決するには十分だった。他の人にとってもそうだろうか？
ＳＥＥＤやその他のコミットメント貯蓄方式は、貧しい人たちの生活を良くするのに役立つんだろうか？

貧しい人たちに貯蓄をさせる

貧しい人たちのほとんどは、コミットメント貯蓄にしろそうでないにしろ、貯蓄口座を持っていないのが実情だ。常識的には簡単に説明できる。彼らが貯蓄できないのは、最後の一セントまで生活必需品に使ってしまうからだ（だって貧しいんだから）。

この理屈には何か魅力的なところがあるのは認める。すっきりとしていて直感的に正しいような気がする。でもそこから先へは行けない。貧困である限りどうしたってお金を貯めることができないというのなら、たとえ僕たちが、貧しい人たちが衝動を抑えたり、使ってしまいたい誘惑に抵抗したりするのに役立つ方法を見つけても、根本的な問題の解決にならない。差し迫ったニーズを満たしたら、やっぱり何も残らないだろう。だったら、彼らに貯蓄をさせるもっとうまい方法を探すのに時間や資金を浪費すべきでないことになる。

幸い、僕たちはこの理屈をうのみにする必要はない。現実の世界で試すことができる。

僕はＭＩＴで学んでいたときに、ハーヴァード大学ケネディスクール博士課程の学生だったメアリ・ケイ・グガティと知り合った。メアリ・ケイは、ケニアの女性が自制心の問題を克服するのに用いていたインフォーマルな貯蓄クラブについて学位論文を書いていた。僕も、貯蓄だけでなく人生のいろんな領域での誘惑についていろいろ考えていた。僕たちはハーヴァード大学の行動経済学者で自制について先駆的な研究をしているデイヴィッド・レイブソンと話しに行った。

僕たちは、彼の理論を確かめるにはどうすればいいかが分かるんじゃないかと期待して会いに行った。

だけど、話が終わったときにはずっと現実的な疑問が生まれていた。こういう理論をどういう風に使えば、人々の生活を向上させることができるのか？　具体的に言うと、誘惑の問題を解決するのに役立つ商品をデザインできるだろうか？

一週間後、メアリ・ケイと僕はもう一人の大学院生、ナヴァ・アシュラフと組んで、テストする商品と場所を探し始めた。僕たちは簡単な提案書を書きあげて、電子メールリストにばらまいた。誘惑と自制に関心がある人が大勢いることが分かった。何十もの返信が返ってきた。

ナヴァと僕はそのいくつかを検討するために、二〇〇二年八月にフィリピンに行った。農村銀行を支援する米国国際開発庁（ＵＳＡＩＤ）のマネジャーでマイクロファイナンスの権威、ジョン・オウェンズが、十いくつかのパートナー候補との会合を設定してくれた。忘れられない旅になった。理由は単純だ。ナヴァと僕は二人とも誘惑しか頭になかった。僕が誘惑について考えるのは毎朝、朝食のときだった。ナヴァが事もなげにヘルシーな果物とヨーグルトを選ぶのに対して、僕はフレンチトーストとバナナブレッドをやっとの思いでがまんしていた。彼女が誘惑について考えたのは服のことを話していたときだ。そのとき気づいたんだけど、僕は覚えている限り、シャツに一〇ドル以上払ったことはなかった（たいてい、西アフリカの絞り染めやろうけつ染めのシャツか、クルタというインドのゆったりした襟なしのシャツを着ている）。でもナヴァは、着るものに散財しないように自分でクレジットカードを隠しておかなければならなかった。

だから僕たちは、これからいっしょに仕事をするかもしれない銀行の人たちと会ったとき、大いに語ることができた。翌日にはグリーンバンク・オブ・カラガという強力なパートナーが決まった。のちに僕がグループ責任ローンと個人責任ローンの研究をいっしょにすることになる銀行だ。彼らは預金を増やす新しい方法を探しだしてテストすることに大乗り気だった。

ナヴァとウェスリー・イン（プリンストンの大学院生）と僕は、グリーンバンクとともにＳＥＥＤを考案した[3]。のちにサニーが自宅の改装をするのに役立つことになる貯蓄口座だ。その過程で、自制目的の商品に本当に効果があるのかどうかを確かめるＲＣＴを設計した。どういう人が申し込み、ＳＥＥＤが貯蓄全般にどういう影響を与えるのかが知りたかった。

まず、グリーンバンクの当時の顧客と過去の顧客八〇〇人について調査した。調査が終わったら、回答者を三つのグループにランダムに分けた。最初のグループの人たちにはグリーンバンクのスタッフが訪問して、貯蓄が重要だという話をしてＳＥＥＤの口座を作るよう勧誘した。第二のグループの人のところにもスタッフが訪れ、貯蓄について同じ話をしたけど、ＳＥＥＤの勧誘はしなかった。最後のグループの人たちには訪問も勧誘もしないで、対照群としてモニタリングした。

最初に行った調査で把握できたのは、一般的な個人の属性や家庭についての情報だけじゃない。質問の中には「時間選好」、つまり将来大きな利益を得るために現在の利益をあきらめようとする傾向を測定する質問もいくつか組み込んでいた。たとえば、「今日五ドルもらうのと一カ月後に六ドルもらうのでは、どちらかいいですか」とか「一カ月後に五ドルもらうのと、二カ月後に六ドルもらうのでは、どちらがいいですか」というような質問だ。時間と金額の設定をいろいろ変えて探ってみると、その人が今すぐ満足を得ることを好むのか、満足を先に延ばすのを好むのかが、かなりよく把握できる。平たく言えば、辛抱強いかどうかが分かる。たとえば、辛抱強くない人は一カ月後に六ドルもらうより、今すぐ五ドルもらう方を選ぶ。

時間設定によって選好が変わると、面白くなってくる。たとえば、今は辛抱強くないけど（一カ月後の六ドルより今日の五ドルを好む、ということだ）、将来は辛抱すると主張する（一カ月後の五ドルより二カ月後の六ドルを好む、ということ）人のことを考えてみよう。こういう人に覚えがあるはずだ。来週はきっと新しいエクササイズ法を始めると言うけど、今週その時間があったためしがない人たち。給料のうち退職用の貯蓄に回す額を増やそうとはいつも思っている、ただし来月から、という人たち。彼らは目標を定め、それを達成する方法も見つけているのに、取りかかる時が来たら言い訳を考えだす。自分がそういうタイプの人間だと分かっていたら、コミットメント方式で自分を縛って目標を達成するチャンスに飛びつくかもしれない。SEEDではまさにそうなった。

全体として、SEEDはヒットだった。勧誘を受けた人の四分の一以上が実際に口座を開いた。これが上々の反応に見えないなら、グリーンバンクが何を提供していたのか、よく考えてほしい。普通の貯蓄口座（誰でも自由に開設できる）と同じだけど、引き出しができるというオプションがない口座だ。そう考えると、二八パーセントもの人がオファーに応じたのは驚異的だ。お金を自由にできなくてもいいから鍵をかけてしまっておきたい、という人が二八パーセントもいたということなんだから。

こういう人が申し込むんじゃないか、という僕たちの予想も当たっていた。「今は辛抱強くないけど将来は辛抱強い」女性は、そうでない女性より、申し込む割合が五〇パーセントも高かった。だから、全体としてSEEDはそれを必要としている人に届いていた。

人々が申し込んでくるのを見て僕たちは喜んだけど、いちばん知りたいのはその効果だった。SEEDは本当に貯蓄をする助けになるんだろうか。一言で言えば、イエスだ。SEEDの口座をオファーするだけで、標準的な顧客の預金残高が六カ月で四七パーセント増えたことが分かった。一年たつと増加は八二パーセントにもなっていた。忘れないでほしいのは、これは口座のオファーを受けた人全員の預金残高の増減の平均だということだ。オファーを受け入れたかどうかは関係ない。実際に口座を開いた人だけを見ると、SEEDには三一八パーセントという驚異的な効果があった。SEEDの口座を実際に開くことになる顧客にオファーをするのは、その人の預金残高を四倍にも増やす効果があることが分かったわけだ！

SEEDの研究で分かったことは二つの理由で重要だ。第一に、サニーの経験が単なる例外じゃないことが確認できた。SEEDの口座は多くのグリーンバンクの顧客が貯蓄を増やすのに役立っていた。第二の理由にはもっと根本的な意味がある。貧しい人たちは正しいツールを与えられたら、所得全体が増えなくても、貯蓄を増やすことができるということを示すことによって、常識を突き崩した。これはおおいに勇気づけられる重要な成果だ。今ある資源でもっと人々の生活を向上させることができる、ということを示しているからだ。

行動を後押ししてあげればいいだけなのかもしれない。リチャード・セイラーとキャス・サンスティーンの、日常的な問題の行動的経済学による解決法についての本のタイトルにもなっている言葉を借りると、ほんの少しの「ナッジ」を与えるということだ[4]。

ホームでの闘いからのヒント

これまで、南インドの市場や、ケニアの奥地、碁盤の目のようなフィリピンの水田地帯で、何が起きているかを見てきた。でも、イリノイ州ディケーターではどうなんだ？　ニューヨーク市のクイーンズ区アストリア通りでは？　行動経済学の実践への応用は、先進国でもどちらかと言えばまだ始まったばかりだ。だから、ホームで少しずつ広がってきているナッジやコミットメントの仕組みを見ておくのは、アウェイで試してみる新しいアイデアを思いつくのに役立つかもしれない。それに、行動経済学的な解決策は豊かな環境にも貧しい環境にも適用できることが分かれば、そういう解決策こそ誰にでも共通する根本的な何か、貧困ラインの上か下かには関係のない何かに対する答えだという僕たちの主張が確かなものになる。

ホームでの闘いから得られた証拠はこの見方を裏づけている。こと貯蓄となると、金融に詳しい人でも経済学の教授（ギクッ！）でも、先入観や短絡思考から逃れられないことが分かった。行動経済学者のリチャード・セイラーとシュロモ・ベナルツィは、自分たちの仲間の学者も含めたほとんどの人が、退職貯蓄への拠出を、卓上式ロースターかなんかのように扱う傾向があることに気づいた。つまり、いったん設定したら後は忘れてしまう。従業員は、初めて会社に入って拠出額と投資プランを選んだら、あとはほったらかしにしておく傾向があった。永遠に。

伝統的な経済学の見地からは、これは不可解だ。人のニーズや資源は働いている間に変わるから、その間ずっと一つのプランが最適であるわけがない。だからこういう人たちは、知識はあるかもしれないけど、いちばんいい経済的決定をしていなかったことになる。それどころか、自分でもうまくいっていないと評価していた。調査では多くの人が、自分の毎月の拠出金の額と配分に満足していないと答えた。これは驚きだった。そもそもそういう設定を選んだのは彼ら自身で、いつでも自由に変えることができたんだから。

こういう失敗の原因は何だろう？　セイラーとベナルツィには、この章のはじめの方でも見た貯蓄をじゃます二つの行動要因が、ここでも悪さをしていることを察知した。それは、先延ばしと惰性だ。彼らはこういう障害のとらえ方を覆す「Save More Tomorrow（SMarT＝スマート）」というプランを考えだした。

スマートの加入者は、将来賃上げがあるたびに貯蓄を増やすことに、いま同意する。そうすると、給料の手取り額をまったく減らさずに貯蓄する金額が段階的に増える。賃上げがあるまで貯蓄する金額は増えないので、スマートに加入しても、いま痛みを感じることはない。先送りばかりしている人には、うまい話だ。プランは任意加入だから、加入者はいつでも自動増額をやめることができる。もちろん、やめるには自分から積極的に行動を起こさなければならない。だから加入者にとっては、惰性が貯蓄を妨げるのではなく、貯蓄を助けるように働く。

これは当たりそうな気がしたので、セイラーとベナルツィは、スマートを導入して従業員の貯蓄の変化を追跡することに同意した企業とパートナーを組んだ(5)。導入はこういう風に行われた。まず、会社の退職貯蓄プランに加入する資格があるすべての従業員に、無料で金融コンサルタントと面談する機会を提供した。面談を受けた人にはコンサルタントがどれくらいの貯蓄率が望ましいかを計算し、そのために今どれくらい毎月の貯蓄額を増やせばいいのかを推奨した。コンサルタントに相談した人の二八パーセントは、推奨を受け入れた。それ以外の人にはスマート・プランを勧めた。すると七八パーセントもの人が加入した。四回賃上げがあった後の結果は驚きだった。スマートに加入した人の八〇パーセントはまだ加入していて、加入者の貯蓄率はコンサルタントの推奨を受け入れた人の貯蓄率より五五パーセントも高くなっていた。

最初の導入以来、スマートは広まった。アメリカ最大規模の退職貯蓄プラン運営者のフィデリティ・インベストメンツとヴァンガードも、今ではこういうプランの一つの形を法人顧客に提供している。その結果、何百万人もの社員がスマートに同意して加入している。

スマートがこんなに強力なツールである理由の一つは、望ましい行動をするように自分で自分を縛ることができるようにしたことだ（あまりきつくなく。いつでもやめることができる）。スマートに入っていないと、良い行動（たとえば退職貯蓄の拠出率を増やすこと）は悪い行動よりコストがかかる。人事部へ行って、書類に記入しなくちゃならない。いったん加入したら、形勢が逆転する。良い行動はただで、悪い行動（たとえば退職貯蓄の拠出率を据え置きにしたり減らしたりすること）は時間がかかる選択肢になる。

僕たちの生活で貯蓄以外でも物事の相対的な代価を変える方法があればどうだろう？

この問題が頭にあったので、僕はスティック・ドット・コム（stickK.com）というウェブサイトを作った。誰でも自分の好きな目標を達成するためのコミットメント契約をすることができるサイトだ。スティック・ドット・コムのユーザーは、達成目標、賭けるもの、成功（または失敗）を証明してくれる人を決める。こうしてお金を賭けることで、良い行動と悪い行動の相対的な代価を直接変えることができる（友人や家族に成功や失敗を自動的に知らせるという約束にして、自分の評判を賭けることもできる）。たとえば、あなたが少なくとも週一回、ジムで運動したいとすると、スティック・ドット・コムの契約で、一週間に一度もジムに行かなかったら一〇〇ドル払う、というように自分に罰金を科すことができる。

賭けたお金の受取人を誰にするかを考えると、もっと手が込んだ筋書きになる。スティック・ドット・コムの契約をするとき、一〇〇ドルの受取人を特定の人や慈善団体にすることができるけど、「アンチ・チャリティー」というのでもいい。本当は支援したくない慈善団体を選ぶわけだ。ジムに行かなかったら、たとえばユニセフじゃなくてビル・クリントン大統領図書館かジョージ・W・ブッシュ大統領図書館に小切手が送られるとなると、もっとがんばって行くんじゃないか？　僕はそう思う。他にも反対の立場のアンチ・チャリティーの組み合わせとしては、全米ライフル協会と銃暴力抑制教育基金、ネイチャー・コンサーバンシー〔環境保護団体〕とナショナル・センター・フォー・パブリック・ポリシー・リサーチ〔保守系シンクタンク〕、アメリカンズ・ユナイティッド・フォー・ライフ〔中絶反対派の団体・公益弁護士事務所〕とNARALプロ・チョイス・アメリカ〔中絶賛成派の団体〕などが考えられる。イギリスの人たちのために、スティック・ドット・コムはサッカーの永遠のライバル同士、アーセナルとチェルシー、そしてリバプールとマンチェスター・ユナイテッド双方のファンクラブを寄付先として用意している。

見てると、とても面白い。多いのは減量、運動、禁煙の契約だけど、インターネットは人の創造的な部分を引きだすのが得意だ。指先で触れるだけでいいインセンティブのおかげで、人々は思いもよらなかったような方法でスティック・ドット・コムを使って成功している。いくつかの「特注」の目標は一見に値する。

・二週間、彼に電話しない。
・もう負け犬とはつきあわない。
・もうポルノは見ない。
・午後の五ドルのラテをやめる。
・髪を切らない。
・ガムを窓の外じゃなくゴミ箱に吐き出す。

少し長いのもある。説明つきだ。

・平日は毎朝八時までに会社に着けるように（目標、七時半）、六時半までに起きてベッドから出る。八時には私が出勤したことが分かるように、レフェリーに毎日メールする。シャワーは五分以内で済ませることを約束する。
・今のポンコツを新しい車に買い替える。マニュアル車で、今年の年末までに必ず買う。
・フィラデルフィアのスポーツチームがボロ負けしても、汚い言葉を使わない。ケイティーがいるところでは……。
・ポルノは有害で非健康的であり、セックスと恋愛について僕の観念を堕落させる。偏執的・強迫観念的になり、不健康なストレスの発散方法になる恐れもある。ポルノを見ていると、本来の女性らしさに価値を見出す代わりに、良くないタイプの女性や、間違った種類のいわゆる肉体的「親密さ」が当たり前になってくる。したがって僕は、ポルノを見るのは一週間に一回だけにすると約束する。［筆者注　出だしの厳しい口調から、この契約はポルノをきっぱりやめるという方向に向かうのかと思った！］

もっとやさしいナッジ

ＳＥＥＤもそうだけど、スティック・ドット・コムにもかなり厳しいところがある。実際にお金が賭かっているかもしれないし、お金は誘惑に直面したときの僕たちの選択を決定づける強力なツールだ。これは理屈が通っている。たとえば、ジムに行こうかどうか迷っているとき、一〇〇ドル失うかもしれない（または、怠けたことを友だちに知らせなくちゃならない）と思うだけでも、たぶん正しい方向に踏み出せるんじゃないだろうか。でも問題がある。そんなに厳しくなかったら、どれくらい効果があるだろう？　問題が僕たちの弱さじゃなく、忘れっぽさだとしたら？　だから、本当に一〇〇ドル失うことより、そう考えることに解決のカギがあるとしたら？　もしそうなら、自分の注意力をうまく管理するだけで行動が変わるかもしれない。最終的に、一〇〇ドルも失わずに済むかもしれない。

これは、途上国で直接試してみることができるアイデアだ。貧しい人たちは制限の多いコミットメント口座（SEEDのような）の痛みがなくても行動を改善することができるのかもしれない。タイミング良く貯蓄のことを思い出すことができたら、それだけでもっと貯蓄しようとするかもしれない。それまでよりも大幅に多く。

マギー・マコネル（ハーヴァードのポスドクで、ペルーのIPAの元研究助手）とセンディル・ムライナタンとジョナサン・ジンマンと僕は、ボリビア、ペルー、フィリピンの三カ国でこの仮説をテストするためのRCTを設計した(6)。実験をいろんな状況で再現するのは、いつも浮かんでくる「外的妥当性」の問題、つまり、ある国または場所でのプロジェクトの結果が別のところに適用できるかどうかを探るのに役立つ。本当に知りたかったら、アイデアをいくつかの異なる環境でテストすること！　どういうときに有効で、どういうときに有効でないか、成功を後押しする要因は何かを探り当てなくちゃならない。この原則がIPAを創設した大きな動機の一つだった。そして僕たちはまさにこの理由で、複数の場所でいくつかの介入をテストしている。

三つの実験地では、「目標」貯蓄口座を開いたばかりで、一年間毎月貯蓄するつもりの顧客を対象にした。ランダムに選んだ一部の人が、その目標に向けたナッジを受け取るようにした。これ以上ないくらい簡単なナッジ、つまり一カ月に一度、貯蓄することを思い出させるだけだ。フィリピンとボリビアでは、携帯電話でメッセージを送った。ペルーでは携帯電話がそんなに普及していないので、郵便でメッセージを送った。

ペルーでは、いいアイデアだと思ったあることも試してみた。顧客がお金を預け入れるたびにジグソーパズルのピースを一つずつあげる。一二回預け入れたら、貯蓄の目的の車や家、卒業式の学生などの絵が完成する。お金を預けるという単純な行為は抽象的すぎるような気がした。だからジグソーパズルのピースをわたすことで、彼らの目標がぐっと強調され、お金を預ける気にさせるもう一つのインセンティブになるんじゃないかと考えた。このアイデアを誰に話してもいい反応が返ってくるので、僕たちは大いに意気込んだ。最初のころの結果も良かったものだから、よけいに期待は高まった。

でも、ジグソーパズルは効果がなかった。貯蓄も増えず、目標達成率も上がらなかった。どこで間違ったんだろう？　もしかするとタイミングが悪かったのかもしれない。ピースを受け取るというのは重要な意味を持つ出来事なのに、それはお金を預けた後で起きていた。そのときはもう将来の目標のことなんか考えていなかった。そういう注意喚起の問題なら、貯蓄の意義をだめ押しするのは、預金をしたご褒美としてではなく、予定の預け入れ時期の前に行う必要がある。

幸いなことに、貯蓄のことを思い出させるちょっとしたメッセージは効果があった。総貯蓄額は六パーセント増え、貯蓄目標を達成する人の割合も六パーセント増えた[7]。ランダムに選んだ一部の貯蓄者には、それぞれの目標に触れたメッセージを送った（それ以外の人には漠然と貯蓄に触れただけのもの）。すると効果はもっと大きかった。

銀行がこういうメッセージを一つ送るのには、ほんのわずかのコストしかかからなかった。ただのようなものだ。

ただ同然というのも素晴らしいけど、正真正銘のただなら？　もう一つのナッジを見てみよう。テキストメッセージを送るより簡単で、おまけに安いにもかかわらず、人々の行動を大きく変えるナッジだ。

これはアメリカのど真ん中での話だ。税務サービス大手、H&Rブロックのセントルイスの確定申告書類作成オフィスで起きたことだ。

二〇〇五年、経済学者のエステル・デュフロ、ウィリアム・ゲイル、ジェフリー・リーブマン、ピーター・オルザグ、エマニュエル・サエスは[8]、H&Rブロックと組んで、個人退職金口座（IRA）に拠出するとそれに応じた金額をH&Rブロックが一度だけ拠出する（マッチング拠出）というオファーが退職貯蓄への行動にどういう影響を与えるかを調査した。予想どおり、貯蓄額に対するマッチング拠出の比率が大きいほど（たとえば二〇パーセントのときより五〇パーセントのとき）、貯蓄者からの拠出が増えた。でも、彼らは奇妙なことにも気づいた。

税法には、連邦税貯蓄者税額控除という制度がすでにあった。経済的には、彼らが研究していたIRAへのマッチング拠出と同じような効果がある。マッチング拠出は、自分が貯蓄した金額にその一定割合を誰かが上乗せしてくれるという形だけど、税額控除は貯蓄額に応じた一定の金額が課税額から払い戻されるという形だ。最終的に自分が出す金額は同じになるので、彼らは人々の反応の違いに驚いた。経済効果が同じでも、マッチング額を増やしたときの方が、払い戻し額を増やしたときよりはるかに貯蓄が増えた。

エマニュエル・サエスは、その理由を探るために二〇〇六年にセントルイスに戻った。もう一度H&Rブロックと組んで、退職貯蓄についてのRCTを設計した[9]。でも前回とは違う形にした。最初の研究は、主にさまざまな経済的インセンティブ（つまり、いろんな水準のマッチング拠出）への反応を見ることが目的だったけど、今度の研究ではインセンティブは一つだけで、それを提示する仕方だけを変えた。

確定申告をする人の一部にIRAへの五〇パーセントのマッチング拠出、他の人たちには、それと同じ効果がある払い戻しを提供した。二〇〇五年の研究では、連邦税貯蓄者税額控除は複雑怪奇で読む気がうせるような税法の奥深くに埋もれていた。申告者が気づかなくても仕方ないかもしれない。でも今度は、分かりやすく示した。すべてのオファーは単刀直入で透明だった。なのに、結果は同じようなものだった。拠出をしたのは、払い戻しをオファーされた人の六パーセント、特別オファーを受けなかった人の三パーセントに対して、マッチングをオファーされた人では一〇パーセントだった。

たとえば慈善団体に寄付する場合でも、控除や払い戻しより、同じ効果があるマッチング拠出の方が本人の拠出を増やすのに効果があることが次々に証明されてきているが、サエスの二〇〇六年の研究の結果もこれに当てはまる。このことを知っていると、苦労せずにより良い商品や政策を作れる機会が見つかる。考えてもみてほしい。払い戻しをマッチング拠出と表現するのには一セントもかからないけど、それだけで加入者が六割以上も増える可能性があるんだ！

些細なことで素晴らしい結果が出るのがこんなにワクワクする理由の一つはこれだ。ゼロからやり直さなくても、もっといいやり方を教えてくれるんだから。僕たちは、人間の非合理性を逆手にとって生活を向上させようとしている。

第8章　耕す――ゼロから何かを作りだす

農業とは育てること、何もない（または、わずかしかない）ところから何かを作ることだ。ところが、悲しいことに、何かから何も作りだしていない農民が多いのが経済の現実だ。古いジョークがある。ある農民がカンザス州営宝くじに当たり、地元紙の記者が訪ねてくる。記者は、その農民が賞金で何をするつもりなのか知りたくて、質問する。「高級車を買うんですか？　もっと大きな家を建てますか？　仕事をやめてマイアミへ引っ越しますか？」農民はちょっと考えてこう答える。「いや、文無しになるまで、百姓を続けるよ」

うまいジョークのつねとして、これにもわずかな真実がある。お金を失っている農民がとても多い。アメリカではたいてい、ハイブリッド種子や肥料、パイプ式灌漑設備、完璧な道路、機械化された設備、先物契約、簡単にアクセスできる輸出市場などの恩恵があるのに、多くの農民はぎりぎりのところでもがいている。じゃあ、途上国の農民はどうしているんだろう。がたが来た時代物の道具を使って、祖父母が耕していた土地を、たいてい祖父母と同じ方法で耕している。アメリカの農民と同じように夜明けとともに畑へ歩いて出ていくけど、肥料散布器じゃなく牛フンを積んだ手押し車を押している。トラクターのキーじゃなく木の鍬をかついでいる。多くの農民の側を富がすり抜けていくのも不思議じゃない。

貧困の全体像のなかで、農業は無視するにはあまりに大きな領域だ。世界中の貧しい人たちのうち、農民は一〇億人を大きく上回る(1)。他の問題に関心を向けたくなるのは、途上国の農業をめぐる課題があまりにも数が多く、あまりにも多様で、あまりにも複雑に絡み合っているため、すべてが解きほぐすことのできない結び目のように見えるからだろう。

これからそれを解きほぐしていこう。第一の問題は、貧しくても豊かでも、農民の誰もが直面する環境からの脅威だ。旱魃や洪水、虫害、作物の病気などだ。次は、設備と栽培法の両面で技術が不足していることだ。旱魃や病気に強い種子や強力な肥料を使わなかったり、土壌を化学的に分析して作物を選ばなかったり、進んだ灌漑・排水設備がなかったりすると、気候不順や害虫が発生したときに収穫を失う恐れが高まる。最後は構造的な課題だ。収益が大きい市場についての情報やアクセスが限られていたり、商品価格が上下したり、農産物の輸送・貯蔵コストが高かったりすると、十分に収穫できる農民でも打撃を受ける。

こういう障害が重なりあって、途上国の農業についてのある事実が生まれている。分かり切ったことだけど、農業というのは骨の折れる仕事だということだ。

ドラムネット――できることは何でもやってみる

貧しい農園に絡みついている問題の解決に、援助組織や政策立案者が乗り出したら、農民が自分たちで取り組むよりずっとうまくいくかといえば、それほどでもない。でも成功しているケースはいくつかあった。

その一つに、たくさんの課題に一度に取り組む総合的なサービスを提供するというやり方がある。実際にどうするかというと、農民に研修をしたり、農業投入物用のローンを提供したりするだけじゃなく、もっと踏み込んだことをする。場合によっては、新しい栽培方法やまったく新しい作物を取り入れるようナッジを与えることもする。

ドラムネット（DrumNet）というケニア中部で実施された総合的な農業開発プログラムがやったのがこれだ。ドラムネットは、米国に本拠を置くマイクロファイナンスと農業の非営利組織で、東アフリカ一帯で二〇万人ほどの顧客にサービスを提供しているプライド・アフリカ（PRIDE AFRICA）が考えだしたものだ。この地域での経験が豊かなプライド・アフリカは、ケニアの農民に役に立つ地域に即した情報を提供できるようになっていた。意外なことに、提供された情報のうちいちばん価値があったのは、ヨーロッパ人はサヤインゲンとベビーコーンに目がないということだった。

二〇〇三年にドラムネットが参入したとき、ケニアでは多くの小規模農民が、トウモロコシ、ジャガイモ、ケール、バナナなどの、自分たちで食べたり地元で売ったりできる作物を育てていた。ヨーロッパには豊かな輸出市場があることを知っている人もいたけど、海外で売ろうとする人にはいくつもの障害があった。

第一の問題は、情報だった。ケニア山の山麓、キリニャガ県のギチュグ地区の農村に住む農民は、まったく世情に疎かった。何十種類もの作物が、世界の市場では今いくらで取り引きされているのか知る方法がなかった。二番目の問題は信頼だった。輸出業者はそもそも数が少なく、彼らとの関係は相互不信に満ちていた。農民は、輸出業者が農産物に好きなように低い等級をつけるんじゃないか、何とかして代金をごまかそうとするんじゃないか、と疑っていた。業者は業者で、農民といったん価格で合意しても、後になってその値では売らないと言いだすんじゃないかとか、売りものになるような作物ができないんじゃないかと疑っていた。三番目は、信用制約の問題だった。規制が厳しいヨーロッパ市場に輸出するには、通常の農業投入物のほかに認証や等級づけの費用も払わなくてはならない。融資が受けられないと、ほとんどの農民はこういう余分の投資に手が届かなかった。輸出への最後の障害は、輸送だった。農場から港まで農産物を運ぶトラックを手配して料金を支払わなければならない。

プライド・アフリカは、こういういろんな障害が紐のようにより合わさって一本のロープとなり農民の手を縛っていると考え、そういう紐を全部一度に断ち切ろうとしてドラムネットを考案した。プログラムは参加者が輸出に移行するのを各段階で支援する。栽培方法やヨーロッパの農産物規格について研修をしたり、輸出業者と連絡をとったり、貯蓄口座を開設したり、農業投入物を現物ローンで提供したりする。ドラムネットは非営利だけど、経費を賄えるだけの収益をあげて「持続可能」になることを狙っていた。

プログラムがこんなに多面的で充実していると、そのいろんな影響を明らかにするのは難しい（そしてエキサイティングな）注文だった。動いている部品が多すぎて、それぞれの部品の働きがなかなか見えない。でも、とにかくできることは何でもやってみるのがいいときもある。全体がうまくいくかどうかを見て、それからそれぞれの構成要素をクローズアップしてその価値を見極める。二〇〇四年四月に、ナヴァ・アシュラフ（前の章で見たSEEDコミットメント貯蓄のプロジェクトに参加していた）、チャビエル・ジネ（第6章でとりあげたフィリピンのグループ責任プロジェクトに参加していた）と僕は、そのためにプライド・アフリカと組んで、ドラムネットをRCTで評価した。(2)

プログラムが動きだすと、ギチュグ地区の畑の畝にいろんな芽が顔を出しはじめた。前のシーズンにはトウモロコシとケールばかりだったところにサヤインゲンとベビーコーンが混じってきた。農民はドラムネットの総合サービスが提供するチャンスに喜んで応じていた。ドラムネットに加入する機会を与えられた人たちは、対照群の人たちより輸入向け作物を栽培する可能性が五〇パーセント近く高かった。

面白いことに、プログラムが始まったときにすでに輸出用の農産物を栽培していた人たちは、ドラムネットに加入しても、現状を維持する傾向があった。輸出用の作物を栽培する耕地を増やすことはなかった。サヤインゲンとベビーコーンの生産量の増加分のほとんどは、プログラムに参加した結果、自給用または地元向けの換金作物から輸出用の作物に転換した農民によるものだった。ことわざに言うように、運命の女神は勇気ある者に味方した。その年の終わりまでに、耕作転換した人の世帯所得は、対照群の人の所得と比べて、三割強増えていた。

いちばんいい組み合わせで農業を改善する

ドラムネットは順調で、ケニアの人たちのポケットにお金をもたらし、ヨーロッパの人たちのお皿に野菜を届けていた。まるで貨物列車と正面衝突するような経済的事態が起きるまでは。詳しいことは後で説明するけど、この衝突ですべてがめちゃくちゃになり、やる気がくじかれた。でもその列車事故を検証する前に、プログラムがうまくいった部分を見てみよう。プログラムはケニアの農民が直面していた特有の問題に、有望な（少なくとも最初はうまくいった）解決策を生み出した。最初うまくいったのは偶然じゃない。慎重な計画と現地についての豊富な知識の賜物だった。プライド・アフリカは、それまでにこの地域で経験したことから、農民が情報不足で、輸出業者との関係が弱く、財政状態が苦しいことを知っていた。実際に手を汚す仕事もしていた。ギチュグ地区の土壌を理解し、サヤインゲンとベビーコーンがよく育つはずだということを知っていた。

ドラムネットがケニアの他のどこか、たとえば沿岸の標高の低い熱帯平地や、北部の乾燥地帯、またはケニア山の反対側で始まっていたら、いろんな状況からぜんぜん違うプログラムになっていたかもしれない。そこの農民が同じような経済的障害に立ち向かっていたとしても、そこの土壌ではサヤインゲンやベビーコーンは栽培できなかったかもしれない。プライド・アフリカは、別の作物を勧めていたかもしれない。

要するに、農業では何が有効かは状況によって異なる部分が大きいから、何を栽培するか、またはどう栽培するかというような、一つの技術的な処方を推進するのが誰にでも役立つことはあり得ない。でも、人は試すのをやめない。ギチュグ地区の農民がケニア農業省の農業普及員と会っていたら、このことを身をもって学んでいたかもしれない。農業省は国中の農民一人ひとりに勧める計画を用意していた。栽培地に応じて、肥料の使い方と種子の種類を組み合わせた二四の栽培法のうちの一つを推奨するのだ。

ギチュグから西へ四〇〇キロ、ウガンダ国境沿いのブシア県のトウモロコシ畑では、推奨されていた正式の栽培法によると、ハイブリッド種子と二種類の肥料を使うことになっていた。一つは作付けのときの元肥、もう一つは苗が膝くらいの高さになったときの追肥として施す。農業省は、農業試験場で得られた証拠に基づいて栽培法を推奨していたので、自信を持っていた。残念ながら、実際の農民の畑が農業省の試験区画みたいだとは限らない。土壌成分も水も日照時間もみな違う。その違いはかなりあるので、必ずしも農民が農業省の実験と同じような高い収量を得られるわけではなかった。

政府のガイドラインに従う農民があまりいなかったのはそのせいかもしれない。エステル・デュフロとマイケル・クレーマーとジョナサン・ロビンソンが二〇〇〇年に行ったブシアのトウモロコシ農民の研究では、前の年に少しでも肥料を使った農民は四人に一人以下、ハイブリッド種子を使っていた人はもっと少ないことが分かった。なんでそんなに多くの人が農業省の推奨を無視していたんだろう？ ガイドラインのことを聞いたことがなかったんだろうか？ それとも頭が悪いだけなのか？ 研究者たちは農民たちに「疑わしきは罰せず」の原則を適用することにした。たぶん彼らは、農業省が知らない何かを知っていたんだろう。ブシアの農民にとって、政府のアドバイスに従う方が間違いだったのかもしれない。

デュフロとクレーマーとロビンソンは、それを探るための簡単なRCTを設計することにした。(3) 数百人のトウモロコシ農民をランダムに選んで、彼らと協力してそれぞれの畑の中に約五メートル四方の三つの区画を隣り合わせて作った。その後、六回の栽培期間の間に、農業省の推奨レシピも含め、種子と肥料の量をいろいろに組み合わせて試してみた。実験は二つの区画で行い、三つ目の区画は必ず比較のために残した。シーズンが終わったら、それぞれの区画の収量を測った。すべてのデータが出そろったら、種子と肥料と作物収量の関係がかなりはっきりと浮かびあがった。

農業省の言うとおり、質の高い種子を使って肥料をたくさん使うと、収量は増えた。そのことは農民も知っていた。そこで研究者はもう一歩踏み込んで、最終生産物の販売価格から投入物のコストを差し引いて、それぞれの組み合わせの純利益を算出した。すると、農民が肥料についてああいう選択をしたのがずっと理にかなっていたことがわかってきた。農業省の推奨パッケージは確かにいちばん収量が多かったけど、投入物のコストが高すぎた。差し引きすると、年間では肥料に投資した分の五〇パーセントに相当する損失だった。農民にとって肥料はいちばん大きな出費ではないので、比較的小さな数字の五〇パーセントを失うことが、そんなに大きな打撃になるとは限らない。かといって、いいことではないのは確かだ。

つまり、農業省は正しく理解していなかった。だけど、それは農民も同じだった。たいていは、肥料の使い方が（政府の推奨に従って）多すぎるか、少なすぎた。

研究者たちの実験で、その中間に利益が大きいポイントがあることが分かった。作物一株当たり追肥を小さじ半杯与えると、比較用の区画に比べて五割近くも収量が増えること、そして何よりも、ビジネスとしてうまくいくことが分かった（農業省の推奨は、一株当たり小さじ一杯の追肥と作付け時の元肥、それにハイブリッド種子を使うことだった）。小さじ半杯の栽培法に従った農民は、肥料への投資に対して、年間五二－八五パーセントのリターンを得ることができた。さっきも言ったように、肥料が農業経営の全コストに占める割合は小さいことに注意することは重要だけど、投資に対する年間リターンとしては非常に大きい（ちなみに、これは過去八〇年間でアメリカの株式市場がいちばん良かった年を少し上回る数字だ）。

農民も人間だ

多くの農民は、こんなに大きな利益を得る可能性にまるで関心がないように、相変わらず肥料をほとんどかまったく使わない昔ながらの方法で畑を耕していた。研究者たちは、これほど大勢の人がもっとお金を儲けるチャンスを断っているのには、何か理由があるはずだと考えた。なぜ肥料は普及しなかったんだろう？　彼らは標準的ないろんな経済モデルを探しだして、リスク回避とリターンの変動で説明しようとしたけど、データはかみ合わなかった。論文の最後の収益性の実験についてのパラグラフをこう締めくくっている。「生産に関する意思決定（たとえば、肥料の使用量）に、完全に合理的ではない行動が役割を果たしているのかもしれない」

たぶん完全に合理的ではないけれど、実に人間的な行動だ。研究者が言いたいのは、ケニアの農民も僕たちのほとんどと同じで、イーコンのようには行動しないということだ。僕たちと同じように、彼らの思考プロセスもいろんな抜け道や先入観やフィルターの影響を受けやすい。

行動経済学は、僕たちがこういう奇妙な行動をとるとき本当はどんなことが起きているのかを教えてくれる。僕たちはその教訓を農民のために役立てることができる。あなたは、たぶんブシアのトウモロコシ農民じゃないけど、これから見ていくこういう奇妙な行動は豊かな人にも貧しい人にも見られるということには同意してくれるだろう。ケニアではそういう行動の代償がとても大きくなる。理由は、貧しい人たちには失敗をする余裕がほとんどないということに尽きる。

情報の洪水――惰性と現状維持

想像してみよう。あなたは泥壁の家の中で低い木の腰掛に座っている。だんだん目が慣れてくる。でも薄暗くてよく見えない。外から差し込む真昼の太陽の強烈な光が、壁にくり抜かれた窓をそこだけまぶしい白い四角形に見せている。そよとも動かない暑さ。次に考えてほしい。もうすぐ作付けの時期だ。今度のシーズンは何を植えようか？　トウモロコシ、モロコシ、シコクビエ、大豆、それともキャッサバか？　それぞれをどれくらいずつ、畑のどこに植える？　肥料はどの店から、どういう種類を、どれくらい買わなくちゃならないだろうか？

選択肢の多さは、気が遠くなるほどだ。すべての選択肢がいっせいに声を張りあげ、自分を主張するから、どれ一つとしてはっきりと聞き取れない。一方、情報はあっちからもこっちからも入ってくる。

お隣さんが作っているものが見えるし、それを選んだ理由を尋ねることもできる。自分がこの数年何を植えて、どういう結果になったかも分かっている。農業普及員が訪ねてきたかもしれない。

情報があふれているとき、浮かび上がってくるのは何だろう？　選択肢や針路が多すぎると、皮肉なことに僕たちは結局何も選ばないことがある。第3章で見たアメリカの食料品店の買い物客が、あまりにもたくさんの珍しいジャムを突きつけられたときがそうだった。彼らはジャムを買うのをやめてしまった。

アメリカの買い物客はジャムを買わずに家へ帰ってもかまわない。でも、ケニアの農民はどんなに選択肢に圧倒されても、ふつうは栽培するものを何か決めなければならない。彼らにとって何も選択しないということは、たいていの場合、何も変えず、相も変わらず同じことを繰り返すことを意味する。

これが、行動経済学でいちばん広く観察されている現象の一つである「惰性」、つまり現状維持が持つ抗《あらが》いがたい力を理解するヒントになる。僕たちは人が新しいチャンスを見送って慣れ親しんだものを選ぶのをいやというほど見る。薄暗い泥壁の小屋で何を植えようかとあれこれ考えている農夫は、たぶん前のシーズンに植えたのと同じ作物を栽培するだろう。それも、両親や祖父母がやっていた通りの方法で。その理由の一つが、惰性だ。

いつも通りのことをしようとする傾向は誰にでもあり、本能的なものだ。これは理性では説明がつかないところから生まれる。カリフォルニアのある電力会社がどういうサービスを提供するかを決めるために顧客調査をした。そのころ、インフラが整っている地域ではほとんど停電がなかった。インフラが悪い地域ではときどき停電があったけど、顧客が払う電気料金は約三〇パーセント安かった。会社は悪い地域のインフラの改善を検討していて、サービスが向上したら顧客はもっと高い料金を払ってもいいと思うかどうかが知りたかった。

会社は顧客に調査票を送り、価格とサービスの質の六つの組み合わせを、いいと思う順に選んでもらった（六つの中には、実際に良い地域と悪い地域で提供されている価格とサービスの組み合わせも入っていた）。結果を集計すると、いちばんいいと思う組み合わせはまちまちだったけど、ほとんどの人は明らかに現状維持を好んでいることが分かった。良い地域でも悪い地域でも、約六〇パーセントの人が自分の今の価格／サービスの組み合わせを最も高く評価していた。(4)

こういう現象を列挙してくれた経済学者には感謝しなくちゃならないけど、前の章で見たとおり、彼らだってこういう現象と無縁ではない。スマート退職プランを考案したシュロモ・ベナルツィとリチャード・セイラーが数百人の教授の退職口座の動きを追跡調査すると、彼らにも現状維持の引力が強く働いていることが分かった。(5) 時間とともに変化するニーズに合わせて投資ポートフォリオを調整しているはずの人といえば、それは経済学者だ。でも、教授たちは最初に投資配分を決めたら、ずっとそのままにしておく傾向があった。高度な知識や微調整なんて知ったことか。彼らの調査から浮かび上がる平均的な教授が生涯に退職ポートフォリオを変えた回数は、ゼロだった！　なんともすごい惰性じゃないか？

目立つもの――親近効果と利用可能性

僕たちには慣れ親しんだことをしようとする傾向があるから、何であれ変化にはあまり勝ち目がなさそうだ。でも誰でも、少なくとも時々は、惰性の縛りを断ち切って新しい領域に自由に足を踏み入れようとする。ところがそういうときでも、僕たちは奇妙な行動の癖を持ちこむ。薄暗い泥壁の小屋の農夫を思い出してほしい。彼が今度の作付けの時期に、何か違うこと、何か前よりいいことをしようと決心するとしよう。彼は何を変えるかを、どうやって決めるだろうか？

もし彼が僕たちのほとんどと同じような人だったら、計算機のスイッチを入れたり、作物収量についての最新の保険数理表を探しに飛び出したりはしないだろう。垣根の向こうの隣人の畑を見たり、去年いとこがモロコシを栽培しようとしてどうなったかを思い出したりするだろう。伝統的な経済学モデルが、選択は選択肢を一つひとつ冷静に吟味して、システマティックに行うべきだと言い張っても、僕たちは物事をエピソードで考える。空間と時間と経験を軸にして広がる全体像がいつも見えているとは限らない。具体的な例に目が行く。身近なところで最近起きた特異な出来事が僕たちの頭の中で大きく目立ち、意思決定に必要以上の重みを持つ。

この現象の典型的な例として、大地震が起きた直後に地震保険の販売が急増することが挙げられる(6)。現実には一つの地震が起きた後、自宅が地震で破壊される確率が上がるわけじゃないけど、グラッときたらみんな大あわてで保険代理店に走る理由は、簡単に想像がつく。六時のニュースで倒壊した立体交差路や崩れ落ちた建物の生々しいイメージが大量に流されると、統計的には地震の確率がきわめて小さいことなんか、たちまちかすんでしまう。実際に目撃したら、効果はもっと強烈だ。にわかに、あの保険契約がかなりいい取引に見えてくる。

行動経済学のパイオニア、ダニエル・カーネマンとエイモス・トヴェルスキーは、とても簡潔で巧みな実験室での実験を使って、具体的で突出した例が、ある出来事の起こりやすさについての僕たちの判断をいかにねじ曲げてしまうかを示した(7)。被験者をランダムに二つのグループに分けて、簡単な質問に答えてもらった。

グループAの人には「小説四ページ（約二〇〇〇語）には、七文字でできていて、ingで終わる単語がどれくらい出てくると思いますか」と質問した。

グループBの人には「小説四ページ（約二〇〇〇語）には、七文字でできていて、六番目の文字がnの単語がどれくらい出てくると思いますか」と質問した。

グループAの人の答えの平均は一三・四、グループBの人の答えの平均は四・七だった。グループBの被験者の答えがこんなに低いのは奇妙だった。Bで求められている数は、二つの数の大きい方じゃなければならない。いけないことは、ちょっと考えれば分かるからだ。つまり、七文字の単語で六番目の文字がnのものには、少なくともingで終わる七文字の単語すべてとそれ以外の多くの単語が含まれる。ここでも、例で考えるから間違える。四文字の動詞を思い出して接尾辞を付ければいいんだから、ingで終わる七文字の単語を作るのは簡単だ。でも、「七文字でできていて六番目の文字がn」と聞くと、すぐにはその戦略を思いつかない。代わりに、最後から二番目の文字がnの単語を探そうとする。たとえばharmonyとかlasagnaだ（とにかく僕が思いついたのはこれだ）。こういうのにはなかなかお目にかからないから、過小評価してしまう。

奇妙な行動の癖を良いことに使う

行動経済学は、僕たちの選択を説明するだけじゃなく、より良い選択をするために使うようになると、面白くなる。前の章で紹介したスマート、スティック・ドット・コム、SEEDなどのイノベーションはみな、それが動機だった。僕たちは完全には程遠い。でも、へまをしやすいところが分かれば、僕たちの先回りをしてくれるツールを作ることもできる。

ブシアの話に戻ろう。エステル・デュフロとマイケル・クレーマーとジョナサン・ロビンソンは、ケニアの農民の行動に首をひねっていた。やることなすこと、へまばかりに見えたからだ。研究者たちの実験畑を見るとはっきりしていた。農民たちは畑にもっと肥料を使ったらもっと儲けることができるはずだ。でも、標準的な経済学のアプローチでは、解決法はもちろん、うまくいかない原因さえ特定できなかった。農民たちは肥料のことを知っていたし、どこで売っているかも知っていたから、教育や情報の問題じゃなかった。肥料は一年中、好きな量だけ買えたから、保存の問題でもなかった。彼ら自身、これからはもっと肥料を使いたいとよく話していたから、欲求や好みの問題でもなかった。だけど、問題であることは間違いなかった。事実ははっきりしていた。全体として、農民たちは肥料の使い方が足りなかった。

デュフロとクレーマーとロビンソンは、こう考えた。農民たちが肥料についてもう知っていて、使いたいと思っているなら、行動を促すナッジを与えて正しい方向に後押しすればいいだけのことかもしれない、と。そこで彼らはこの地域で活動している国際的な非営利組織のICSアフリカ〔国際協同組合同盟 International Cooperative Alliance のアフリカ支部〕と組んで、貯蓄・肥料イニシアティブというクーポン・プログラムを開発した（しばらくして、プログラムを評価した後、IPAがICSアフリカからこのプログラムとその他のプロジェクトを引き継いだ[8]）。

貯蓄・肥料イニシアティブの代理人が、収穫の直後に農民の自宅を訪問して、肥料のクーポンを買う機会を提供した。この方法だと、農民たちは、次のシーズンに使う肥料の代金を前もって払っておくことができた。肥料はシーズンに間に合うように（無料で）配達される。収穫時には農民たちは作物を売ったお金が十分にあるし、農業生産性のことを意識していた。彼らが肥料にお金を使う意欲があるときがあるとすればこのときだ、と研究者たちは考えた。

そのとおりだった。クーポンを買うチャンスがあった農民の肥料の使用量は、五〇パーセント以上も増加した。肥料を買うという長年の望みをついに実行した農民たちは、収穫が増えた。そして肥料の販売業者は、価格を一セントも下げずに販売量を五〇パーセントも増やした。

このクーポン・プログラムは行動経済学から生まれた、みんなが得をする解決策の最たるものだ。巧妙でお金がかからず、信じられないくらい効果的だ。

でも、問題が二つある。一つは、一回やればそれでいいというものじゃないことだ。この解決策の対象は、農民の先延ばしと近視眼的な傾向で、これは毎シーズン現れる。解決策も同じくらいしつこくなくちゃならない。行動の癖とはそういうものだ。たいてい簡単に治療できるけど、根絶するのが不可能なこともある。だから、貯蓄・肥料イニシアティブが一シーズンだけの最初の試験期間が終わって引きあげたら、肥料による儲けは消えてしまった。農民たちは振り出しに戻った。

もう一つの問題は、これだけではできることに限りがあることだ。貯蓄・肥料イニシアティブは、僕たちの行動の癖を考慮に入れて考え抜かれた小さな商品が、大きな行動の変化を呼び起こすことができるという最高の例だ。でも、その行動の変化を所得や生活水準の大きく永続的な向上につなげるには、もっと強引なやり方が必要になることがある。農民たちが直面しているいくつもの問題は、地域に特有で互いに絡み合っている。作物の収量が増えても、良い市場や市場までの道路がなかったり、価格が安定していなかったり、信頼できる仲買人がいなかったら、あまり意味がない。先に紹介したドラムネットのプログラムは、まさにこういうギャップを多面的なアプローチで埋めようとしていた。ドラムネットのようなプログラムと貯蓄・肥料イニシアティブを組み合わせたらどうだろう？　おおいに期待できるアイデアだ。

バイラル・パイナップルと社会的学習

意思決定の改善をもっと長続きさせるには、僕たちがもう実行していることに、行動に働きかける解決策を相乗りさせるといいかもしれない。農民がどの作物を、いつ、どういう風に栽培するかを決めるときに欠かせない最初のステップの一つは、外へ出て垣根の向こうの隣人の畑を見ることだ。彼らは周りの人たちから情報と刺激を受けて行動し、今度は自分が他の人を刺激する。自然に情報が循環して、流行を作っている。ユーチューブのバイラル・ビデオ〔ウィルスのように人から人へ急速に伝播し増殖するビデオ〕のようなものを思い浮かべるといい。あるいは、バイラル……パイナップルとか。

イェール大学の同僚で僕のメンターでもあるクリス・ウドリーにとって、バイラル・パイナップルは人々がどう学ぶかを学ぶルートだ。一九九六年にウドリーは、ノースウェスタン大学での元同僚で空間計量経済学の第一人者、ティモシー・コンリーとともに、農民が新しいツールと技術をどういう風に取り入れていくかを探る研究に取りかかった[9]。彼らは、ガーナの首都アクラから一時間ほど北のアクワピムサウス地方で研究を開始した。

研究にはもってこいのところだった。アクワピムサウスのなだらかにうねる丘陵地の足元に変化が迫っていたからだ。農民たちは何代も前からトウモロコシとキャッサバを栽培していた。シーズンごとに二つの作物を代わる代わる作っていた。でも、一九九〇年に、最初の滑らかな尖った肉厚の葉が土からそっと顔を出すのが見られた。農民のごく一部、十人に一人にもならない人たちが、ヨーロッパへ輸出するパイナップルの栽培をはじめていた。みなに先駆けて作りはじめた勇気のある人たちの成功を見て、他の人たちも後に続いた。一九九六年にコンリーとウドリーが調査したときには、アクワピムサウスの農民の半数近くがパイナップル栽培に従事していた。

転作した人たちはたくさんのことを学ばなければならなかった。トウモロコシやキャッサバに比べると、パイナップルは労働集約的で投入物も大量に必要だ。慎重に植えなければならないし、肥料も多く必要だ。残念ながらパイナップルには取扱説明書はついてこない。畑にどれくらいの間隔で植えつけ、どれくらいの量の肥料をいつやるかは、実際に試してみるしかない。でも、かならずしも自分で試す必要はない。他のパイナップル農民に話を聞いて、その成功と失敗から学べば、自分で試行錯誤する手間を大幅に省略できる。

コンリーとウドリーは、本当にそういうことが起きているのか、農民たちは実際に情報を共有しているのか、もしそうなら、情報はどういう風に流れていくのかを突き止めようとした。

情報には大きさも形も色も臭いも味もないから、追跡するのはとても難しい。農民の情報のほとんどは話し言葉でやりとりされるけど、それは跡形もなく消えてしまう。でも情報そのものは見えなくても、その影響の跡をたどることはできる。コンリーとウドリーがとった戦略は、要するにそういうことだった。パイナップル栽培者の学習の証拠として肥料の使い方についての意思決定をモニタリングして、情報の広まり方のモデルを作るというわけだ。

まず、情報が行き来する可能性がある通り道を地図にする必要があった。そこで、アクワピムサウスのパイナップル栽培者一八〇人の自宅を訪ねて、他のどの栽培者とパイナップル栽培について話をしたかを尋ねた。その結果、それぞれの栽培者とその人が教えてもらったり、教えてあげたりした人がつながり合ったいくつかのネットワーク——「情報のご近所」——が浮かびあがった。

コンリーとウドリーはその後二年にわたって定期的に農民をチェックして、経過を観察した。思った通り、「情報のご近所」はさかんに活動していた。人々は学んでいた。たとえば、農民の一人が新しい肥料のやり方を試したら、情報のご近所さんたちが注目する。新しいやり方で平均より良い利益が出たら、ご近所さんたちがそれを真似する可能性が高くなる。逆にある肥料の施し方では利益が少ないのを見た情報のご近所さんたちは、次に作付けするときはそれとは違うことを試す可能性が高くなる。

全体的に人々が学んでいることが確認できただけでなく、肥料についてのデータから、人間関係の序列まで明らかになった。人がいちばん話に耳を傾けるのは誰で、いちばん人の話を聞くのは誰か？　新しくパイナップル栽培を始めた人たちは、情報のご近所からの影響をいちばん受けやすく、ベテラン栽培者がいちばん影響力を持っていた。ベテランの豊富な経験は二つの形で影響力になっていた。第一に、彼らの情報のご近所は大きくなる傾向があった。第二に、そういうご近所の人たちは彼らの行動に注意を払い、真似をする傾向が大きかった。

新米がベテランの真似をしていると聞いても、別に驚くことじゃないかもしれないけど、効果のあるプログラムを作りたいならこれは重要だ。

たとえば、品種と肥料の完璧な組み合わせが分かったけど、デモ用の区画を作る資金が十区画分ほどしかないとき、どこに作るべきだろう？　ランダムに選ぶこともできるし、地域全体に均等にばらまいて作ることもできる。いちばん大きい村の近くに作ることもできる。でも、メッセージをちゃんと伝えるにはもっといい方法がある。いちばん閲覧者が多いウェブサイトに広告を出すのと同じように、デモ用区画は人がいちばんよく見ている畑に作るべきだ。バイラル・パイナップルの研究結果から見ると、それは年季の入った農民の畑だ。

ドラムネットの破綻

一八世紀のスコットランド詩人、ロバート・バーンズが生きていたのは、開発経済学の概念が芽生える二〇〇年ほども前のことだから、開発経済学のイロハも知らなかったはずだ。だから彼は、あの有名な数行をしたためたとき、その言葉が新しい千年紀の夜明けの貧困撲滅プログラムの世界をぴたりと言い当てようとは思いもしなかっただろう。彼はこう書いている。

鼠でも人間でも、練りに練った計画は
とかく失敗する
残るのは嘆きと痛みだけ
喜びが約束されていたはずなのに！(10)

言い換えると、こうなる。僕たちがどんなに努力して問題を予測し、それに備えようとしても、物事はめちゃくちゃになり、壮大なビジョンは石ころと化すものだ。

ここでドラムネットの話に戻る。ケニアの農民にヨーロッパへの輸出用のサヤインゲンとベビーコーンの栽培を奨励して支援していたプログラムだ。僕たちがケニアを去ったとき、ドラムネットの農民たちは順調だった。二〇〇四年にはプログラム参加者は初めての収穫を輸出業者に売ってかなりの収益をあげ、業者はそれをヨーロッパの食料品店に売った。翌年、ドラムネットの農民たちが畑に戻ったとき、新しい問題が持ち上がった。二〇〇五年初めにヨーロッパの食料品小売業者のほとんどが採用した、農産物の食品安全基準のユーレップギャップ（EurepGAP）〔Euro-Retailer Produce Working Group 欧州小売農産物作業グループが定める Good Agricultural Practices 優良農業規範〕だ。

ドラムネットの参加者は、農産物を輸出しつづけたいなら、ユーレップギャップの認証基準を満たさなければならなかった。そのためには、等級選別用の小屋、水洗トイレとセメントの床を備えた安全な化学薬品貯蔵施設、機械式噴霧器、化学薬品を扱うときに着る最新の防護服を用意し、すべての作物について品種と使用した肥料を詳しく記録し、毎年土壌と水質を専門家に検査してもらう必要があった。ドラムネットの農民のほとんどは、こんなにたくさんの課題にはとうてい手が届かない。なんとかできるかもしれない人もわずかながらいたけど、それでも大変なことだった。今のままでユーレップギャップの認証がとれそうな参加者は一人もいなかった。

だから彼らは、続けるか、手を引くか、どちらかを選ばなければならなかった。小屋や貯蔵庫、噴霧器などに投資するか、プログラムをやめるか、だ。ある独自の調査は、ユーレップギャップに適合するための農民一人当たりのコストを、五八一ドルと見積もった。平均的なドラムネットのメンバーの所得の一八カ月分に相当する金額だ。選ぶどころの話じゃない。大多数の人には、とてもそんな余裕がなかった。

何かが持ちこたえられなくなるのも仕方がなかった。そして、それはドラムネットそのものだった。二〇〇六年の二回目の栽培期の終わりに、プログラムは破綻した。農産物はどれもユーレップギャップ認証を得ていなかったので、輸出業者が買い取らないと言ったからだ。収穫物を引き受ける輸出業者がいなくなり、チェーンが断ち切られた。大量のベビーコーンやサヤインゲンの大袋を集めるトラックは姿を見せず、農民は収穫物を抱えて途方に暮れた。腐らせたり、何とか売れてもたいていは仲買人に買い叩かれて大赤字になったりした。

また一年が過ぎるころには、ギチュグ地区のドラムネット・プログラムは悪い思い出以外の何物でもなくなっていた。農民たちは数年前と同じように、またトウモロコシやジャガイモ、ケールを栽培していた。両親や祖父母が昔からやっていたように(11)。

強い基盤

バイラル・パイナップルや貯蓄・肥料イニシアティブのプログラムのような行動経済学的見識はおおいに役に立つけど、それだけですべてが解決するわけじゃない。その上に開発プログラムを築く土台、たとえば開放的な市場、法制度、インフラなどの基盤もしっかりしていなくちゃならない。

基盤自体が変化すると(ユーレップギャップの輸出基準が採用されてドラムネットが破綻したときのように)困ったことになることもあるけど、役立つこともある。変化には、広大な新しい経済空間を切り開き、貧しい人たちを包囲している境界を押し広げる力がある。インド南西部沿岸のケララ州では、経済の水平線が広がって、魚を食べられる人が増えた。

少なくとも紀元以来、ケララ州の漁師たちは銀色にきらめく海の恵みを網で捕まえて岸まで運び、数百キロに及ぶ州の海岸線に点在する市場で売ってきた。過去二〇〇〇年のほとんどの期間、漁師たちは夕方、家にいちばん近い市場のそばの海岸に船を着けた。その日の水揚げを小売業者が買う。この仕組みのいいところは簡単だということだけど、効率がいいとはとてもいえなかった。一日に市場に水揚げされる魚の数がそれを食べるお腹をすかせた口の数を上回ったり、逆に下回ったりすることがしょっちゅうあった。皮肉なことに、ほんの数キロ離れた町では、反対の問題が起きていることがよくあった。州全体で見ると、需要と供給のバランスは取れていたかもしれないけど、売り手と買い手のミスマッチがあった。それで両方とも損をしていた。漁師たちが、地元の市場でしか売らないという習慣を頑として変えなかったからだ。

一九九七年に、UCLAの経済学者（映画も作る！）のロバート・ジェンセンは、沿岸にある一五の市場で、魚の売られ方を毎週調べて、時間的な変化を追跡した。[12] その結果、多くのチャンスが失われていることが分かった。平均的な一日をとると、一五市場のうち八市場で、売り手か買い手のどちらかが多すぎた。つまり、ある町では魚を買おうと思ったお客ががっかりして家に帰り、別の町では余った魚が腐っていたということだ。価格は需要と供給に合わせようとするので、毎日、沿岸のあちこちで激しく上下していた。魚が多すぎるところでは、売り手はただ同然で投げ売りするしかなかった。水揚げが少ないところでは、買い手はイワシ一キロに一〇ルピーも払っていた。要するに、魚を食べる人にとっても漁師にとっても、市場はあてにならないところだった。

それが一九九七年から二〇〇〇年の間にケララ州に携帯電話が入ってくると、すっかり変わる。海岸沿いに電波塔が建てられたのは、援助プログラムの一環としてではなかった。営利の通信会社がインフラに投資したものだ。それが偶然にも魚市場の問題を完璧に解決することになった。今では、漁師は何も考えずに毎日午後に地元の市場に売るのではなく、漁船から近辺の市場に電話をして価格をチェックし、いちばん利益が大きいところへ向かう。

携帯電話へのアクセスが魚市場に与えた全体的な影響を評価するのに、ジェンセンは、電波塔ができるたびに海岸沿いに新しい通信エリアが次々に開かれて、携帯電話のネットワークが拡大するという事実を利用した。経済学者が「自然実験」と呼ぶ状況が生まれていた。RCTによく似ていて同じような働きをするものだ。違うのは、RCTではっきりと意図的にランダム化するのに対して、自然実験では人々が自然なプロセスで（この場合は、携帯電話の電波塔が建つこと）、治療群または対照群に振り分けられることだ。

ケララ州に携帯電話のサービスエリアが新しくできるたびに、魚の価格と供給状況がほとんど一晩で安定した。この地域の市場ではどこでも、週ごとのイワシの価格のチャートは、壊滅的な地震の地震計の波形のようだったのが、一キロ六ルピーあたりに落ち着いた。お客は市場へ行けばいつでも手ごろな価格で魚が手に入るようになった。漁師は安心して獲った魚を毎日売ることができるようになり、所得が安定した。携帯電話会社は、漁師が船から陸へ電話をかけまくるからホクホクしているに違いない。経済学者だって、少しは満足できただろう。死荷重〔市場が不完全競争であるために失われる余剰〕が解消されたので、魚が売れなくて腐らせることもなくなった。こうしてみんなが得をした。

貧困との闘いはやっぱりロケット科学に似ている理由

ハーヴァード大学の経済学者、マイケル・クレーマーは根っからの楽天家で、効果が確かめられているツールや方法を使えば貧困との闘いに大きく前進することができると固く信じている。だから彼は休暇をとる代わりに、暇ができたらケニアで学校の生徒に十二指腸虫への感染について聞き取り調査をしたりしている。政府や各種の組織に、効果が確かめられているアイデアを大規模に実行させるにはどうすればいいかをいつも考えている。また彼は、そういう動きを推進している組織の一つであるマッカーサー財団の、通称「天才」研究補助金獲得者三人の中の最初の受賞者でもある（後の二人は、エステル・デュフロとセンディル・ムライナタン）。もし彼が本気で、経済開発はスペースシャトルの大事故のようだと考えているんなら、これほど経済開発の研究に打ち込んだりはしないだろう。でも彼はいつも、スペースシャトル「チャレンジャー」の話で議論の口火を切る。[13]

巨大な金属のクジラのようにゆっくりと大西洋上に飛び出したシャトルが、突然爆発して炎上し、クモの足のような白い煙となって飛び散るのを見れば、誰だってすぐに、とんでもない機械的故障が原因だと思う。雲一つない空を、ねじ曲がった裸の木の枝のような形を描いて破片が落ちていく間、ミッションョン管制官の異様に平板なかすれ声が響く。「明らかに重大な故障が……」

でも数週間後に海底から残骸を回収して丹念に調べた結果、ＮＡＳＡは犯人はシンプルなゴムのＯ《オー》リングだと断定した。打ち上げの朝の冷気で固くなり、密閉できなくなっていた。

クレーマーが言いたいのは、無数の可動部品と膨大な馬力、一五階建てに相当する大きさの燃料タンク三個を備えた機械工学の驚異「チャレンジャー」は、どこの家の風呂場の蛇口にでもついているようなたった一つのもろいゴムの部品に頼り切っていたということだ。実際、そういうありふれた忘れられがちな無数のものに頼り切っていた。どのリベットやバルブ、回路が不具合を起こしても、やっぱり大惨事になっていただろう。

開発プログラムもスペースシャトルと同じように複雑なシステムで、いつ切れてもおかしくないヒューズがたくさんある。たとえば、価格、クレジット、インフラ、技術、法律、信頼。天気だってそうだ。ドラムネットの失敗は、開発プログラムがどんなに不安定なものかを示している。イタリアのスーパーマーケットの買い付け方針がケニアの農民の計画を挫折させることがあるなんて、誰が考えただろう。

ありがたいことに、切れるかもしれないヒューズはどれも、チャンスでもある。Ｏリングを修理するのは難しくない。テストしつづければいいんだ。何しろ肥料のクーポンのような簡単なもので、先祖代々の農業のやり方を変えられるかもしれないなんて、誰も思いつかなかったんだから。

第9章　学ぶ――大事なのは学校に来させること

二〇〇〇年九月、国連はミレニアム開発目標（MDG）を発表して、野心的な貧困撲滅キャンペーンに乗り出した。MDGは、達成できたら世界中の苦しみと窮乏が飛躍的に軽減できる八つの開発指標だ。大舞台でぶち上げられた壮大なこの計画を、おおぜいの人が熱烈に歓迎した。MDGを含む国連ミレニアム宣言は、一四七の国家元首や政府首脳を含む一八九カ国の代表によって採択された。

この合意は、開発と貧困をめぐる世界的な会話の大きな転換点になった。ついに世界を動かしている有力メンバーの意見が一致した（もちろん、完全に一致したわけじゃない。自分たちが推すイニシアティブが採用されなくて文句を言うメンバーも多かった）。開発の指針となる原則や、緊急に取り組まなければならないさまざまな問題はさておき、少なくとも具体的なターゲットと、その達成度を評価するための明確に定義された指標については合意が得られた。でも、達成できなくても直接責任を取らなくてもいいのなら、目標やターゲットへの支持は簡単に取りつけられるし、それではあまり意味がない、と主張する人たちもいる。エステル・デュフロの言葉を借りると、「火星から誰かがやってきて、「お前たちは目標達成に失敗した。だから我々は地球を侵略する」と言ったりするわけではない。［国連には目標を達成する］

義務が課せられていない」

いずれにしても、誰もが賛成できた目標は、学校教育についてだった。まとまるのは簡単だ（だって、教育への反対を掲げた政治広告なんて見たことある？）。MDGのリストの上の方、「極度の貧困と飢餓の撲滅」に次いで二番目に、「普遍的な初等教育の達成」とある。上位にランクされているのには、もっともな理由がいくつかある。その中でも重要なのは、教育は僕たちが重要だと考えているいくつもの開発分野にじわじわと良い影響を及ぼすということだ。教育を受けた人ほど良い職業に就き、より健康で、男女平等をより多く享受している。[1] また、教育はそれ自体が目標であり、読み書きや計算の能力は教育の最終的な恩恵である豊かな精神生活に欠かせない、と主張する人も多い。だから政治的には、国連は教育への支持を取りつけやすかった。

ところが、ガーナ中部の小さな村に住むアンソニーにとって、ことはそんなに簡単じゃなかった。アンソニーも国連と同じように、教育は有益だと固く信じていた。教育それ自体が価値あることだし、将来、可能性の扉も開いてくれる、と。だから彼はもっと教育を受けたかった。残念ながら、お偉方の署名だけでは彼を助けることはできなかった。

でも、もし頼まれていたら、アンソニーはもちろん国連の歴史的な宣言に署名することができただろう。ジェイクが初めて彼に会ったとき、書き方の練習を終えたばかりだったからだ。

ガーナで研究助手をしていたジェイクを、ママが訪ねてきていた。二人はでこぼこのハイウェーをドライブしてボスムトゥイ湖まで行った。大きな銀色の円盤のような湖を切り立った崖が縁取っていた。岸に沿って埃っぽい道を進み、坂を越えると、道はカーブして、土がむき出しの平らな窪地に着いた。大きく枝を広げた木々が陰を落としている。村の子どもたちには、車が近づいてくる音が聞こえたに違いない。車がまだ停まっていないのに、もう飛び乗ってきた。姿形もサイズもばらばらの、ごちゃ混ぜ集団だった。にらみをきかせている痩せた背の高い一〇代の少年たち、お互いに悪ふざけばかりしているやんちゃな年下の男の子たち、幼い弟や妹を腰の上に抱いた思春期前の女の子たち。大騒ぎしているところを見ると、訪れる人はあまりいないようだった。

ジェイクとママを子どもたちの群れがワッと取り囲んだ。年かさの少年たちの案内で木立を縫い、葦が茂った小さな湿地を抜けると、そこは湖の岸だった。ここに立って景色を見るといいと言うので、二人はそうした。ジェイクが湖を見渡していると、一七歳くらいに見える少年が近づいてきて、肩を叩いた。にこにこしながら話しかけてきた。

「こんにちは！」

「こんにちは。湖に連れてきてくれてありがとう」

「ああ、この湖ですか」

彼は指差し、伸ばした手の指先の向こうの水面に目をやった。ほほ笑んだままだ。

「あれはボスムトゥイ湖です」

「そうなんだってね」

「僕はアンソニーといいます」

「やあ、アンソニー。会えてうれしいよ。僕はジェイクだ」

「チ、チ、チェック？」

「ジェイコブでいいよ」

「ああ、ミスター・ジェイコブ！　お会いできてとてもうれしいです」

アンソニーはまだほほ笑んでいた。澄んだ大きなアーモンド形の目を興奮で輝かせ、せわしなく視線を動かしていた。

「僕もうれしいよ。でも、ジェイコブだけでいいよ。ミスターはいらない」

でも、賽《さい》は投げられてしまっていた。アンソニーにとってジェイコブは、その日もその後も、永遠にミスター・ジェイコブだった。半時間ほど後に村を出ようとしていると、アンソニーは「ミスター・ジェイコブ」と言って、ジェイクの携帯電話の番号を尋ねた。そしてノートに書きとめ、その横に青のボールペンできちんとした活字体でていねいに「ミスター・ジェイコブ」と書き込んだ。何ページも書き方の練習をしたのを得意そうに見せてくれたのはそのときだ。ほとんどが自分の名前だった。罫線の上に同じ間隔で何度も繰り返し書かれていたので、整然とした列になっていた。「今朝、練習したんです」と彼は言った。

二、三週間たったころ、アンソニーが電話をかけてきた。とても大事な話があるので、アクラまでジェイクに会いに来るという。首都まで出て来るには六ドルくらいかかる（おまけにガタガタのバンに八時間揺られる）から、ジェイクは電話で話した方がいいと言ってみたけど、彼は聞き入れなかった。金曜日に行きます、という。

金曜日は大雨になり、春の雪解けのような泥水が通りを勢いよく流れていた。アンソニーは、よろけたりスリップしたりするバンがひしめく首都の中央トロトロ〔小型バス〕・ステーションをどうにか抜け出し、坂をのぼって中央郵便局までやってきた。ジェイクが約束の時間に行くと、彼は日よけの下で座っていた。服は濡れていたけど泥だらけではなく、やっぱりせわしなく目を動かし、満面の笑みを浮かべていた。

日よけの下に立っている二人に滝のような雨が三方から降りかかる。雨音で声がかき消されそうなので、怒鳴り合わなければならないほどだった。アンソニーは窮状を訴えた。もうすぐＳＳＳ（高等学校）試験が終わる。その成績によって、総合大学や工科大学、職業訓練校などの高等教育機関へ進めるかどうかが決まる。だけど、アンソニーは不安だった。彼の説明によると、両親は教育資金のありったけをアンソニーに注ぎ込んでいたけど、それも底をついた。

アンソニーは一人っ子ではなく、きょうだいの中でいちばん年上だった。そして今のところ、ＳＳＳ以上に進めそうなのは、彼だけだった。両親には、子ども全員をＪＳＳ（中学校）卒業後も進学させるだけのお金がないことが分かっていたから、苦しい家計をやりくりして彼に投資した。きょうだいたちの犠牲のおかげで、アンソニーは少なくとも当面は学業を続けられた。両親の考えでは、下の子たちも学業をやめてしまうわけではなかった。アンソニーが大学を卒業して、大卒にふさわしい仕事に就いたら、弟や妹が学校に戻れるくらい稼いでくれるだろうというわけだ。

一家は最近、悲壮な決意をしてお金を掻き集め、アンソニーのＳＳＳ試験の受験料を払ったので、もう一銭も残っていなかった。ＳＳＳ試験でいい点を取れば、どこかの高等教育機関への奨学金がもらえるかもしれないけれど、それにはまず入学願書を出さなければならなかった。一つ出願するたびに四〇ドルかかる。そこで、ジェイクの出番だ。

どうして断ったりできるだろう？　もし四〇ドル（または八〇ドル、または一二〇ドル）が本当に、アンソニーときょうだいたちが教育の梯子をのぼるのを助ける最後の頼りの綱なら、価値のあるお金の使い方であるのは間違いない。でも、良いドナーは誰でもそうだけど、ジェイクにもいくつか疑問があった。真っ先に浮かんだ最大の疑問は、「どこの大学に行きたいのか、そしてそれはなぜなのか」だった。

ジェイクはこれがいい話の糸口になるんじゃないかと思った。でも、アンソニーは突然、固まってしまった。しばらくの間、ほほ笑みを引っ込め、雨の方に目を向けていた。まだバケツをひっくり返したような土砂降りの雨が、激しい音をたてている。それから我に返ると、三つの有名な学校の名前を挙げた。リベラルアーツの四年制大学と、工学専門学校と、教師養成の短大だった。

「僕は大学へ行って学位を取りたいんです。そうすれば、実力がついて、いい仕事が見つかります」

「でも、君がいま言った学校は、どれもぜんぜん違うね。一つは先生を養成する学校だし、もう一つは科学者を育てる学校だ。君は何を勉強したいの？　そして、将来はどういう仕事がしたいの？」

「そりゃあ、勉強したいのは地理です。仕事の方は、どこか会社に入れるでしょう。マネジャーになります」

「何のマネジャー？」

「ああ、何の会社でもいいです。銀行でも」

アンソニーが、自分でも何をやりたいかが分かっていないことがはっきりしてきた。いちばん難しい問題に直面しているようだった。アンソニーは、高等教育とはどういうことなのか、何を注ぎ込み見返りに何が得られるのかをよく理解していなかった。具体的には、ゆくゆくは仕事に役立つ専門知識や技能を身につけることについては一言も口にしなかった。でも、大学の学位（大学の学位でさえあれば何でもいい、いい）のことは、並々ならぬ敬意を込めて語った。持っているだけで富と名声をもたらしてくれる霊験あらたかなお守りでもあるかのように。学位のことを持ちだすたびに、ほほ笑みが戻ってきた。何を勉強するのか、どういう教育機関に行くのか、将来どんな仕事に就けるのか、そういう細かいことは頭から消えていた。高等教育の価値は、学位が持つ神秘的な力を手に入れることだけにあるかのようだった。疑問を持つなんて、考えたこともなかったのだろう。

アンソニーを責めているわけじゃない。もちろん、アメリカやほかの国でも、高校を卒業して大学へ進学しようとしている膨大な数の学生は同じようなものだ。僕たちの多く（ジェイクと僕も含めて）は、高校を卒業するまでにはっきりと進路を決めていたわけじゃない。学位を取ろうとしたのは、それをどういう風に使うのかよく分かっていなくても、持っていて損はないことを知っていたからだ。大学に入り、新しいことを試し、面白い学問分野に出くわし、ある仕事に落ち着いた。僕たちが通ってきた道は行き当たりばったりで、くねくねと回り道をしてきた。でも、アンソニーの家族は、彼の教育に資力のほとんどを注ぎ込んだ。一家の将来はそれが成功するか否かに大きくかかっている。そして失敗したときの余裕はほとんどない。それを考えると、アンソニーは何らかの戦略を持っていた方がよさそうだった。

だからジェイクは、少しずつその方向に持って行こうとした。将来から現在へさかのぼって考えさせてみた。まず現実的な目標（「銀行に就職する」）を設定して、それに到達するのにいちばんいい方法（四年制の大学で経営、金融または会計を勉強する）を決める。現在から将来へ向かって考えさせてもみた。まず、何をしたいか（「サッカーをしたい」）、そうじゃない、やり直し（「弟たちの数学の勉強を見てやりたい」）から始めて、その道を進んだらどんな未来が開けそうか（小学校か中学・高校で数学を教える）を考える。

その午後、アンソニーの将来の輪郭がたちまち浮かび上がったわけじゃないけど、彼は、それまでこういう風に考えたことはなかったと認めた。少しずつ計画ができてきた。

話しはじめてから一時間が過ぎようとしていた。もう遅くなってきた。ずっとバルコニーの下に立っていたのに、二人ともびしょ濡れだった。排水管から溝にごぼごぼと流れ込む水のしぶきで、いつの間にかすっかり濡れていた。アンソニーは、北に向かう最終のバンに遅れるといけないので、もうトロトロの駅に戻らなければならないという。大きなよく動く目が、雨を透かして通りを見ていた。通りを流れる泥水は丘のふもとにたまり、駅はどうしようもない泥沼と化していた。ジェイクは彼に、またアクラに出てくる予定があるかと尋ねた。そうすれば、もっと話をして今後のやり方を決めることができる。

「もっと話を？　僕は、出願料を助けてもらえるかと思ってたんですけど」

「でも、どこに出願するつもりなんだい？　さっきの話で、どこにするか、もう決めたの？」

ほほ笑みと自信があふれていた。この質問なら答えは分かっている。

「ええ。三つの学校に送ります。さっきも言ったように……」と、すらすらとさっきと同じ三つの学校名をあげた。「だから一校四〇ドルで三校、ぜんぶで一二〇ドルかかります」

ジェイクはがっくりきた。「でも、さっき話したことはどうなるの？　何を勉強するかを決めて、具体的な仕事を目標にして計画を立てるんじゃなかったの？」

「ああ、大丈夫ですよ、ミスター・ジェイコブ。仕事はうまく見つかりますよ」と言って、にっこり笑い、手を振った。「僕はさっきの話は、今の出願期間にすることだとは思ってませんでした。もっと先のことの話だと思ってました。でも、お願いします。ミスター・ジェイコブ。もう願書を出さなくちゃならないんです。助けてくれますよね？」

アンソニーは、たぶん不満だっただろう。雨の中を歩いてバス・ステーションに戻る彼が手にしていたのは、交通費と食費として渡した一五ドルだけだった。幸い、物語はこれで終わりじゃなかった。アンソニーにはまたすぐに登場してもらう。でも、これだけでも、貧しい人たちの教育について最も差し迫った、広く蔓延する問題の一つを垣間見ることができたと思う。

ステップ1　学生を増やす

正直言って僕たちは、教育について――つまり、実際に子どもがどういう風に学んでいくかということだけど――正確に理解しているとはいえない。でも、少しは知っていることがある。まずは分かりきったところから始めよう。学校では、教育は先生と生徒の間で行われる何かだ。ここまでは自信を持って言える。でも、教育は生徒がいないと成り立たないのに、世界には学校に行っていない学齢期の子どもが少なくとも一億一五〇〇万人もいる(2)。なぜそうなるのか？

理由の一つは、費用だ。高すぎて、子どもを学校へやれない。国によっては、初等教育の段階でも政府が無料の公教育を提供していない。そういう場合、私立学校は授業料だけでも負担が大きいから、多くの子どもが教育を受けられないでいる。でも、そういう国はどんどん減ってきていて、世界の教育の欠如の問題に占める割合はわずかだ。問題の大部分は、少なくとも理論上は当たり前に教育を受けられるはずの国にある。たとえばガーナでは、原則として、SSS（高等学校に相当）修了まで公教育は無料だ。それなのに、アンソニーの両親が子どもたちに中等教育を受けさせてやれないのはなぜだろう？

それは、ガーナに限ったことじゃないけど、教育が無償といっても決して完全にただではないからだ。第一に、教育の機会費用がある。つまり、生徒が教室で座っていなければ稼げたはずのお金だ。普通の、直接お金を払わなければならない費用も多い。生徒は制服、ノート、教科書、ペンや鉛筆、昼食代、バス代などを自分で賄わなければならない。PTA会費、受験準備の補習の追加費用（ガーナでは、通常の授業時間内に行われる場合でも払わなければならない）、アンソニーのSSS試験のような全国標準試験の出願料などもある。

こういう付随的な費用が重荷になって、多くの貧しい子どもたちが学校に行けなくなる。これは大きな問題だけど、そこには希望もある。教育を受けたい、受けさせたいという意志と欲求はあるということだからだ。親は資力がないから子どもを学校へやらないのかもしれないけど、できるなら学校へ行かせるだろう。これだけでは、たいした慰めにもならないけど、うれしいことに解決への道も示している。教育を受けたいのに費用がかかりすぎて手が届かないのなら、開発プログラムで教育を安くするだけで生徒が学校に来るようにできるかもしれない。

もう一ついいことは、推測するだけじゃなく、それ以上のことができることだ。教育にともなう費用を安くして、より多くの子どもたちを学校に来させようというプログラムが世界各地で何十も実施されていて、そのうちのいくつかは厳密な評価を受けている。生徒に制服一着を配るプログラムから、公衆衛生とも組みあわせた全国的な取り組みまで、規模も複雑さも大きく異なるさまざまな試みが行われている。そのうちのいくつかを見て行こう。

服装が生徒を作る

前の章で紹介した開発スペースシャトル論を思いついたハーヴァード大学の経済学者、マイケル・クレーマーの、基本的なことが本当はとても重要だという信念は揺らがない。Oリングはちゃんと役目を果たさなくちゃならない。クレーマーと二人の学生、デイヴィッド・エヴァンスとムソニ・ンガティアは、欠けているのは制服や教科書、ノートなどのシンプルなものなんじゃないかと考えた。こういうものが用意できない生徒は、恥ずかしくて学校に来ないのかもしれない。彼らはRCTを組み込んだ簡単な解決法を試してみることを提案した。(3) 一部の生徒に制服を無料で配り、出席率が良くなったかどうかを見るRCTだ。

彼らは、ICSアフリカ（前の章で出てきた貯蓄・肥料イニシアティブに取り組んだ組織）と組んだ。ICSアフリカは、ケニア西部で小学校の児童を援助するプログラムを実施した。寄付金の一部を使って、支援対象の生徒に制服を年に一着支給すると同時に、学校全体の利益になることにも資金を提供した。教室の増設や図書の購入に充てる補助金、年に数回、二人の正看護師を学校に派遣する費用、学校の敷地で作物を育てるクラブ活動を農業関係者が指導する費用などを負担した。こうして、支援対象の生徒だけではなく、全校生徒が援助の恩恵を平等に受けられるようにした。

RCTに参加する一二校が選ばれた。生徒全体の半分ほどが支援を受けられる枠があった。支援を受ける生徒を選ぶには、まず両親かどちらかの親を失った生徒を対象に選び、残りはくじ引きで決めた。現地担当者が学校を予告なしに訪れ、支援対象と対象外の生徒の出席率を追跡調査した。全校生徒が毎年受ける標準テストの成績もモニタリングした。

プログラムが行われていた三年の間、ICSから制服を支給された生徒は、支給されなかったクラスメートより出席率が良かった。プログラムが始まったころの欠席率は、一八パーセントあたりを上下していた。ほとんどの生徒が週に一日、学校に来ていなかったことになる。追跡調査から、制服をもらったことでその数字が七ポイント下がり、三分の二以下になったことが分かった。

生徒をさらに小さなグループに分けてみると、もう一つの驚くような結果が浮かび上がった。ICSから制服をもらった生徒の中では、出席率の向上はプログラムが始まったときに一着も制服を持っていなかった生徒に集中していた。彼らの欠席率は一三ポイントも低下して、三分の一以下になっていた。始まったときに少なくとも一着は制服を持っていた生徒の出席率の変化はわずかで、統計的にゼロと見なせるくらいだった。

研究者たちの最初の推測は正しかったようだ。制服を一着も持っていない生徒に支給するのは大きな効果があったけど、少なくとも一着は持っている生徒にもう一着支給しても効果はなかった。

クレーマーのチームとICSがたどり着いたのは、常識的な解決策だった。そうする手立てがあるなら、生徒の母親の多くが取っていたに違いない解決策だ。チームは、制服がない子どもは学校で目立つのを恥ずかしく思うということを理解し、気にしなくてもいいようにしてあげた。クレーマーのスペースシャトル理論でいえば、制服を持っていない生徒に制服を支給することで、教育という目標を達成するためのいくつものOリングの一つがきっちりと締まるようにしたのだった。

小切手を切る

制服を無償で支給するのは、子どもたちを教室に来させる一つの方法ではあるけど、もちろんただ一つの方法ではないし、最高の方法でもないかもしれない。僕たちが本当に知りたいのは、使ったお金一ドル当たりで、いちばん大きな教育上の利益が得られるのはどのアプローチかということだ。アイデアを一つ評価して、それで終わりというわけにはいかない。最終的には、よさそうに見えるたくさんのアイデアの中から選ばなくてはならない。制服のプログラムの結果がひっくりかえるのは、そこだ。

教育にお金がかからないようにするには、もっと露骨なアプローチもある。子どもが学校へ行けばその見返りにお金を払う、という方法だ。こういうプログラムは、ある行動をすることを条件に参加者に直接お金を払うことから、「条件つき現金給付」と呼ばれている。教育による貧困削減の成功例の一つに、メキシコの「プログレサ（進歩）」（今では、「オポルトゥニダデス（機会）」と呼ばれている）というプログラムがある。貧しい家庭の子どもたちが八五パーセント以上の出席率を維持できたら母親にお金を払うという、公的な条件つき現金給付プログラムだ。

一九九七年に始まったとき、プログレサはこの種のプログラムではいちばん規模が大きくて野心的なプログラムだった。これには膨大な費用がかかるから、政府は使ったお金がどれくらい効果を挙げているかを知る必要があった。そこで政府は経済学者とともに教育への影響を測定するRCTを設計して、プログラムの段階的導入に組み込んで実施した。むしろ、予算の制約を設計によって有効に利用したといえる。当初、目標の四九五のコミュニティすべてにプログレサを導入できるだけの資金はなかったので、ランダムに選んだ三分の二のコミュニティにプログラムをすぐに導入し、残りのコミュニティを対照群として、二年間モニタリングした。二年が過ぎて資金ができると、対照群だったコミュニティにプログレサを導入した。こうすることで、支援したい人たちを一人も締め出すことなく、厳密な評価を実行することができた。

イェール大学の経済学者、ポール・シュルツが、プログレサの就学率に及ぼす影響について数字を分析したところ、大当たりだったことが分かった(4)。目論見通り、プログラムに参加したコミュニティでは、援助を受けられた生徒の退学率が大幅に下がっていた。退学率はすべての学年で下がっていたけど、下げる必要がいちばん大きい層に集中していた。プログラムが導入される前に退学率がいちばん高かった中学生・高校生の退学率が目立って下がっていた。

こんなに大きな規模で効果が示されたことで、注目も集まった。メキシコ政府はプログラムの導入時に評価を組み込むという先見の明を称賛された。それは当然だけど、もっと重要なのは、世界中の国がメキシコの例にならいはじめたことだ。今日、コロンビア、ホンジュラス、ジャマイカ、ニカラグア、トルコなど、多くの国が何百万もの家族に同じような条件つき現金給付プログラムを提供しているのは、主にプログレサのおかげだ。

良いものをもっと良いものに

コロンビアのボゴタで実施されている「スブシディオス（補助金）」プログラムは、プログレサの改良型だ。最初の計画段階では、政府はメキシコの例を忠実になぞるプログラムを考えていた。支援を受ける資格のある家庭は、子どもが八〇パーセント以上学校に出席していれば、毎月給付金を受け取れるというものだ。また、メキシコの成功にヒントを得て、経済学者のチームを雇い、世界銀行のフェリペ・バレラ＝オソリオ、シカゴ大学経営大学院のマリアンヌ・ベルトラン、コロンビア大学とIPAのリー・リンデン、G|Exponential（コンサルティング会社）のフランシスコ・ペレス＝カイエに設計と評価を依頼した[5]。

経済学者たちは、良いアイデアをもっと良いものにできるチャンスだと考え、あまり追加の費用をかけずにプログラムの効果を高められそうな二つの修正を試すことを、ボゴタの政府に提案した。第一のバリエーションは、タイミングを変えるだけだった。給付金を毎月、全額受け取るのではなく、三分の一は貯蓄口座に入れられ、次の年、生徒が学校に再登録をしたら受け取ることができる、というものだ。二番目のバリエーションは、支払いの仕組みと条件を実質的に変えた。資格のある家庭が毎月、通常の給付額の三分の二を受け取るのは最初のバリエーションと同じだけど、この場合は生徒が学校を卒業したら大きな額のボーナスを受け取れる。卒業後すぐに高等教育機関に入学したら、ボーナスを早く受け取れる。進学しない場合は、もう一年待たないと受け取れない。

どちらのバリエーションも、まさに行動経済学的な発想だ。人はインセンティブの金額だけに反応して選択をするんじゃなく、タイミングにも左右されるという認識に基づいている。第7章で出てきた花売りのヴィジャヤを思い出してほしい。彼女のポケットマネーが夫の抑えることのできない渇きから安全だったことは一度もない。彼女の家庭には、標準的なプログレサ式の条件つき現金給付プログラムは、あまり役立たなかったかもしれないけど（飲んだくれの夫はたぶん、毎月、結構な額の小切手がもらえる方がうれしいだろうけど）、こういう風にタイミングをちょっと変えるだけで、ぜんぜん違う結果になっただろう。

新学年に生徒の再登録をする時期にまとまった額のボーナスが支払われることも、たぶんプラスに働いた。学年の初めに現金で払わなくてはならない費用の負担が軽くなるから、家庭はそういう必需品をちゃんと買えるようになるだろう。ちょっと考えたら分かる。高額の小切手を現金に換えたばかりなら、新学期用の買い物がどんなに楽になることか。

研究者たちは、基本的なプログラムと第一のバリエーションを比較できるように、合わせて一つのRCTとして、第二のバリエーションの評価は二つ目のRCTで行った。およそ一万三〇〇〇人の生徒の就学率と出席率を追跡調査した。そのうち八〇〇〇人には三つの措置（標準的なプログラムと二つのバリエーション）のどれかをランダムに割り当て、五〇〇〇人は対照群として観察した。一年間観察した結果、インセンティブを与える方法は、全体としてメキシコの例と同じように効果があることが分かった。プログラムの対象になった生徒は、対照群の生徒より欠席率が約一二－二六パーセント低かった。[6]

二つのバリエーションの方が標準的な条件つき現金給付プログラムよりも効果が大きいことも立証された。ボゴタは、成功したプログレサ方式をもっと良いものにする方法を見つけたわけだ。具体的には、二つのバリエーションは標準的なプログレサ式のプログラムより就学率に大きな影響を与えていた。生徒が次の年も学校を続ける可能性は、基本的なプログラムの対象になった生徒では、対照群の生徒とあまり変わらなかったけど、バリエーションのプログラムに参加した生徒では対照群の生徒よりかなり大きかった。また、最初の年から翌年への就学率の向上は、その大部分がいちばん退学しやすいと予想されていた学生によるものだった。つまり、いちばん必要としている人たちにインセンティブがちゃんと効いていたということだ。

標準的なプログラムと、行動の動機づけを行った二つのバリエーションの違いの中でいちばん目立ったのが、高等教育機関への進学率だ。基本的なプログラムの影響は統計的にほとんどゼロだったけど、バリエーションは進学率を大きく上げた。対照群の進学率が二一パーセントだったことからすると、どちらのバリエーションも大きな進歩だった。第一のバリエーションでは、生徒の高等教育への進学率は五割近く上がり、第二のバリエーションでは、なんと三倍以上にもなった！[7]

数字におぼれたくはないけど、タイミングのような細かいことがどんなに大きな力を持つかを理解することは大切だ。ここまで見てきた行動を促すたくさんのナッジもそうだけど、基本的な条件つき現金給付プログラムを修正したボゴタのバリエーションにも僕は興奮した。とてもうまい見事な方法だ。何よりも、政策立案者や実務担当者にとって魅力的だ。彼らは、プログラムを全面的に見直したり、新しいものを一から設計したりするときに避けられない問題をよく分かっていて、できればそんなことはしたくないからだ。

家庭での意思決定のタイミングの重要性を利用してこういう風にちょっと改善するだけで、途方もなく大きな効果を挙げることができる。

驚きの大ヒット――寄生虫駆除

あれこれ言ったけど、学校の出席率を向上させるプログラムで、抜群の効果を挙げているものがある。実を言うと、研究者たちも思いもよらないところから不意打ちを食った。

マイケル・クレーマーは今度もケニアで研究していた。今回、カリフォルニア大学バークリー校のエドワード・〝テッド〟・ミゲルといっしょに取り組んでいたのは、あんまり聞こえの良くない問題だ。寄生虫、つまり十二指腸虫とか回虫、鞭虫、住血吸虫なんかのことだ。僕たちの多くは、こういうやつらのことを主にどこかへ旅行した人の話に登場する悪者だと思っている。そういう話では、せいぜい厄介ごとの一つとして描かれるのが普通だ。でも、何十億という人たち、特に途上国の人たちにとっては、そんな生易しいものじゃない。もっと悲惨な日常生活の現実だ。世界では四人に一人が寄生虫に感染している。

寄生虫に感染すると深刻な場合、激しい腹痛や貧血、蛋白質欠乏などの症状が起き、満足に働けなくなることがある。でもほとんどの場合、症状はずっと軽い。皮肉なことに、それがかえって問題を大きくしている。寄生虫はだるさや軽い吐き気などの慢性的な全身倦怠感を引き起こすことがあるけど、人はそれに慣れてしまう。多くの人はずっとそういう症状を抱えたまま生活している。

生物学的には、寄生虫はヒトや動物の排泄物の中に生息して繁殖する寄生生物だ。糞便で汚染された水や土壌に接触して感染することが多い。虫の種類によって感染経路は少し違うけど、たやすく感染することは同じだ。種類によっては、手を洗わずに食事をして汚染された汚物がほんのわずか口から入る、川や池で遊ぶ、感染した人や動物が排泄した場所の近くの水たまりをはだしで歩く、というようなありふれた行動で感染することがある。寄生虫が途上国の子どもたちを苦しめている理由を理解するのに、たいして想像力はいらない。

幸い、こういう寄生虫感染にとても効果のある治療法がある。虫下しの錠剤を一個のめば、そのとき体内にいる寄生虫のほぼ九九パーセントが駆除され、四カ月ほど効果が続く。もっといいことに、薬を製造して輸送し、リスクのある子どもにのませるのにかかる総コストは、錠剤一個当たり約二〇セントだ(8)。

公衆衛生の見地からは、こんなに安い治療法を希望する人すべてに提供するのに何も難しいことはない。薬をのんだ人の利益になるのはもちろんだけど、それだけじゃない。駆虫剤をただで配るのには、実はもっと強い根拠がある。寄生虫の感染は、連鎖反応的に拡大する。寄生虫は汚染された土や水を介して広がる。土や水は寄生虫に汚染された排泄物があるから汚染される。排泄物は、それを排泄する人が寄生虫に感染しているときだけ汚染される。だからコミュニティに感染した人が多いほど、誰にとっても危険な環境が作りだされる。逆に感染者が少ないと、コミュニティの非感染者の安全は増す。

個人が治療を受けると社会全体のためになるこういうケースでは、ぜひとも介入する必要がある。寄生虫を駆除するためにできることは何でもするべきだ。感染者だけのためじゃなく、みんなのためになるんだから。このしごくもっともな論理にも従って、クレーマーとミゲルは、一九九八年にケニア西部で小学校の生徒に無料で虫下しの錠剤を与えるプログラムの評価に参加した(9)。

彼らはもう一度ＩＣＳ（学校の制服を配った組織）と組んで、簡単なプログラムを考案した。ＩＣＳの担当者がまず学校で生徒の親と会って、寄生虫駆除について説明し、同意を得る。次にもう一度学校へ行き、親が同意した生徒全員に錠剤を投与する。ほとんどの親（約八〇パーセント）は子どもに駆虫剤をのませることに同意した。

クレーマーとミゲルは、プログラムが健康と教育の両方に与える影響を調べられるような調査を考案した。ICSが参加する小学校七五校を決め、研究者たちがそれを三つのグループに分けた。二五校は一九九八年にプログラムに参加し、別の二五校は一九九九年、残りの学校は二〇〇一年に参加する。メキシコのプログレサを評価したときと同じように、段階的に導入するよう設計することで、ICSは望む人全員に（時間はかかっても）治療を提供することができたし、プログラムについての厳密な証拠を得ることができた。

駆虫薬の効果は証明されているので、研究者たちは生徒の健康状態が大幅に向上するだろうとは十分に予想していた。予想は裏切られなかった。プログラムは、寄生虫に感染している生徒の数を半減させていた。それも駆虫薬をのんだ生徒だけでなく、提供を受けた学校の生徒全体の感染者が減っていた。目論見通りに、恩恵がコミュニティ全体に広がっていた。感染のサイクルを断ち切ることで、駆虫剤をのまなかった生徒まで利益を受けた。存在する寄生虫そのものの数が減ったからだ。

でももう一つ、予想もしなかった結果が浮かび上がった。少なくともその大きさは驚くほどだった。生徒の出席率が上がりはじめたのだ。それも大幅に。プログラムに参加した学校の欠席率は以前の四分の三ほどまで下がった。ICSは、子どもたちを教室に連れてくるのに抜群の力を発揮する方法を思いがけず見つけた。ICSはおおいに満足した。子どもたちも同じだっただろう。

コストを見れば、勝負ははっきりしている。ほかの出席率向上プログラムも確かに効果があったけど、駆虫剤に比べたらべらぼうにコストがかかった。計算してみると、プログレサでは、生徒一人をもう一年学校に通わせるコストは一〇〇〇ドルほどになる。制服を支給するプログラムでは、生徒一人の就学期間を一年伸ばすのに一〇〇ドルほどかかる。駆虫剤で一年伸ばすのにかかるのは、三・五ドルだ。そう、読み間違いじゃない。

もちろん、ミゲルとクレーマーの最初の研究の素晴らしい成果は、開発関係者のあいだに知れわたった。間もなく、ケニアの奥地だけでなくいろんなところで、学校単位の駆虫プログラムへの関心が生まれた。ミゲルとクレーマーは、自分たちの研究には自信を持っていたけど、どんな場所でも、どんな場合でも、学校単位の駆虫を推奨するまでの確信はなかった。たった一回の評価では、ある程度までしか分からないことを自覚していた。

結局彼らが手に入れていたのは、「学校の欠席率と寄生虫感染率が高いところでは、学校単位の寄生虫駆除は出席率を上げる強力な推進力になり得る」というシンプルな仮説を裏づけるかなりの大きさの一つの証拠だった。どんな科学的理論でもそうだけど、信頼性を高めるには、もう一度試してみるしかない。

長く待つ必要はなかった。二〇〇一年にケニアの研究が終わろうとしていたころ、ミゲルはトロント大学のグスタボ・ボボニスと、インドのニラマヤ健康財団のチャル・プリ＝シャルマとともに、インドのデリーの幼稚園児の寄生虫駆除プログラムを評価するRCTを設計した[10]。ここで彼らが直面していたのは、生徒のおよそ三分の一が感染している腸内寄生虫の問題だけじゃなかった。もう一つの問題は貧血だった。途上国の子どもを苦しめているもう一つのこの症状は、わずかなコストで（この場合は、鉄剤で）確実に治療できるのに、あまり治療が行われていない。彼らの研究対象になった幼稚園児は、六九パーセントという驚くほどの高率で貧血に苦しんでいた。

プログラムの仕組みはケニアの場合とよく似ていた。担当者が子どもの親に了解を求めて、駆虫薬と鉄とビタミンAの錠剤を年に三回、幼稚園で投与した。するとやはり欠席率は約二〇パーセント下がった。ケニアのケースと同じくらいの低下率だった。

最初のケニアのプログラムと同じような結果が出たので、世界各地で大規模に学校単位の駆虫プログラムを行う根拠がさらに強まった。寄生虫感染が多い環境では学校単位の駆虫が有効だというのは合理的な理論で、それを裏づける証拠が続々と出てきたから、推進派の人たちはすぐに盛んに宣伝しはじめた。彼らの主張は、シカゴ大学のホイト・ブレイクリーが行ったアメリカ南部の歴史的データの研究でさらに確かなものになった。ロックフェラー財団が一九一〇年に行った十二指腸虫駆除の取り組みが、長期的に高所得をもたらしたという。(11) ケニアから今でも報告されてくる証拠も、この話を裏づけている。(12) クレーマーとミゲルが最初に行った駆虫の研究の参加者の追跡調査で、早く治療を受ける（その結果、学校単位の駆虫治療を二年から三年多く受ける）グループに振り分けられた生徒は、一〇年過ぎたとき、遅く治療を受けた人たちより、働いている時間が一三パーセント長く、所得も二〇－二九パーセント多いことが分かった。二〇セントの錠剤たった数個で、こんなに大きな長続きする利益が得られたわけだ。

当然ながら、この耳よりの話はがぜん注目を集めた。学校単位の駆虫は、開発において証拠に基づいた決定が大きな成果を挙げた近年のサクセスストーリーの一つになっていて、二〇〇九年だけでも、二六カ国の二〇〇〇万人以上の生徒が駆虫プログラムを受けている。

アンソニー再登場

このまえの話は、アンソニーが雨の中、丘を下り、トロトロ・ステーションに向かって歩いていくところで終わっていた。急がないとアクラから北へ向かう最終のバンに間に合わない。彼には無料の制服も成績が良ければもらえる奨学金もなく、条件付き現金給付のボーナスが待っているわけでもなかった。

でも志があり、スポンサーになってくれそうな人はいた。何もないよりましだった。数週間後、もっと話し合った後で（ありがたいことに、今度は電話で）、ジェイクは二つの学校への出願料を払ってあげることに同意した。一つはリベラルアーツの四年制大学、もう一つは二年制の教師養成短大だった。アンソニーは入学許可の手紙が来るのを今か今かと待っていた。

六月の中ごろ、アンソニーは電話で教師養成短大に合格したと言ってきた。そのまた数週間後、大学に合格する「チャンスがあるかもしれない」と知らせてきた。興奮が声に表れている。ジェイクが「チャンスがあるかもしれない」とはどういう意味かと聞くと、こう説明した。無条件に合格する出願者もいれば、不合格になる出願者もいる。そのほかに入学する「チャンス」を与えられるものもいる、と。要するに入学を許可する責任者にわいろを渡せば合格できるということだ。責任者は具体的な金額を口にするのは野暮だと思ったらしいけど、アンソニーは二〇〇ドルくらい出せばなんとかなりそうだと踏んでいた。

だんだん話が見えてきた。それもろくでもない話が。ジェイクはアンソニーに言い渡した。授業料は援助してあげてもいいけど、わいろはだめだ。でもアンソニーは、これは本当のわいろじゃないと言い張った。そういう仕組みになっているんだ、と。そうだとしても、ジェイクは考えただけでぞっとした。どこかのむさくるしい裏部屋で笑みを浮かべた大男が肉厚の手で札束をつかんでいる。アンソニーもほほ笑んではいるけど、おどおどとそこに立って、お金を見つめないようにあちこちに視線を漂わせている……。それに、それだけで済むだろうか？　裏口から滑りこんだ学生は、後でもっとわいろを求められることがある。アンソニーも、渋々認めた。

そういうわけでアンソニーは、第二の選択の教師養成短大に行くことを納得した。幸い、その短大に入学しただけで、すぐに私立の小学校でパートタイムの教師として働きはじめることができた。短大からそんなに遠くない村で仕事を見つけて、その夏から働きはじめた。数カ月たったころ、久しぶりに電話をかけてきた。家賃を払うお金を貸してほしいという。彼は学校の近くの下宿屋に部屋を借りていた。

ジェイクはわけが分からなかった。

「アンソニー、どうして自分で払えないの？　学校で教えてお金を稼いでいるんじゃないのか？」

「ええ、ミスター・ジェイコブ、そうです。先生をして稼いでいます。でも、まだもらってないんです」

「もらってないって、何を？」

「お金です」

「分からないなあ。給料をもらっているんだろう？」

「はい。いいえ。ええっと、学校の経営者は、僕たちに借りがあるんです。君たちに給料を払いたいけど、すっからかんだと言うんです」

「なんだって。よくそんなことができるね。払うお金がないのに君たちには働いてくれなんて」

「そうなんです。それで僕たち困っているんです。給料については、ないものは払えないというんです」

「じゃあ、最後に給料をもらったのはいつ？」

「まだずっと待っているんです」

アンソニーは四カ月働いて、一銭ももらっていなかった。でも、彼とほかの教師たちには計画があった。それは筋が通っていた。経営者が給料を払えないんなら、彼らは働かない。それだけのことだった。

結局、生徒だけが割を食いそうだった。

ステップ2　先生を教室に来させる

前にもいったように、僕たちは教育についてのレシピを知りつくしているとはとてもいえないけど、少なくとも二つの材料が必要なのは確かだ。それは、生徒と先生だ。この章ではこれまでに、教室を生徒でいっぱいにするのに役立つ革新的なプログラムをいくつか紹介してきた。でも、たとえばアンソニーの学校のように、席について何も書かれていない黒板を見上げている子どもたちは、みんなある疑問を口にしている。先生はどこ？

耳を澄ませると、ヒンディ語でこう尋ねる声が聞こえるかもしれない。インドには学齢期の子どもが約二億五〇〇〇万人いるけど、[13]多くの子どもたちが教師の常習的な欠勤の犠牲になっている。全国各地の農村部の学校を前触れなしに訪れて調べたところ、教師の四分の一が出勤しておらず、教室にいた教師でも、なんとその半分以上が子どもたちを教えていないことが分かった。インドの教育のお粗末な状況は、そのせいもあるかもしれない。二〇〇五年の全国調査では、公立学校の二年生から五年生までの生徒の六五パーセントが簡単なパラグラフを読むことができず、五〇パーセントは基本的な算数ができないことが判明した。[14]

とんでもない数字だけど、これがちゃんと学校へ行っている子どもたちを待っているひどい現実の結果だ。教育のための闘いなのに、どうして先生たちが味方じゃなく、敵にならなくちゃならないんだろう？　もちろん、先生が学校をさぼるなんてあってはならないことだけど、彼らにすべての責任があるともいえない。教室にちゃんと教師がいるかどうかをチェックできなかったり、あろうことか教師の欠勤を容認したりしている校長や学校管理者にも責任はある。だからといって、彼らの仕事は簡単だというわけでもない。きちんとした規則があっても、農村部の小さな学校で教師の出席状況を監視するのはうんざりするような手間のかかる仕事だ。

写真一枚は一〇〇〇ルピーの価値がある

インドのNGO、セヴァ・マンディル（Seva Mandir）は、こういう問題について少しは知っている。インド西部のラジャスタン州の美しい古都、ウダイプル周辺の山間の僻地で、約一五〇の小さな学校を経営している。少数民族が住む村にある、教室が一つに教師一人の質素な学校だ。教師の欠勤の問題に対するセヴァ・マンディルの答えは、革新的な仕組みを考えることだった。

エステル・デュフロと、ハーヴァード大学の経済学者、リマ・ハナと協力して、モニタリングとインセンティブを組み合わせることで、問題を解決できそうな方法を思いついた。学校まで出向いて出欠を確認するのは面倒すぎるので、教師が自分で出席を証明するうまい方法を考えた。一個数ドルしかかからない使い捨てカメラを使う方法だ。授業がある日は毎日、始業時と終業時に一人の生徒を選んで、先生とクラスのほかの生徒全員をいっしょに写真に撮らせる。カメラは、写真に日時が入るもので、ごまかしがきかない。この方法だと、セヴァ・マンディル本部の担当者は、フィルム一本を見るだけで、一目で一週間分の教師の出勤状況を確認することができた。

現場でカメラに自分たちの目の代わりをさせることで、モニタリングの問題は解決したけど、教師たちにサボってばれたりしない方がいいという動機を与える必要があった。プログラムには強制力が必要だった。そこでセヴァ・マンディルは教師の出勤率が直接給料に反映されるようにした。以前のやり方では、教師は月に二〇日以上出勤したら月給一〇〇〇ルピー（約二三ドル）が支払われ、サボったら解雇されることがあると警告されていた。でも実際には、クビになっても当たり前な場合でも、本当にクビになることはめったになかった。新しい給与体系では、一〇日以下しか出勤しなかった場合は一律五〇〇ルピー（約一一・五ドル）を支給し、それを超えると一日につき五〇ルピー（約一・一五ドル）を追加していくことにした。カメラはまさに、新しいインセンティブの仕組みに実効性を持たせるのに必要なツールだった。

彼らはいいところに気づいたとは思っていたけど、直感だけでは満足しなかった。セヴァ・マンディルは、新しい仕組みを作るだけことだけではなく、それを評価することにも同じように真剣に取り組んでいる組織だ。経営陣は、貧しい人たちを助けるいちばんいい方法は、効果が証明されているプログラムに資源を振り向け、そうでないプログラムは修正するか廃止することだと固く信じている。デュフロとハナはRCTを考案して、一〇〇以上のセヴァ・マンディルの学校のうち半分をランダムに選んで新しいシステムを適用し、残りの学校は対照群としてモニタリングした。

精密な分析なんかしなくても、何が起きているのか分かった。カメラとインセンティブの組み合わせによって、教師の出勤率は大幅に上がった。対照群の学校では欠勤率が四二パーセントだったのが、新しいシステムを適用した学校では二一パーセントに半減していた。プログラムによって生徒の出席率は変わらなくても、教師が教える日数が増えただけで、生徒が受ける指導は以前よりも三割余り増えたことになる。また、何度か学校を抜き打ち訪問してチェックしたところ、教師たちはその増えた分の出勤日も、ただ学校に出てくるだけじゃなく、実際に教室で教えていることが確認できた。

いろんなことが試験のときに実を結んだ。カメラを使った学校の生徒は、古いシステムのままの学校の生徒より著しく成績が良かった。セヴァ・マンディルは、この評価で確かな証拠が得られたことに力を得て、運営するすべての学校でこのプログラムを標準的な方針として採用した。その後も教師の出勤率は上がったままで、子どもたちは今でもその恩恵を受けつづけている。

先生が出勤するだけでは十分じゃないとき

ムンバイでの問題は、教師たちが学校に来ないことじゃなかった。学校に教師が足りないことだった。生徒の数が、効果的に教えられる人数より多かった。

インドのNGO、プラサム（Pratham）が問題解決のためにとった方法は、きわめて常識的なものだった。先生が足りないんなら、たくさん雇おうと考えたのだ。そこで公立学校と協力して考えだしたのが、成績が最低レベルの生徒たちをクラスから抜きだして、毎日二時間、プラサムが雇って訓練した講師をつけて基礎的な学力の勉強をさせるプログラムだ。講師は、ヒンディ語で「子どもの友だち」を意味するバルサキと呼ばれた。

エステル・デュフロは、MITの同僚の経済学者、アビジット・バナジー、ハーヴァード・ビジネススクールのショーン・コール、コロンビア大学のリー・リンデンとともに、バルサキのプログラムが生徒の学習に効果があるか、もしそうならどんな効果なのかを探る研究を計画した。(15)約三五〇の学校のうちランダムに選んだ約半分の学校でプログラムを実施し、すべての学校の試験の得点を二年にわたってモニタリングして調べた。予想どおり、バルサキ・プログラムを実施した学校で、成績が悪かったために補習を受けた生徒は、成績が上がっていた。もともとプログラムの効果に楽観的だった人たちも、上がり方の大きさに驚いた。バルサキの指導を受けることで通常の授業の半年分に匹敵するほど試験の得点が向上していた。

正しい方向に向かって

バルサキ・プログラムがターゲットにした生徒たちが余分に勉強を見てもらうことで利益を得たことははっきりしている。でも、まったく補習が必要なかった生徒たちも含めて、すべての生徒に良い影響が出るはずだと期待していた人もいるかもしれない。成績が良くない生徒を抜きだしたら、実質的に一日に二時間、クラスの人数が半分になるからだ。少人数学級の支持者は昔から、教師一人当たりの生徒数が少ないほど、一人ひとりを見る時間が増え、それぞれの生徒のニーズに合った指導ができるので、学習効果が上がると主張してきた。

能力によって生徒を分けて少人数のクラスを作る手法をトラッキング（能力別クラス編成）という。これを唱える人たちは、能力別クラスにすると、教師は生徒のレベルに適した指導をより効果的に行うことができると主張する。そうではなく生徒のレベルにばらつきがあると、「真ん中に合わせて教え」なければならないので、下位の生徒はついて行けず、上位の生徒には不十分になる。反対論者は、いちばん優秀な生徒たちと同じ教室で学ぶことはみんなのためになり、能力別にクラスを分けることは、下位の生徒から貴重な資源を奪うことになる、と主張する。

能力別クラス編成全般の価値についてはまだ結論が出ていないけど、一つだけはいえる。この方法を採用したらうまくいく状況は多いということだ。すでにクラスの人数を減らすために追加の教師を雇っている学校なら、たとえば前の年の学年末試験の成績によって生徒を分ける能力別クラス編成は、コストもかからないし導入も簡単だ。それに大きな効果も期待できる。

ムンバイのバルサキ・プログラムは、基本的には部分的な能力別クラス編成だった。毎日二時間、下位の生徒を抜きだして補習を受けさせることで、実質的に能力別のクラスを実現した。でも、バルサキの指導を受けなかった生徒は、あまり得るところがなかったようだ。事実、研究者たちは、プログラムが彼らに何の影響も与えなかった可能性を否定しきれなかった。これまで見てきたように、全体としてはプログラムからある程度の良い影響があったのは確かだけど、特に能力別クラス編成が重要な役割を果たしたのかどうかは断定できない。評価は、特別に訓練を受けたバルサキから一部の生徒が毎日二時間指導を受けることに加えて、すべての生徒が少人数のクラスと能力別クラス編成を一定時間経験するというパッケージ全体を評価するものだったからだ。それ以上のことをいうには、能力別クラス編成そのものの影響だけを抜き出してＲＣＴを行う必要がある。

やっぱりエステル・デュフロとパスカリーヌ・デュパとマイケル・クレーマーは、すぐに次の研究に取りかかっていた。今度はケニアだった。彼らはもう一度、制服の配布と寄生虫駆除のプログラムでおなじみのＩＣＳアフリカと組んで、また別のＲＣＴを設計した[16]。ＩＣＳはちょうどそのころ、一年生を担当する教師が一人しかいない小学校を選んで、教師をもう一人雇う補助金を支給するプログラムを展開しようとしていた。一年生のクラスを実質的に二つのセクションに分けることになる。

これは能力別クラス編成を直接テストするまたとないチャンスだった。半数の学校では、生徒を前の学期の試験の成績によって分けた。残りの学校では、生徒をランダムに分けた。だから、二つのグループで違うのは、クラスを分ける方法——成績で分けるか、偶然によって分けるか——だけだった。これで研究者が求めていた通りの状況ができた。

プログラムは成功した。能力によってクラスを分けた学校のどちらのセクションの生徒も、ランダムに分けた学校の生徒より、試験の成績が平均すると大きく伸びていた。つまり、バルサキ・プログラムと違って、下位の生徒だけでなく、すべての生徒が恩恵を受けたようなのだ。もう一つ、中程度の能力の生徒の結果からも有力な証拠が得られた。上位のセクションに振り分けられた生徒も、下位のセクションに振り分けられた生徒も、同じように成績が向上していた。下位セクションの上位の生徒と上位セクションの下位の生徒が、同じように良い結果を出していた。これは、どの生徒も不利にならないということだから、能力別クラス編成にとっては大きな勝利だった。

といっても、能力別クラス編成に反対する人たちの主張に無理があるといっているのではない。事実、この研究からは、頭のいい子どもたちがクラスメートの学習に良い影響を与えて、い、る、という証拠も見つかった。能力別クラス編成の学校の下位セクションの生徒たちはその機会を奪われたかもしれないけど、彼らは失ったものより教師が生徒のレベルに合わせた指導をすることで得たものの方が大きかったようだ。試験の成績が、この筋書きを裏づけていた。下位セクションの生徒は基礎的な能力が大きく向上し、上位セクションの生徒は上級の課題での向上が大きかった。

このアプローチは、今ではIPAが取り組んでいる規模拡大の試みの一つになっていて、近頃、ガーナで大規模なパイロットが研究ディレクターのアニー・デュフロの指揮の下に始まった。ここで成功すれば、英国のザ・チルドレンズ・インベストメント・ファンド財団の寛大な支持と熱意によって、全国に規模を拡大し、ほかの国でも再現実験を行う土台になる。

もう一つの驚きの大ヒット

この本でこれまで取りあげてきたものすべてを含め、ほとんどの教育プログラムは、教師と生徒を学校に来させることにいちばん力を入れている。それは当然だ。この章の初めにもいったように、教師と生徒は誰もが同意できる構成要素だ。

マーク・トウェインはいつだって変わり者だったけど、いま生きていたら、これにも同意しないかもしれない。なにしろこんな忠告をしたといわれている。「学校教育に本当の教育のじゃまをさせてはいけない」。トウェインは学ぶということの深遠な謎について、ほかの人の知らない何かを知っていたのかもしれないし、人生経験の大切さを語っていただけなのかもしれない。でも、自分が発したこの一言が、一世紀後の世界各地の状態をこんなにぴったりと言い当てようとは予想もしなかっただろう。インドのウッタルプラデシュ州のおんぼろ校舎を見ることができたら、もっと手厳しいことを言ったに違いない。

ウッタルプラデシュ州の学校制度は崩壊していた。どの教科でも、どの学年でも、教育は見るも無残に失敗していた。二〇〇五年に行われた七歳から一四歳までの子どもの調査(17)では惨憺たる数字が出ている。七人に一人は文字が分からなかった。三人に一人は数字が読めなかった。三分の二は一年生向けの短いお話が読めなかった。調査では、生徒の能力不足に両親がほとんど気づいていないことも分かった。いちばん深刻な、子どもが文字を読めないというケースでは、問題の深刻さを知っている親は三分の一しかいなかった。ほとんどの親は、自分の子どもはちゃんと読めると思っていた。

学校を良くすることに地域コミュニティを参加させるプログラムを政府が実施しているというのに、こんな状態だった。地域レベルで参加する手段は、保護者三人と、村の学校の校長と、村の自治体の長で構成する村教育委員会だった。委員会は、村民と県の教育行政との橋渡しをする主な機関として、教室での活動の観察や報告から、教師の採用・解雇、国庫から学校への補助金の配分まで、たくさんの役割を担っていた。一般の人が委員を通したり、委員会に入ったりして教育に影響を及ぼす機会があるように思われた。

そんな機会は幻だったのかもしれない。または、みんな関心がなかったのかもしれない。たぶん両方だろう。いずれにしても、自分の子どもの教育についてこんなに誤解しているんだから、親が村教育委員会についても無関心だったのは驚くことじゃない。ほとんどの人は委員会のことを知らなかった。そういうものがあることを知っている人は二〇人に一人以下だった。

信じられないことに、当の委員たちもよく分かっていなかった！　所属している組織の名前を尋ねると、村教育委員会の名を挙げた人は三分の一しかいなかった。具体的に名前を出して答えを促しても、四分の一は何も答えられなかった。委員会についてわずかでも知っていたとしても、ほとんどは表面的な知識にとどまっていた。委員会の役割と責任を理解している人はほとんどいなかった。そもそも、政府の補助金が受けられることを知っていたのは五人に一人、追加の教師を雇う資金を要求できることを知っていたのはわずかに二五人に一人だった。要するに、村教育委員会はまったく無能だった。生徒にしてみれば、本来なら自分たちの利益のために尽力してくれるはずの貴重な資源を奪われた状態だった。

インド最大の教育NGO、プラサムは、ウッタルプラデシュ州の子どもたちがこんな目に遭っているのを放っておけなかった。彼らは、村人たち（委員も含む）が委員会の権限と義務について学んだら、何か行動を起こすだろうと考えた。そして、研究者のアビジット・バナジー、エステル・デュフロ、レイチェル・グレナスター、それに世界銀行のストゥティ・ケマニと組んで、村の教育をフル稼働させるための三つのプログラムを試してみた(18)。

最初のいちばん基本的なプログラムでは、プラサムが近隣地区ごとに会合を開き、最後に村全体の集会で村の教育の現状や、村教育委員会の役割、連邦政府から受けられる教育補助金について話し合った。

二番目のプログラムでは、最初のプログラムの内容をぜんぶ行ったうえで、生徒の学習レベルを村民自身が評価できる試験ツールの使い方を教えた。評価は近隣地区ごとに行い、それをまとめた「通知表」について、村全体の集会で話し合った。村の人たちには、生徒たちの成績の推移を追跡できるモニタリング用のツールについての研修も行った。

三番目のプログラムは、二番目のプログラムのすべての要素に加えて、プラサムの「リード・インディア」プログラムでの研修を実施した。グループ単位で行う識字能力向上カリキュラムだ。研修を終えた村人には、地域の生徒のためのリーディング・キャンプを組織して、ボランティアとして運営することを奨励した。

プラサムはウッタルプラデシュ州の二八〇の村を選んで、ランダムに四分の一ずつに分けて三つのプログラムを割り当てた。最後の四分の一は、対照群としてモニタリングした。プログラム開始から一年が過ぎたとき、どういう変化が起きたかを調査した。

最初の発見は、心強いものだった。三つのプログラムすべてで、村単位の集会への出席は良く、平均して百人以上の村人が参加していた。ところが詳しく見ると、集会は時間の無駄だったようだ。村教育委員会の認知度は少し上がったけど、集会に出席した人が多かったにしてはわずかな上昇にとどまっていた。むしろ実際には、出席はしたけれど委員会があるということさえ学ばなかった村人が大半だったことがうかがえた。

認知度にどんな影響があったにしろ、このイニシアティブの本当の目標だった委員会の働きと学校教育の状況の変化は起きていなかった。教師の採用は増えず、親たちの学校への関与（たとえば、訪問、ボランティア、寄付）には変化がなく、子どもが良い学校に転校している形跡はなく、生徒の出席率と教師の出勤率も変化がなかった。集会は失敗だったと結論づけるしかないように思える。

でも幸運なことに、まっ暗闇の中にもいくつかの明るい点と、教育のレシピに欠かせない秘密の材料を発見するカギになりそうなことがあった。委員会はまるで役に立たないままだったけど、リーディング・キャンプは活発に活動していた。プラサムの「リード・インディア」プログラムを提供された六五の村のうち、五五の村がキャンプを始め、一つの村で平均一三五人の子どもの手助けをしていた。キャンプは大成功だった。特にいちばん必要としている子どもたちへの効果が大きかった。最初文字が分からなかった子どもは、リーディング・キャンプで大きく進歩した。全員が読めるようになっていた。それに比べて、キャンプを開いていなかった村の同じような子どものうち、進歩したのは半分以下だった。リーディング・キャンプの大成功を見ると、希望を持ってもいいようだ。学校が事実上役割を果たしていなくても、親たちが現状を改善するために崇高な努力を結集することさえできなくても（そして最悪、無関心でも）、まだ助ける方法はある。既存の枠組みから飛び出して——この場合は、学校から飛び出して——考えればいい。

秘密の材料を見つける

生徒と教師というのは、誰もが同意しやすい主題だ。でも、すべてをうまく動かす妖精の魔法の粉はそうじゃない。いちばん期待できそうな成果のいくつかは、思いもかけないところから生まれることがある。

教育分野の解決策を見つけるには、大きく網を張らなくちゃならない。寄生虫駆除が生徒の出席率向上に信じられないような効果があったことや、リーディング・キャンプが読む能力を押し上げるのに力を発揮したことは、学習への道が教室から始まり教室で終わるとは限らないことの確かな証拠だ。

僕たち先進国の人間は、いつでも質の高い教育というごちそうを堪能しているけど、ある意味では自分たちが何を食べているか分かっていない。秘密の材料を突き止めるのがこんなに難しい理由の一つは、豊かな国の学校制度には、設備の整った教室や健康な生徒から機能しているＰＴＡまで、貧しい国の学校ではたいてい不足しているたくさんのものがそろっているということだ。つまり、うまく機能しているシステムを見るだけでは、そこに投入されているどれか一つの要素だけの効果を抽出することはたいてい不可能だ（実際、農業や銀行取引、医療など、貧富に関係なく僕たちみんなに影響が及ぶいろんな分野の改善についての研究にも、同じ難しさがある）。

僕たちにできるのは、現場で試してみることだ。一度に一つか二つ、ちょっと足したり変えたりして、教育を機能させるものを探す。この章ではいくつかの革新的なアイデアを紹介したけど、これは始まりにすぎない。第一、世界にはいちばん基本的な二つの要素の生徒と先生でさえ極端に不足している学校が、無数にある。アンソニーのような話はいったいどれくらいあるんだろう？

もちろん、教科書や給食、教室、机など、教育に必要な数え切れないほどのものについての問題は残る。厳密なテストと評価を通して学べば学ぶほど、僕たちはこういう問題もたくさん解決できるようになり、あらゆる人を育む教育のレシピに近づくことができる。

第10章　健康を保つ——足の骨折から寄生虫まで

ジェイクは、ガーナのアクラの環状道路沿いにあるこぎれいな住宅地の家に一年ちょっと住んでいた。友だちの紹介で、週に二回、掃除と洗濯をしてくれる家政婦を雇った。名前はエリザベス。二〇〇八年の一月に彼女は足を怪我した。

そんなことがあったのをジェイクは数週間知らなかった。掃除に来ないわけを尋ねるためにエリザベスに電話をして初めて知った。

「エリザベス。このところ来ないね」

「まあ、ブラザー・ジェイク。行けなくてすみません。足を折ったんです」

「エリザベス！　いったいどうしたの？」

「市場で溝に落っこちました」

「それは大変だったね。お医者さんには診せた？」

「ええ、病院へ行きました」

「それで、お医者さんは骨が折れてるって言ったの？」

「ええ、ひねってるって言われました。足首のあたりです」

「ああ、じゃあ捻挫なんだね。でも骨は折れてるの？」

「はい。骨は折れてません」

二人は電話による意思疎通能力の限界に達していた。言いたいことをちゃんと伝えるには身振り手振りの助けが必要なのは明らかだった。エリザベスは、だいぶよくなったので、次の月曜日には掃除をしに行けるから、そのとき詳しく話をすると言った。

次の月曜日にジェイクが仕事から帰ってくると、玄関のポーチにエリザベスが座っていた。左足を不自然に前に投げ出している。膝から下が腫れあがり、すねから足首の下まで薄汚れた伸縮包帯がきつく巻かれている。顔にはいつものように満面の笑みを浮かべて、ていねいに挨拶をした。

事故の様子を話してくれた。野外市場の溝に橋の代わりに幅広の板が掛けられていた。それを渡っていたとき板が割れ、エリザベスは一メートルくらい下の砂利混じりの地面に落ちた。ガーナではみんなしているように、彼女も二歳になる息子のゴッズウィルを背中におぶって布でしっかりとくくりつけていた。子どもが押しつぶされなかったのは幸運だった。二、三日たって病院に行くと、医者はいくつかの治療法を提案した。

エリザベスはいちばん伝統的な方法を選び、薬草医のところへ行った。毎日塗り薬を塗り、週に一度見せに来るように言われた。治療費はぜんぶ込みで一カ月六〇セディ（約六〇ドル）、給料の半分だった。でも、そんなにお金を払うというのに、エリザベスはどういう薬をもらっているのかよく分かっていなかった。ガーナの薬草医は、患者に処方した鎮痛剤や軟膏、湿布薬、チンキ剤などに何が入っているかをめったに教えない。材料はたいてい地元の市場で安く売っているからだ。正体は何にしても、エリザベスはその薬が気に入った。少なくとも使い続けるくらいには。最初の一カ月が過ぎ、エリザベスは二カ月目の治療を申し込んだ。

悪いことに、足の方はあまり納得していなかった。治療を二カ月続けても、まだ調子がいいときと悪いときがあった。完全によくなったように感じ、痛みもないときがあると思うと、腫れあがってそろそろと歩かなくてはならなかったり、まったく歩けなかったりした。そんなときは包帯をほどいて、きつく巻き直す。そういう日は「内側から」痛むと言って、足首の上のあたりを指差した。

気の滅入るような状態だった。二カ月が過ぎ、財布は半分空っぽなのに、足は一向によくならない。でも、まったく予想外でもなかったことは認めなくちゃならない。もし足が本当に折れていたら、どっちみち薬草医の軟膏だけではどうにもならなかっただろう。

皮膚の下がどうなっているのか知らないけど、見ているだけでも痛々しかった。エリザベスはなんとか仕事を続けようと一生懸命だった。約束した日にはたいてい掃除をしにきて、しょっちゅう足を引きずりながら床を掃き、パンパンに腫れた足を横に投げだして洗濯桶の前に座っていた。ジェイクは、もう一度病院へ行ってX線写真を撮って診察してもらった方がいいと勧めた。

簡単にことが進むとは誰も思っていなかった。エリザベスは月曜の朝、コレブ教育病院〔ガーナ最大の公立病院、ガーナ大学医学部などを擁する〕へ行き、受診の申し込みをして待った。お昼頃、看護師から、今日は医師が来ないから、水曜日にもう一度来るように言われた。だから彼女は水曜の朝、もう一度病院へ行って、申込用紙に名前を書き、折りたたみ椅子に座っていた。昼休みの間もずっと座っていた。午後になって受付のカウンターの向こうから女性が出てきて言った。「申込用紙のあなたの名前の横に「X線」と書いてあるわね。あなた、午前中ずっとそこに座っていたでしょ。病院を間違えているのを知らないの？　X線は町の反対側のリッジ病院よ。でも、これから行っても間に合わないから、明日の朝、行きなさい。朝いちばんによ」。エリザベスは言われた通りにした。リッジ病院には木曜日に医師がいるはずだった。病欠の連絡はなかった。なのに、どこを探しても、見つからないという。受付係は、午後もだいぶ遅くなってからようやく、先生は明日はきっと来るはずだと言った（後で分かるように、これは珍しい出来事じゃない。教師もそうだけど、まず医師や看護師に出勤させることが、途上国での医療の問題に大きな部分を占めている）。

確かに、医師は金曜日には出勤していた。エリザベスは病院で待っていた。ワクワクする瞬間だったに違いない。この一週間、あちこちの待合室で合計二〇時間も過ごす間に、期待は高まるばかりだったから。

医師はエリザベスの膝から下のX線写真を撮り、彼女に見せながら説明した。一月には髪の毛のように細いひびだったのが、二カ月たつうちに亀裂が広がっていた。腫れと痛みが引かなかったのはそのためだった。医師は、こんなになっては石膏のギプスしか方法がないと言って譲らない。そうしないとエリザベスはいずれ脚を切断しなければならなくなるかもしれないという。これには納得しないわけにはいかなかった。エリザベスはギプスをつけることにその場で同意したけど、実際に装着されるまでに、また待合室で三日にわたって一六時間過ごすことになった。

本日（も）休診

ジェイクは最初、エリザベスから薬草医に診てもらっていると聞いたとき、残念に思った。騙されているような気がしたからだ。古くさい塗り薬一びんで給料の半分も巻きあげるなんて。迷信だ。よくても、おまじないだ。いずれにしても、骨折の治療には役立たない。それは分かっていた。

でも、エリザベスから何度も病院へ行かなければならなかったことや、何十時間も待たされたこと、職員がまったく無関心なことなどを聞いていると、同情したくもなった。週に一度、薬草医に診てもらいに行っていたときは、すぐに診察室に入って座り、診察を受け、帰ってきた。治療内容には問題があるかもしれないけど、薬草医が患者への接し方を心得ていたことは確かだ。

実はガーナには、近隣諸国やほかの途上国と比べるとかなり良い公的医療制度がある。カバーする地域は広く、農村部にも及んでいて、スタッフもかなり訓練されている。でも、顧客サービスが得意じゃないことは明らかだ。ジェイクがガーナ人の同僚に、エリザベスのX線写真にたどり着くまでの一週間にわたる旅のことを話したとき、彼らはまばたき一つしなかった。ある人はこう言った。「病院なんてそんなもんだよ。とにかく待たされる。足が痛いだけだったら、二、三週間待たされることだってあるよ。どんな病気でも、早く医者に診てもらいたかったら、薬草医にかかるべきだよ」

病院はそういう効率が良くて親身なサービスを提供することができないのに、薬草医はどうしてできるのか？　途上国では生活のあらゆる面でこういうことがある。いちばんいいものは不便だから、次にいいもので我慢する。高利貸しからお金を借りるのは、マイクロファイナンス銀行の返済スケジュールは融通が利かないから。利子がつかない貯蓄クラブで貯金をするのは、仕事場までお金を集めに来てくれるから。子どもをお金がかかる私立学校へ行かせるのは、授業料を分割払いできるから。骨折を薬草の軟膏で治療するのは、一週間も待合室で待たされないから――そしてその間の稼ぎをあきらめなくてもいいからだ。

地球を半分回ったインドのラジャスタン州の山岳地帯でも、患者たちが同じ目に遭っていた。公立の診療所に行くと、彼らもえんえんと待たされた。そもそも、中に入ることができたら、の話だけど。二

○○三年に地域の医療施設を調査したところ、週に六日、一日六時間開いているはずの診療所が、驚いたことに決められた診察時間のうち五四パーセントは閉まっていた[1]。医師や看護師が出勤しないからだ。長年の間に人々は、健康問題が起きたらほかのところへ行った方がいいと悟った。つまり、高価な民間医療機関や伝統治療者だ。医者にかかった回数のうち、公立の診療所の医師のところへ行った回数は、全体の四分の一以下だった。

二〇〇三年の調査を行ったインドのNGO、セヴァ・マンディルは、この結果を見て、政府の資源と人々の時間の嘆かわしい無駄遣いだと考えた。でも解決の可能性も見えた。スタッフを出勤させたいなら、出勤した甲斐があるようにしなければならない。逆に言うと、欠勤を減らしたいなら、仕事を休むと高くつくようにしなければならない。要するに、診療所の職員の給料を出勤日数に連動させる必要があった。

セヴァ・マンディルがインセンティブを使って常習的欠勤と闘う方法を見つけたのは、これが初めてじゃなかった。前の章で見たように、使い捨てカメラと、出勤日数で決まる給与システムを使って、学校の教師を出勤させるのに素晴らしい効果を挙げていた。そこで、診療所の職員も同じようにルピーの力には弱いんじゃないかと考えた。

セヴァ・マンディルが過去の成果に励まされたのは確かで、それも当然だけど、彼らは推測に頼るような組織じゃない。プログラムの多くを厳密にテストすることを信念としている。

インセンティブを使ったパッケージを導入するために地方政府（診療所の職員の雇用者）と連携して、アビジット・バナジー、エステル・デュフロ、J-PALのレイチェル・グレナスターとともに、プログラムとそれを評価するためのRCTの詳細を設計した[2]。プログラムは五〇ほどの診療所に導入することになっていた。セヴァ・マンディルが研究対象になる診療所一〇〇カ所を選び、研究者たちがランダムに振り分けた。四九カ所をインセンティブ・プログラムの対象に、残りの五一カ所を対照群としてモニタリングした。

インセンティブの仕組みそのものは、以前の教育プログラムと同じような設計だった。職員は一カ月の半分以上働くと、月給を満額もらえる。働いた日がそれより少ないと、欠勤した一日ごとにペナルティを払わなければならない。二カ月続けて勤務状況が悪いと（出勤が半分未満）、即時解雇だ。

こういう強気の姿勢を支えるには、確実に出勤状況を監視できる手段が必要だった。学校では使い捨てカメラを使ったけど、このプログラムでは選ばれた四九の診療所に、紙のタイムカードにごまかしのできない日時のスタンプを押す機械を備えつけた。職員一人ひとりにカードを持たせ、一日に朝と昼午後に一回ずつ、合わせて三回、タイムカードを押すように指示した。そうしないと出勤したと見なさない。月末に出勤した日数を集計して、職員の給料を計算した。

職員はインセンティブに飛びついた。何度か予告なしに診療所を訪問して観察したところ、出勤率は急上昇していた。最初の三カ月を見ると、対照群の診療所の職員の出勤率が三〇－四五パーセントだったのに対して、四九の診療所の職員の出勤率は約六〇パーセントだった。セヴァ・マンディルはまたもや成功したかに見えた。でも反応は月を追うごとに鈍りはじめた。一年たつころには、明らかに祭りは終わっていた。出勤率は、一〇〇の診療所すべてで、三五パーセントあたりに停滞していた。職員と同じように、インセンティブも働かなくなっていた。

セヴァ・マンディルは、わけが分からなかった。それではすまないくらい、状況の悪化は深刻だったけど。抜き打ち訪問の結果、職員の欠勤が多いことははっきりしていたけど、彼らがその報いを受けていないことも同じくらいはっきりしていた。給料の支払い額と、その計算の元になる診療所内部の勤怠記録の出勤率は、ずっと高いままだった。

セヴァ・マンディルは原因を突き止めるために、タイムカードの束をしらみつぶしに調べた。やっぱり何かが臭った。カードに何日も時刻のスタンプが押されていない診療所がいくつかあった。診療所の監督者の言い分では、その期間は職員が欠勤していたんじゃなく、タイムカードの機械が壊れていたという。記録を調べてみると、監査人が来て発見するまで、壊れた機械が何週間も放置されていたことがたびたびあったことが分かった。機械のなかには、わざと壊されたように見えるものもあった。いくつかは、「壁に投げつけられた形跡があった」(3)。診療所の監督者は、装置が故障すると、セヴァ・マンディルに連絡して修理を頼む代わりに、出勤しなくてもいい休日のように扱っていた。出勤していない職員の分まで、手でサインして出勤したことにしていた。

もっと調べると、「機械の故障」詐欺は氷山の一角にすぎないことが明らかになった。責任者にはもう一つの奥の手があった。欠勤を大目に見る権限だ。この権限はインセンティブ制度が厳しすぎるんじゃないかという懸念に応えるために、もともと制度に組み込まれていた。たとえば、職員が診療所以外のところで職務を遂行しなければならないときがある。そのために罰を受けるのはおかしい。だから責任者は、そういう日を「出勤免除日」にすることが認められている。それがどういう結果を招くか、もう想像がつくだろう。プログラムを導入した四九の診療所では、職員はおよそ六日に一度、出勤を免除されていた。監督者が積極的に部下をかばっていたのか、部下の言い訳をちゃんと調べていなかったのかははっきりしなかったけど、出勤していなかったという点ではどっちでも同じだ。余計な配慮をしたために、出勤免除日という抜け穴がインセンティブ制度を骨抜きにしてしまった。そうなったら、診療所の職員がどんな行動に出るかは、火を見るよりも明らかだ。歯のない口で嚙みつかれたって痛くもかゆくもなかった。

セヴァ・マンディルのラジャスタン州の診療所での経験と、教師を対象にして成功したインセンティブ・プログラムとを比べてみると、開発を議論するうえで重要な論点の一つがあらためて浮かび上がる。それは、状況が大事だということだ。ＩＰＡの研究の主な動機でもある。僕たちは開発イニシアティブについて、人々に生活を改善する道具をあげるような感覚で議論することがあるけど、ねじ回しのセットを配るのとは違う。むしろ移植のようなものと考えた方がいい。移植片が移植を受ける患者とマッチするときもあれば、しないときもある。このケースでは、公的医療制度があまりにも弱くて、治すのに効果があると思われたツールを支えきれなかった。

インセンティブのように一見したところ普遍的な原則に基づいて設計されたプログラムでも、成功するか失敗するかは状況による。だからなおさら、どういう種類の患者ならどういう種類の移植片を受けつけるかを知るために、プログラムをいろんな状況で繰り返しテストする必要がある。医学では、移植の適合性について、ある程度理論が分かっている（たとえば、血液型に関係があること）。だから、どんな場合に患者と移植片がマッチして、どんな場合にマッチしないかを理解しやすい。経済でも同じやり方をすればいい。ときには答えは、驚くほどすんなりと理解できることがある。つまり「インセンティブは、その与え方を監視するツールを不正に操作することが不可能なときにだけ、効果を発揮する」。

医者に行く患者にお金を払う

ラジャスタンの田舎の公立診療所に病人が押しかけていなかった理由は、分かりやすい。セヴァ・マンディルがラジャスタンに進出したころ、患者が決められた診察時間に来ても、診療所は開いているより閉まっていることが多かった。セヴァ・マンディルがインセンティブ・プログラムを導入すると、短い間だったけど、最初の二、三カ月は、それが変わった。でも、気づいた人はいないようだった。その間は職員の出勤率が上がっていたのに、一日に訪れる患者数の平均は、プロジェクトの間中、同じだった。インセンティブが存続して職員の出勤率がずっと良いままだったら、そのうち訪れる人が増えていたかもしれないけど、残念ながら、それは分からない。でも、診療所をなんとか診察時間どおりに開けていられたとしても、あまり利用されなかったかもしれない。

メキシコ連邦政府の考えでは、一九九七年にメキシコが直面していた問題の一つがこれだった。いろんな分野の治療と助言ができる診療所の全国的なネットワークがあって機能していたのに、利用する人が少なかった。低出生体重や子どもの栄養不良のような、弊害が大きいけれど簡単に防げる症状が蔓延していた。そこで政府は、画期的な条件つき現金給付プログラムの「プログレサ」に、医師の診察を受けることを織り込んだ。プログレサについては教育に関する章で触れた。学校の出席率を上げるために使われていて、貧しい家庭は子どもが学校に行ったら現金給付を受けることができるというものだった。プログラムの健康に関する部分では、公立の診療所を利用したらお金をもらえるようになっていた。(4)

いろいろ考えると、かなりいい話だった。無料の予防的ケア、予防接種、産前産後ケアを受け、栄養補助剤をもらい、保健衛生や栄養についての教育プログラムに参加すると、貧しい家庭は月収の四分の一程度の現金をもらえた。プログラムのターゲットは低出生体重と子どもの栄養不良だったから、母親と子どもにいちばん力が注がれた。とはいっても、家族全員が少なくとも毎年の予防的健診を受けることを約束しなければならなかったから、すべての層にメリットがあるはずだった。

セヴァ・マンディルがラジャスタン州で直面した診療所の監督者のような障害にぶつかったら、プログラム全体が行き詰まる可能性はもちろんあった。参加者が実際には教育プログラムや予防的ケア・プログラムなどに参加していないのに、診療所の職員が参加したと言って、プログレサのインセンティブの効果を台無しにしてしまう恐れもあった。もっと言えば、運営上のことであれ、内容にかかわるものであれ、プログラムのほかのどの部分でも同じように簡単に失敗するかもしれなかった。政府は、どの部分が破綻してもおかしくないと分かっていたから、プログレサの導入から二年間を評価に充てることにしていた。

政府はまた、プログラムが政治にいいように利用されることも懸念していた。メキシコには新しい政権ができると（同じ政党の場合でも）、それまでの社会的プログラムをすべて廃止して、新しいものを作ってきた長い歴史がある。これは非常に高くつく、大きな無駄遣いだけど、どうしても避けられないようだ。ただし、以前のプログラムが高い評価を得ていたとしたら話は別だ。プログレサを導入するにあたって政府は、政治的な論争に左右されない厳密な評価をすることを目指した。そうすれば、プログラムがうまくいった場合、次の政権は廃止しにくくなる。

ふつう評価は、その国での経験がある人が設計して、実施する。現地の事情に通じていれば、評価の質を高めるのに役立つからだ。でも、いつもそううまくいくわけじゃない。一九九七年、カリフォルニア大学バークリー校の経済学教授、ポール・ガートラーに、メキシコ政府高官から電話がかかってきた。「スペイン語は話せますか?」「いいえ」「メキシコで働いた経験はありますか?」「いいえ」「理想的です!」　彼らが探していたのは、メキシコについてなんにも知らない人だった。メキシコの政治にはなんのかかわりもなく、スペイン語を話せず、まして知り合いなんて誰もいない人。そういう人が評価をするなら、仲間をえこひいきしたり不正を行ったりする疑いはなかった。

そういう基準で選ぶというのは皮肉だけど、これが実に効果的だと分かった。今でも、プログレサと、それに関するポールの研究[5]は、政治と評価の実務両方の指針となる輝かしい成功例の一つだ。僕がラテンアメリカで出席した多くの会合では、「プログレサのようなことをしている」と言うだけで、参加者がにわかに興味を示し、話が弾んだ。

プログレサの完全版は、二〇〇〇年には二六〇〇万人のメキシコ市民を対象にするほどになっていた。こんなに野心的な規模で、投入される資金も莫大だったから、政府はなんとしてもプログラムが受益者の健康に影響を及ぼしたことを証明しようと決意していた。少なくとも、改善はプログレサのおかげだと結論づけることができたら、多額の支出の正当性も主張できる。プログラムが費用効率の良いツールかどうかをはっきりさせるには、ＲＣＴが欠かせなかった。これは、開発研究者にとって夢のような仕事だった。なにしろ、プログラムの影響についての確かな証拠を得る厳密な研究を、途方もない規模（五〇五のコミュニティの約八万人が対象）で行えるんだから。

プログレサ推進派の人たちも大いに点を稼いだ。結果が出たとき、プログラムは人気があると自信を持っていえた。研究期間にプログレサを提供された三二〇のコミュニティでは、資格のある家族の九七パーセントがプログラムへの参加を申し込んでいた。もっとすごいのは、参加した人の九九パーセントが最終的に支払いを受けたことだ。つまり、ヘルスケアに関する要件をすべて満たしていた。ラジャスタン州の例と違って、メキシコの医療行政は、インセンティブが機能するほどしっかりしていることが証明された。医師や患者が組織的にごまかしをしている証拠はなかった。診療所の記録のチェックマークは、患者が実際に診療所を訪れたことをきちんと反映していた。

プログラムの設計者が予想し、望んだ通り、診療所の利用が増えるとすぐに健康に効果が表れてきた。二年間のパイロット試験の間、追跡した調査では、子どもに大きな影響が見られた。参加した子どもは、病気全体の発生率が二三パーセント減り、貧血の発生率は一八パーセント減り、身長が一－四パーセント伸びていた。こういう好結果だけを見ても、プログラムが成功だったと断言できるかもしれないけど、うれしいことにほかにも良い結果が出ていた。プログレサは医師に診てもらうことを給付の要件にしただけでなく、健康増進のための二つ目の仕組みを持っていた。現金給付自体がそうだ。参加した家庭がこの余分の収入をどう使ったかを調べた別の研究(6)によると、平均してその七〇パーセントは、家族が入手できる食べ物の質と量を向上させるために使われていた。つまり家族全員が、以前より栄養のあるものをたくさん食べることができるようになっていた。プログラムが子どもの健康状態を改善することに成功したのには、この力が貢献したことは間違いないけど、ほかの家族にも良い影響を及ぼしていた。追跡調査では、参加した大人のすべての年齢層で、病気のために基本的な活動をするのが難しかった日数が減り、疲れずに歩ける距離が伸びていた。

みんなの利益になっていた。天から神の恵みが降り注いだかのようだった。いちばん得をしたのはプログラムの参加者だけど、分け前にあずかったのは彼らだけじゃない。メキシコ政府も無事にやり通したし、研究者たちもそうだ。政府といっしょに評価を設計して実行し、その過程で、政府と研究者が協力して何が有効かを探る試みの金字塔を打ち立てたんだから。

国が全国的な貧困削減キャンペーンを展開して成功したのはこれが初めてじゃないけど、これほど大きな規模でRCTを使って、プログラムの効果を厳密に立証したのは初めてだった。世界がこれに注目した。その後、ほかの六カ国でプログレサ式のプログラムが次々に生まれ、今では世界中で何千万という家族にサービスを提供している。プログラムの多くは厳密な評価を受けている[7]。効果的な開発プラクティスを提唱している世界中の人たちにとって、これは画期的な勝利であり、研究主導の政策立案の優れた例だ。効果が立証されているツールを使えば、貧困との闘いに前進することができるということだ。

自分でつくるインセンティブ

患者が医師に診てもらったら現金を給付するというプログレサの戦略は、健康を向上させる選択を促すのに効果があるツールだということが立証された。効果は非常に大きい。健康状態が向上した結果、社会的な利益ももたらされたから、政府の支出も間違いではなかったことが示された。お金がかかり、最初は異論もあったけど、壮大な社会的プログラムが大勝利を収めた好例だ。でも、想像してほしい。健康のためのより良い選択を促す金銭的なインセンティブを、人々が我先に自分で作ろうとするなら、プログレサを売り込むのはもっと簡単だったんじゃないか。

僕が、貯蓄についての章で触れたコミットメント契約のウェブサイト、スティック・ドットコムを作ったのは、まさにこう考えたからだった。インターネットに接続できてクレジットカードを持っていれば、誰でもスティック・ドットコムを利用できる。賭けるものを大きくすることによって、自分の選んだ目標に向かって自分を後押しすることができる（実際には、お金じゃなく、自分の面目をかける人が多い。成功したり失敗したりしたら知らせが行く友だちや家族をあらかじめ決めておく）。お金（または面目）がかかっていると、失敗は高くつから、失敗しないようにがんばろうとする。

二〇〇七年にスタートして以来、アメリカだけでなくいろんな国の数千人が、スティック・ドットコムを使って減量や運動、禁煙などの健康上の目標を達成しようとしてきた。多くの人はこういう目標をずっと前から達成したいと思っていた。ほかの方法を試しては、失敗に終わっていた。スティック・ドットコムは、そういう人たちが成功するために必要としていたナッジを与えた。同じようなコミットメント式の方法を、貧しい人たちの健康を向上させるのに役立てることはできないだろうか。

常識的に考えて無理だと反論することはできるだろう。貧しい人たちがそうしたいと思っても、彼らには善い行いのご褒美に自分宛ての小切手を切ったり、悪い選択の罰金にしたりするお金はない。そもそも貧しいんだから。でも、そういう事態を僕たちは目にしたことがある。第7章で紹介したサニーは、自宅を改装するために、SEEDのコミットメント貯蓄口座にお金を預けて下ろせないようにした。サニーだけじゃなかった。最終的には数百人の人が、SEEDのおかげで、お金を使いたいという誘惑に抵抗して、本当に必要なことに充てるお金を貯めることができた。

SEEDの成功に力づけられて、僕は二〇〇六年にもう一度フィリピンに行った。今度はチャビエル・ジネとジョナサン・ジンマンといっしょで、同じような貯蓄商品が健康にも効果があるかどうかを試すためだった。今度もSEEDの研究のときのパートナーのグリーンバンクと組んでCARES（Commited Action to Reduce and End Smoking の略）を開発し、RCTでテストした。(8)

CARESはシンプルで、余計なものは何もないコミットメント貯蓄口座だった。顧客は最初、最低五〇ペソ（約一ドル）を口座に預ける。その後六カ月の間、週に一度、顧客一人ひとりをグリーンバンクの預金集金係が訪れる。顧客はそのとき口座にお金を預けることができる。六カ月の終わりに一度だけ、尿中ニコチンの検査があり、これに合格した顧客は、お金をぜんぶ返してもらえる（利子はない）。少しでもニコチンが検出されたら、預金全額が地元の孤児院に寄付される。

伝統的な経済学の見地からは、CARESはSEEDよりもっと魅力がないはずだった。SEEDの口座で考えられる最悪の事態は、最初に自分で決めた目標額に達するか、期間が過ぎるまで自分のお金を使えないことだった。ところがCARESではいちばんいいシナリオはSEEDと同じで、預けたお金を引きだせることだったけど、失敗したら、貯めたお金を本当に失うかもしれなかった。

ふつう自由市場では、自分が避けたいもの、たとえばたばこや脂っこい食べ物などの値段を上げさせることはできない。でも、ほかの条件がすべて同じだとすると、誘惑に負けたら高くつく方がずっと抵抗しやすい。CARESやスティック・ドットコムを一言で説明すると、善い行いと悪い行いの相対的な値段を変える、つまり悪癖をより高く、善行をより安くするツールを提供しているわけだ。

僕たちの研究で、貧しい人たちの中にも、そんな厳しい試練を自分に課そうとする人たちが間違いなくいることがはっきりした。グリーンバンクのスタッフが街角で声をかけた六四〇人の喫煙者に口座の勧誘をしたところ、そのうち七五人(約一二パーセント)が口座を開いた。これはかなりすごい数字だと思う。喫煙者の一〇人に一人以上がただ禁煙したいと思っていただけではなく、お金を失うリスクを負ってもいいとその場で決断するくらい切実に禁煙したがっていたんだから。

申し込む意思があっても、CARESは本当にたばこをきっぱりとやめるのに役立つんだろうか? 汗水たらして稼いだお金をCARESの口座に預けるという賭けをするほど真剣に禁煙しようという人たちは、コミットメント装置の助けがなくても成功したかもしれない。それを見極めるには比べる必要があった。そこで、CARESの口座を勧誘した六四〇人のほかに、もう六〇〇人ほどの喫煙者を(口座を勧誘しないで)対照群としてモニタリングした。

結論を言うと、CARESは効果があった。売り込みから六カ月後、CARESの勧誘を受けた六四〇人は――断った人も含めて!――ニコチン検査の合格率が、対照群より約四五パーセントも高かった。

ここで、気をつけなければならないことが二つある。第一に、禁煙は誰にとっても簡単じゃないということだ。対照群の喫煙者で六カ月後の検査に合格したのは、わずか八パーセントだった。もっと目を引くのは、CARESの口座にお金を賭けるほど意欲的だった人のうち、預金を取り戻せた人は三分の一しかいなかったことだ。第二に、そもそもたった六カ月後のニコチン検査で比較するのは公平じゃないといえるかもしれない。対照群の人と違って、CARESの口座を開いた人は、ニコチン検査の結果次第で失うものが大きかった。だから、預けたお金を取り戻すために神妙にしていただけで、プレッシャーがなくなったら元に戻るかもしれなかった。

だから僕たちは、結果が変わらないかどうかを確かめるために、もう六カ月待った。開始から丸一年たったころ、すべての喫煙者にまた連絡をとり、もう一度ニコチン検査を受けてもらった。これは抜き打ちテストみたいなもので、誰もみな予想していなかった。それに、CARESの口座はすべて解約されていたので、プログラムの効果を持続させることだけのために禁煙を続けるインセンティブは誰にもなかった。またしても、CARESの勧誘を受けていた人は、断った人も含めて、明らかに成績が良かった。本当にたばこをやめることができたようだった。

もちろん、CARESがどんな人にでも効果があったわけじゃない。口座開設のオファーを断った八八パーセントの人には、たぶんあまり役に立たなかったし、申し込んだ人も必ず禁煙に成功するという保証はなかった。でもここには二つの重要な教訓がある。まず、CARESがそれを選択した人に強力なモチベーションを与えたことは確かだったし、プログレサのような健康目標のインセンティブを提供するのと比べると、お金がかからなかった。CARESが提供したのは、カギがかかる金庫と預金の集金をする人とニコチン検査だけだった。多少はコストがかかるけど、絶対に必要な材料である意志の力とそれを生かすための金銭的なインセンティブ（これらは参加者が自分で用意してくれる）に比べたら簡単に手に入るし、安いものだ。

これが第二の教訓だ。つまり、発展途上の世界はこういう類の解決策を受け入れる準備ができているということだ。貧しい人たちの中には、変化に手が届きそうなところまできている数え切れないほどの人がいる。真剣に生活を向上させたいと願い、そのためにはどんな苦労も惜しまない人たちだ。彼らに必要なのはその手段、ツールだけだ。どんなツールも、それだけであらゆることに効果があるわけじゃない。でも、何かに確実に効果があるものを一つ作ることができたら、そしてそういう人たちに届けることができたら、正しい方向へ一つ歩みを進めたことになる。

マラリア

デイヴィス・P・チャーウェイは、五日のうち四日は、三つ揃えのスーツで出勤してきた。三つ揃えじゃないときも、いつもパリッとしたシャツを着ていた。高級デパートの陳列台に並んでいるような、柔らかい厚地の、細かい杉綾の織り模様があるようなやつだ。袖口は必ず、折り返したフレンチカフ。カフスボタンはスミソニアン博物館のエキゾチックなカブトムシのような艶を放ち、あらゆる色が揃っていた。いつもネクタイによくマッチしていた。デスクに座っているときも、車のハンドルを握っているときも、ビシッと決まっていた。車は黒のメルセデスEクラス・セダンで、その話になると、必ず自分をジョークにした。「ただのEクラスですよ。本当に大物になったら、Sクラスに買い替えますよ」

デイヴィスはふつうの感覚ではどう見てももう大物だった。ガーナ中央部のアシャンティ地方のどこにでもいるような子どもが、アイビーリーグの大学に進み、ついにはローワーマンハッタンの高層ビルにオフィスを持つ大手クレジットカード会社本社の副社長にまで昇りつめた。しかし数年後、望郷の思い抑えがたく、国に帰って首都アクラに本拠を置くガーナのマイクロファイナンス銀行の経営幹部に収まった。

ジェイクが知っているのはそういう立場にあるデイヴィスだった。ＩＰＡはデイヴィスの銀行と提携して、そのマイクロローンを研究しようとしており、ジェイクはそのプロジェクトの研究助手だった。ガーナに行ってまだ二、三週間しかたたないある日、デイヴィスとの約束がありオフィスを訪ねると、鍵がかかっていた。秘書は、デイヴィスは病気で休んでいるという。大丈夫なのかと尋ねると、彼女はこう言った。「デイヴィスのことはご心配なく。軽いマラリアの発作のようですわ。金曜日か、遅くとも週明けには出社できると思います」

当時、ジェイクはマラリアについて、渡航情報や新聞記事で読んだことぐらいしか知らなかった。そういうものは例外なくマラリアを発展途上地域に蔓延する悲惨な病として描いていた。どれを読んでも、銀行のエグゼクティブが心配しなければならないようなものだとは思わなかった。頭に浮かぶのは、うっそうとした熱帯の密林や田舎の村、窓に網戸もない藁ぶき屋根の小屋、あちこちに淀んだ水たまりがある不潔なスラムのイメージだった。第一、どうやったらマラリア蚊がデイヴィスを刺せるのか不思議だった。オフィスにいるときも車の中でも自宅でも、冷房するために窓を閉め切っていたからだ。

その後の二〇カ月の間、何十人もの銀行の職員が同じような発作で何週間も仕事を休むのを見ているうちに、ジェイクには分かってきた。マラリアは階層や社会的地位を区別なんかしない。ビジネスマンにも農民にも物乞いにも、同じように襲いかかる（僕の八歳の娘のガブリエラも、この夏ガーナでかかった。彼女のケースを見ていると、高価な薬もいいことずくめじゃないことが分かる。一日一ドル以上かかる予防薬でも、マラリアを完全に予防できるとは限らない。でも、確かに症状はずいぶん軽くなる。娘はよくがんばった)。

ジェイクが最初に抱いたマラリアのイメージを形づくった一般的な描写は、足りないところもあったけど、必ずしも間違いではなかった。マラリアに襲われたとき、いちばん多く、いちばんひどく苦しむのは、貧しくて身を守る手段のない人たちだ。二〇〇九年の夏、ジェイクはケニアのポートヴィクトリアを訪れた。名前から分かるように、ヴィクトリア湖の岸辺にある町だ。町に向かう途中、小高い丘の上まで来ると、広々とした景色が見渡せた。きらめく湖の近くに建物が固まり、モロコシとシコクビエの大きな長方形の畑がはるかかなたまで続いていた。

住民にとって、ここに住むことは恵みでもあり、呪いでもあった。湖のすぐそばだからティラピアやナイルパーチなどの魚が豊富に獲れた。だけど、低地にある町はしょっちゅう広い範囲が水に浸かる。いったん浸水すると何週間も水が引かないから、寄生虫や蚊が繁殖するのにもってこいの環境が生まれる。そうなると、住民はつらい疫病になすすべもなく苦しむしかない。マラリアやほかの寄生虫に感染して、人がばたばたと病に倒れる。何とか持ちこたえる人もいるけど、力尽きる人もいる。次々と人が死に、親を亡くした子どもたちと空っぽの家が残される。ポートヴィクトリアのルニョフ小学校では八〇〇人の児童のうち三〇〇人が両親を亡くしていた。父親も母親もだ。

でもジェイクは初めてここに来たとき、そんなことはぜんぜん知らなかった。ルニョフに来たのは、IPAから派遣されて、第9章で紹介した大成功を収めた寄生虫駆除プログラムが小学校でどういう風に実施され、どんな影響があったかを調べるためだった。校長のマイケルは快く迎え入れてくれた。プログラムに満足したことを率直に語ったばかりか、八年生のクラスの生徒たちを呼んで、虫下しをのんだ日の印象を話させた。ほとんどの生徒は経験を生き生きと話してくれたけど、後ろの方にだまって立っている少女が何人かいた。ほかの生徒が話し終えると、マイケルは女の子たちを前に呼んだ。六人の女子生徒はマイケルの机の横に一列に並んで目を伏せた。恥ずかしそうにしていた。

マイケルは彼女たちに目をやり、ジェイクの方に向き直ると話しはじめた。「心の底からお願いしたいことがあるんです」。女子生徒たちは湖の岸から遠く離れた小島の出身だった。親は娘たちを学校に通わせるためにポートヴィクトリアに送りだしたけれど、本土に親戚がいないので住むところがなかった。マイケルはできる限りのことをした。つまり、学校に寝泊まりすることを許した。十分ではなかったけど、彼女たちはそうするほかなかった。ほかの生徒が下校して数時間が過ぎ、夜になると、少女たちは長い木の机を教室の端に押しやり、床に寝た。あるものといえば、頭の上の屋根くらいだった。ドアはちゃんと閉まらないし、窓には網戸がない。そんな粗末な建物だったから、蚊はやすやすと侵入できた。

毎朝目覚めると、必ず新しく刺された跡があった。少女たちはよくマラリアにかかった。蚊帳があれば必要な予防ができたけど、学校には蚊帳を買う余裕がなかった。そもそも寄宿生のための予算などない。妊婦か五歳以下の子どもだったら、どこの公立の診療所でも無料で蚊帳をもらえた（ケニアでは、この二つのグループが蚊帳の全額補助の対象になっている）。女子生徒たちはそのどちらでもないので、お金を払わなければならない。でも払えないから、彼女たちはいつまでたっても、呼ばれたら校長室へ行く。そして目をそらせて恥ずかしそうに立って、マイケルの心からのお願いが思いやりのある人の耳に届くのを待っている。

マラリアと闘う――有償か無償か

生物学的には、マラリアはどこでも同じだ。同じ五種類の原虫が、メスのハマダラカによって人から人へとうつる。蚊が感染した人を刺すと、キャリアになる。蚊の腹の中で原虫が繁殖して増えるのに二週間かかるから、蚊は人を刺した後、二週間は生き続ける必要がある（でもこれはなかなか難しい。ほとんどのハマダラカの寿命は二週間程度だからだ）。そうなったときに初めて、ほかの人を感染させることができる。血を吸うために刺したときにうつすわけだ。

蚊が誰を刺すかで、結果は大きく違ってくる。マラリアはデイヴィス・P・チャーウェイにとっては、ちょっとした不都合だけど、ポートヴィクトリアの人々にとっては大きな災厄だ。個々の事情は大きく異なっても、マラリアの話のすべてに共通するのは、不必要な苦しみということだ。それだけでも撲滅に向けて努力する理由として十分だ。では、マラリアと闘ういちばんいい方法は何だろう？

最初のステップは、敵を寄せつけないことだ。起きている間は、手で払う（または、ピシャッとやる）だけでふつうは十分に防衛できるけど、夜はハマダラカがいちばん活発に人を刺す時間帯だから、何らかの助けが必要だ。これまでに開発された予防手段でいちばん効果的なのは、殺虫剤を染み込ませた布でできた蚊帳だ。ベッドの上から吊るしてマットレスの下に折り込んで使う。

蚊帳を使うと、その下で寝る人たちが守られるだけでなく、感染の鎖が断ち切られるので社会全体のためにもなる（第９章で見た駆虫剤のケースとよく似ている）。直接保護される人が増えると蚊がキャリアになる機会が減り、その結果、全員の感染リスクが小さくなる。純粋に人道的な理由から、貧しい人たちに無償で蚊帳を提供するべきだと主張することもできるだろう。でもこういう社会的な利益の波及効果があるということは、無償配布を主張するもっと強い根拠になる。影響力のある経済学者の中にも無償配布を推奨する人たちがいる。いちばん有名なのがジェフリー・サックスだ。彼らの主張は援助の世界で支持を集め、この一〇年の間に途上国で数百万枚の蚊帳が無料で配られた。

でも、反論する人もいる。貧しい村に行って折り畳みテーブルを広げ、通りかかった人全員に蚊帳を配るのは簡単だけど、それで終わりじゃない、と。蚊帳を貧しい人たちの手に（そして寝室まで）届けるのは、なんといっても、初めの一歩でしかない。蚊帳が効果を発揮するには、正しく使われなければならない。経済学者の中に疑問視する人がいるのはそこだ。むやみにただで配るのは無駄が多い、あるいは、助けたい人の優先順位を無視しているという。たとえば、スーパーマーケットの駐車場で手当たり次第にワイパーブレードの下に差し込まれるクーポン。あれを想像してほしい。そのうちのどれぐらいがゴミとなってあたりを散らかすだろう？　何か理由があって、殺虫剤がたっぷりしみ込んだ網の下では寝たくない人もいるだろう。そういう人の手にわたった蚊帳は、部屋の隅で埃をかぶっているはずだ。ニューヨーク大学の経済学者で世界銀行の元シニア・アドバイザーのウィリアム・イースタリーは、著書『傲慢な援助』でこう報告している。「ザンビアで行われた蚊帳を希望の有無にかかわらず無料で配るプログラムの研究では、受け取った人の七〇パーセントが蚊帳を使っていないことが分かった」

この陣営の人たちは、無駄の問題に市場原理に基づく解決策で取り組むことを提案している。つまり、蚊帳をただで配るのではなく、ほんのわずかな価格で売る。いくらかでも払ってもらうことによって、二つの目標を達成できると彼らは主張する。まず、蚊帳が欲しいと思わない人や、必要としていない人を除外することができる。次に、買うという選択をした人が、投資したという気持ちになる。苦労して稼いだ現金を蚊帳に注ぎ込んだんだから、買った人は元をとろうと思うはずだ。

何かのショーのチケットを買っていたのに、当日の夜になってあまり行きたくなくなった。だけど、どうしても行かなくちゃならないような気がする。こんな経験はないだろうか？　行動経済学者はこれを「埋没費用効果」と呼ぶ。お金を払ってしまったという理由だけで、どうしてもショーを見に行かなくてはと思ったり、もうお腹一杯なのにオーダーしたロブスターのディナーを食べてしまわなくてはならないと思ったりする現象だ。

これがイーコンなら、ロブスターを食べるのをやめるだろう。もうディナーを購入してしまっていて、そのうちどれだけ食べようが、ディナー全体に対してお金を払うのが分かっているからだ。だから、いちばん満足できる量だけ食べて、そこでやめるだろう。僕たちヒューマンはそういう風に考えるとは限らない。自分に鞭打って家を出て、ショーを見に行く。ロブスターのディナーを平らげる。

市場原理に基づく解決策を支持する陣営の狙いは、誰でも保護手段に手が届くようにしながら（だから大幅に値引きする）、行動経済学の知見を使って、使う意思がある人に蚊帳が届くようにすることだ。実務家の間にも、市場原理に基づく解決策を支持する人たちがいる。健康問題専門の有力な国際ＮＧＯ、ポピュレーション・サービシズ・インターナショナルは、数十カ国で値引きした蚊帳を売っている（でも、無償配布はしない）。彼らは、自分たちのプログラムによって、二〇〇七年だけでも世界中で一九〇〇万件のマラリア発症が予防できたとしている。(9)

これら二つの矛盾する筋書きをどう考えたらいいんだろう？　どちらの側にも説得力のある統計で理論武装した支持者のグループがいる。主張と非難が繰り広げられている間に、僕たちの考え方の指針となる確かな証拠がいくつか出てきた。一つは、ブルッキングズ研究所とハーヴァード大学公衆衛生大学院のジェシカ・コーエンとカリフォルニア大学ロサンゼルス校とＩＰＡのパスカリーヌ・デュパの研究から生まれた。(10)二人は蚊帳を配布する方法がその使い方にどういう影響を与えるかを調べるＲＣＴを行った。無償配布対費用負担の議論を、抽象の世界から引きずり出して、ケニア西部の埃っぽい土地にもってきた。研究では、公立の診療所に健診に来た妊婦に、ランダムに割り当てた値段で蚊帳を提供した。一部の女性には無料で、ほかの女性には一枚一五セントから六〇セントという低価格で提供した。

分かったのは、伝統的経済学の基本中の基本である単純な需要と供給の原理が働いていることだった。つまり、価格が高いと蚊帳を買う人が少なくなった。別に目新しくもない発見だけど、女性たちの値段に対する反応の強さは驚くほどだった。コーエンとデュパの計算によると、値段をゼロから七五セント（ポピュレーション・サービシズ・インターナショナルの通常の値引き販売価格）に上げると、顧客のなんと四分の三が逃げていく！

もちろん、この値段によって排除されるのが、蚊帳を使いそうにない人たちや、あまり必要でない人たちなら（そもそも、いくらかお金を払ってもらうことを主張する人たちの根拠がこれだった）、需要が減少してもかまわなかっただろうし、むしろその方がよかったかもしれない。でも、そうじゃなかった。蚊帳を配布するとき、診療所の職員が受け取った人全員のヘモグロビン値を測定していた。ヘモグロビン値は、マラリア感染の強力な指標だ。検査結果を見ると、高い値段で買った人が安い値段で買った人やお金を払わずにもらった人より感染している可能性が高いわけじゃないことが分かった。つまり、自由な市場の見えざる手が、いちばん必要としている人たちに保護策を配っているわけではなかった。値段を上げることによって蚊帳を効果的に使いそうにない人を排除することにも失敗していた。さらに調査員は蚊帳を配布した数週間後に、受け取った人の家を訪れ、蚊帳がちゃんと吊るされているかどうかを確認し、使用状況を尋ねた。調査員が、市場を通した解決策を主張する陣営の人たちのように、無料の蚊帳のほとんどがまだ袋に入ったままだと予想していたとしたら、彼らはがっかりしただろう。どの家でも、だいたい同じ割合（五割強）で蚊帳がつられていた。払った価格は関係がなかった。

値段によって、蚊帳を手に入れる人のタイプや使い方が変わらなかったのだから、有償と無償の違いは、一言でいえば「有償だと保護される人は大幅に減り、蚊帳を提供する側はいくらか節約できた」としてもいいだろう。でも残念ながら、節約幅はそんなに大きくない。蚊帳一枚の製造コストは約六ドルだった。だからポピュレーション・サービシズ・インターナショナルが当時の方針に従って、ケニアの人たちに蚊帳を七五セントで売っていたときは、もうコストの大部分を負担していた。残りの七五セントまで負担すると、蚊帳一枚当たりのコストは約一三パーセント上がる。でも、それで助けられる人は四倍にも増える！

むしろ、感染から守られることが間接的に社会にもたらす利益（感染の鎖が断ち切られること）を考えたら、蚊帳の需要を増やすために少しばかり支出を増やすのは、たぶん経済的にも理屈に合っていた。コーエンとデュパは、蚊帳を提供する側の観点から計算して、一人の命を救う費用は、平均すると蚊帳を売るより無償で配った方が安く済みそうだという結論に達した。

バケツの中のいちばん大事な一滴

開発コミュニティが関心を持っている世界的な健康問題はマラリアだけじゃない。下痢性疾患は毎年、世界中で二〇〇万人の命を奪っている（ほとんどは子ども）[11]。これは二重に悲劇的な損失だ。まったく必然性がないんだから。安価で非常に効果的な下痢の予防法と治療法があるというのに、嘆かわしいほど利用されていない。

第3章で、「最後の一マイル」の例として、センディル・ムライナタンが経口補水塩について、まったく問題なく実行できる解決策があるのに、僕たちはそれをいちばん必要としている人たちの手に届けるのに失敗してきた、という旨の発言をしていることに触れた。塩素、正確に言うと、飲料水用の塩素の希釈液は、これととてもよく似たケースだ。

泉や井戸、掘抜き井戸、小川などの水源の近くに、人間や動物の排泄物があると、その水源から汲み出される水は、下痢を起こす大腸菌などの細菌に汚染されやすくなる。水源がきれいでも、保存容器が汚れていたら、水は汚染される。でも、容器が汚れていたとしても、数滴の塩素で二〇リットルの水から下痢の原因になる細菌を確実に除去することができる。実に効果的だ。

ケニアのブシア（前の章で見た学校の制服を配るプログラムを行った村）の人のほとんどは、塩素について少しは知識がある。質問をしたら、七割の人は、不潔な飲料水は下痢を起こすことがあると答えるだろう。もっと素晴らしいことに、九割近くの人は「ウォーターガード」のことを聞いたことがあると言うだろう。これは塩素希釈液のブランドで、町の一〇以上の店で売っている。こんなに多くの人が問題とその解決策について知っているのには、ポピュレーション・サービシズ・インターナショナルが二〇〇三年にウォーターガードを導入して、その後もずっと幅広く宣伝してきたことが大きく貢献している。蚊帳のプログラムと同じように、ポピュレーション・サービシズ・インターナショナルはウォーターガードをただで配らず、安い値段で売っている。ブシアの一家庭の一カ月分は、約三〇セント。平均的な農業労働者の一日の賃金の四分の一程度の金額だ。

ただ一つの問題は、蔓延する問題に対するこんな安価なよく知られた解決策が根づかなかったことだ。

人々は相変わらずしょっちゅう下痢にかかり、何人かは死ぬ。第9章でケニアの子どもたちを学校に通わせるのにいちばんいい方法を探していたハーヴァードの経済学者、マイケル・クレーマーは、下痢の問題にも取り組むことにした。塩素をもっと使わせるには、無償配布から、コミュニティでの教育プログラム、個人的な説得まで、考えられる方法はいくつもあった。でも、どれがいちばん効果的かよく分からなかったので、ぜんぶ試すことにした。

クレーマーは、センディル・ムライナタン、エドワード・ミゲル、エモリー大学のクレア・ナル、ビル&メリンダ・ゲイツ財団のアリックス・ズウェイン（IPAの元理事でもある）とともに、塩素の使用を促すさまざまな方法の効果を相互比較する一連のRCTを設計した。[12]

まず、値段を下げてみた。一部の家庭にはウォーターガードを無料で配り、別の家庭には半額のクーポンを配った。半額の場合、塩素を使う家庭の割合が五パーセントから一〇パーセントに増えた。でも公衆衛生の観点からは、ただにした方がいいのははっきりしていた。無料で塩素をもらっていた家庭では、使う割合が約七〇パーセントに跳ね上がった。

でも研究者たちは、値段ですべてを説明することはできないかもしれないと思った。彼らには行動経済学的な発想もあった。つまり社会的学習や関心、信頼との関連に注目した。そして次の三点を確かめることにした。（1）NGOの職員が一対一で村人に塩素の使用を勧める方法と村全体に奨励する方法の有効性、（2）塩素の使用を促すのに社会的ネットワークが果たす役割の重要性、（3）現地の人にお金を払って村で製品を宣伝してもらう方法の効果。最初の二点についてはいくつかのことが分かった。村全体に宣伝する方が、一対一で宣伝するよりほんの少し効果が大きいことと、コミュニティのリーダーが塩素を使っているとほかの人たちの選択にある程度の影響を与えているらしいことだ。でもどちらも、全体的な使用量の増加はわずかで、それも長続きしなかった。一方、村人の中から選んだ人に地域で宣伝をしてもらうと、すぐに使用が増え、効果が長続きした。

ある意味では、地域での宣伝にいちばん力を発揮するのは、コミュニティのほかの人が例になることだ。研究者たちは、使用率を上げるには塩素を使っていることが誰にでも見えるようにすればいいのではないかと考え、塩素のディスペンサーも設計してテストしてみた。鍵がかかるスタンドの内部に（無料の）ウォーターガードのびんを入れ、特別なノズルから標準的な二〇リットルの携行容器に入った水をちょうど消毒できる量の塩素が出るようにした。市販のウォーターガードの場合、家で塩素を入れるけど、ディスペンサーは水源に設置されているので、水を汲んだその場で塩素を入れる。容器を頭に載せて家まで歩いて帰る間に水が消毒されるというわけだ。この方法だと、自然に注目が集まるという利点もある。塩素は、人々が飲料水を作ろうとするその場にあって、その携行容器にたらすよう訴えてくる。これは、現金が手元にある収穫期に肥料のクーポンを売るのとよく似ている。タイミングが重要だというのにはいろいろ理由があるけど、肝心なときに注意を引きつけるというのはその一つだ。

ディスペンサーを使う方法がすべての中でいちばんよかった。少なくとも、ウォーターガードをただで家庭に配るのと同じぐらい、使用率を上げる効果があったうえに、一軒ずつ配達するのにかかる高いコストはなかった。もっといいのは、本物の行動の変化が起き、それが長続きしそうだったことだ。ディスペンサーを使ったコミュニティの人たちは時間がたってもより多く、より長く、消毒を続けていた。無料でウォーターガードが配られたコミュニティでは、配られてから数週間後に使用率が最高になり、その後は急速に低下していた。ディスペンサーを使っていたコミュニティでは、設置後数カ月の間、使用率が上がりつづけ、一年半たっても高いままだった。

ベアトリスとアグネス

塩素ディスペンサーは、塩素の「最後の一マイル」の問題への答えかもしれない。少なくとも答えの一部と言えそうだ。でも、まだ答えが出ていない大きな問題がある。いちばんの問題は、誰がお金を出すか、だ。さっきも見たように、ほんのわずかの料金（一カ月に一家族あたり一五セント）をとってウォーターガードを市販したら、ほとんどの人が買おうとしなかった。でも、ディスペンサーを地域の人たちが共同で使うのなら、費用を多くの家族で分担できるかもしれないし、社会的なプレッシャーがあるから、みんながもっとお金を払う気になるかもしれない。

午前中を現場で過ごすだけでよく分かった。すっきりとした答えはたぶんない。二〇〇九年の夏、ジェイクはIPAのブシア事務所の担当者といっしょに、何人かの「詰替え係」の話を聞きに行った。塩素のディスペンサーの管理をするボランティアのことだ。ウォーターガードがなくならないように定期的にチェックして、問題があればIPAの職員に報告するのが役目だ。

最初に訪問したディスペンサーは、農村地帯にあった。町を出てしばらく走ってから、車は道をそれた。トウモロコシの壁に突っ込んだかと思ったけど、実際は二つの畑の間に細い道があった。まもなく五つの小さな泥の建物がかたまってたっているところに出た。車を止め、建物を通り過ぎて狭い土の道を歩いていくと、なだらかな丘の中腹に出た。両側には青々としたトウモロコシとモロコシが肩まで茂っている。泉に着くと、そのほとりに立てられた棒にディスペンサーがセットされていた。

数分後に、あざやかな青に大胆なシルバーの柄のポリエステル製のブラウスを来た女性が道を歩いてきて、自己紹介した。詰替え係のベアトリスだった。係に選ばれたのは、泉の近くに住んでいて、字が読め、携帯電話を持っていたから、と説明してくれた。村にディスペンサーがやってきて以来、村人たちは自分たちも力を合わせて何かを始めようと考え、養鶏のグループを作ったらしい。誰が見ても、ディスペンサーは健康のためにも経済的にもおおいに役に立っていた。経済的にも、というのは、下痢やチフスの治療にかかっていたお金を節約できたからだ。

ジェイクがディスペンサーのプログラムについて今後の見通しを尋ねると、ベアトリスは、みんなが健康でいられるようにIPAはウォーターガードを無料でずっと提供しつづけるべきだと言った。ジェイクはさらに聞いた。でも、補助がなくなったら？　コミュニティは団結して、全額自腹を切ってディスペンサーを満たしつづけるだろうか？　ベアトリスは自信がなさそうだった。そうするには費用を負担してくれるよう頼んで回らなければならない。誰だってそんな役目はごめんこうむりたい。ベアトリスはため息をついて言った。補助がおしまいになったら、たぶんディスペンサーもおしまいでしょう。

その半時間ほど後、幹線道路を町の方へ二、三キロ戻ったあたりの、塀で囲まれた住宅地の金属製の門から、アグネスが落ち着いた自信のある足取りで出てきて、自己紹介した。彼女も詰替え係だった。アグネスは物おじせずによくほほ笑んだ。歯並びの悪い歯を見せて。ジェイクに語ったところによると、その住宅地のオーナーで何人もの借家人を抱える大家であるアグネスと夫は、数年前に住宅地の中庭に井戸を掘った。借家人には水を無料で提供し、近所の家庭には売っていた。使い始めてから、水質が悪いことが分かった。よく病人が出て、文句を言われた。アグネスは井戸に塩素の結晶をまいて消毒しようとしたり、お客さんたちに水を煮沸するように通知したりした。でもどちらの戦術も効果がなかった。

IPAが塩素ディスペンサーを設置すると、すぐに改善が見られた。家族もほかの人も、具合が悪くなることが減った。借家人とお客は喜び、数が増えた。ジェイクが会ったとき、アグネスは自分の貸家のほかに近所の二三の住宅地に水を売っていた。

ウォーターガードが有料になったらどうするかという質問に、アグネスは一瞬もためらわなかった。塩素が価値のある経費だということは分かっている。お金を払っても買いつづけるつもりだ。借家人や顧客の満足も大事かもしれないけど、それより家族の治療費を節約できるだけでも全額を払うだけのことはある、というのが彼女の答えだった。

誰にでも効く薬はない

ベアトリスとアグネスは、住んでいるところはたった三キロしか離れていないのに、塩素ディスペンサーに関する限り、違う世界にいた。アグネスは補助がなくてもそのまま使いつづける意欲は十分だろう。ベアトリスは組織づくりや政治的な駆け引きに相当苦労しなければならないだろう。同様に、マラリアがもたらす問題もまた、デイヴィス・チャーウェイとルニョフ小学校の少女たちが違うのと同じくらいさまざまだ。

それを解決する方法も当然違ってくるだろう。

厳密なテストをした結果、ケニアの妊婦には蚊帳の無料配布の方が役に立ちそうだということが分かったけど、だからといって市場原理による解決策をぜんぶやめてしまえといっているんじゃない。アグネスの場合のように、うまくいく状況もある。必要なのは、いろんな解決策が〈どういうときに〉、〈どんなところで〉効果を発揮するのかを見極めることだ。そうすれば、条件がぴったり合うところに導入することができる。その見極めができるまでは、あるプログラム設計の、世界中に適用できる処方箋を書くことはできない。IPAがブシアだけでなくいろんなところで塩素ディスペンサーを使ったいろんな方法をテストしつづけているのは、まさにそういう理由からだ。

全般的な方向性に限っては、僕は、価格のせいで保護を受けられない人を作ってはならないというサックスにも、資源とそれを動員するのに必要な意志は、どちらもあまりにも貴重で希少だから無駄にはできないというイースタリーにも同意する。忘れてならないのは、貧困の撲滅という最終的な目標を追求するのに注ぐのと同じくらいの意気込みと粘り強さで、僕たちの作戦の有効性を追求することだ。それを怠ると、どちらにも失敗することになるだろう。

第11章　男と女のこと——裸の真実

僕が博士課程にいたころ、カリフォルニア大学バークリー校の教授、ポール・ガートラー（前の章では、メキシコ政府に協力してプログレサの評価をしていた）がMITにやって来て、一日セミナーを開いた。多くの大学でやっていることで、外部から招いた教授が、そのとき書いている研究論文の一つについて九〇分間話をする。経済学者にとっては、新しい動向を知り、プロジェクトや論文を発表する前にフィードバックを得るチャンスだ。招かれた教授は話をするほかに、たいていその日一日、招いた方の大学の教授陣や、ときには大学院生と一対一で会う時間を予定に入れていた。

僕はそんな風に学者と会ったことはなかったけど、指導教官のエステルが「ポールにアポを取ること」というメールを送ってきた。僕はその通りにした。約束の場所に向かいながら、僕はちょっと不安だった。こういうときの会話はいったいどういう風に進むのか、まるで見当がつかなかった。もちろん、ポールは心得ていた。彼は僕に何をしているかと聞き、僕はマイクロクレジットの影響を測定する実験を組織するためにもうすぐ南アフリカへ行くところだと答えた（その実験は完全に失敗した。僕はいま思うと当たり前の教訓を早々と学んだ。それは、パートナー組織のスタッフが評価を受けることを心から望んでいなければならないということだ。そうでないと彼らは、RCTをめちゃくちゃにするなんらかの方法をきっと見つけだす)。

ポールは言った。「それはいい！　向こうに行ってる間に、娼婦の値段を調べてくれないかなあ。コンドームをしたときとしないときの」。確かに、こう言ったと思う。

僕は笑ったけど、まともにフォローはしなかった。売春婦の値段がまじめな経済学の研究のテーマになるなんて、どうにも呑み込めなかった。

でも僕は間違っていた。ポールは冗談を言っていたのではなかった。地球上のほとんどの人に影響を及ぼす問題を新しい角度からとらえる方法のことを言っていた。男も女も、黒人も白人も褐色の人も、金持ちも貧しい人も、みんなに関係のあること。そう、セックスだ。

セックスは人を平等にする。いちばんの理由は、事実上、誰でもすることだからだ。でももっと重要なのは、すべてをはぎ取り裸の自分をさらけ出させるからだ。服のことを言っているんじゃない。セックスは原始の行動だ。生物としての営みだ。ある意味では、事を行っているときの僕たちは、決定的にヒューマンだ。そして決定的にイーコンじゃない。欲望と衝動と荒い息遣いが支配する空間では、たくさんのことが背景にかすんでいく。ベッドの中では金持ちも貧乏人もほとんど違いはない。

どこに住んでいようと、どんなに裕福であろうと、みんなが予防について間違った行動をしてしまうのはそのためだ。無防備なセックスには病気をうつされたり望まない妊娠をしたりする可能性という悪い面があることをたとえ知っていたとしても、つい我を忘れて、そんなことは気にならなくなる。一方、良い面はドアを蹴破ってなだれ込んできそうだ。激情の瞬間というのは、費用対効果分析をするのに最適な状況じゃない。

でも、いつも決断を迫られていて、情熱のためにそれをしているんじゃない人は、もっと上手に対処できるようになるかもしれない。何といっても「習うより、慣れろ」だろう？　それができる人がいるとすれば、それはプロ、つまり、売春婦だ。

ポールが僕に南アフリカで売春婦に話を聞いてくれないかといったのは、そういう意味だった。彼は運よくそのアイデアを推し進めることができた。僕は参加するチャンスを逃したけど。ポールは同じくカリフォルニア大学バークリー校のマニシャ・シャーと、メキシコ国立公衆衛生研究所のステファノ・ベルトッツィと共同で仕事をすることにして、メキシコシティへ行った。(1) 二〇〇一年に、地元のポン引きや警察官、タクシー運転手、医療従事者、バーのオーナーなどからその道の知識を借りて、メキシコシティ近辺でおよそ一〇〇〇人の売春婦を探してインタビューをした。女性たちに直近のいくつかの「取引」について詳しく質問した。女性たちは安全なセックスと安全でないセックスについてよく知っていることが分かった。彼女たちのスライド価格がそれを物語っていた。

コンドーム使用が標準だったけど、絶対に破っちゃいけない（しゃれにあらず）ルールじゃなかった。インタビューによると、売春婦たちは一〇回のうち九回はコンドームを使っていた。そして一〇回のうち一回、なしですることに同意したときは、割増料金を要求していた。平均すると二三パーセント増しだった。その行為にともなう危険を知っている証拠だ。余分なリスクを負うことに対して、より多くのお金を求めていたわけだ。

いくらプロといっても、こういう女性たちがオプションや値段を並べたメニューのような簡単で分かりやすい仕組みに従っているわけじゃない。合意は交渉プロセスから生まれていた。

ほとんどの場合、売春婦の方が客にコンドームを使うよう提案し、ジョンが同意していた。彼女の方から言いださないと、ジョンはたいていコンドームなしを要求した。彼女には彼が欲しているものを自分が持っていることが分かるから、その見返りにもっと多くを相手から絞り取るチャンスだった。ここには、この取引が交渉の原理に則って行われていることが映し出されている。「非常に魅力的」と見なされた女性たちはこのチャンスを最大限に利用して、コンドームを使わないセックスの見返りとして平均の倍以上の四七パーセントもの割増料金を手に入れていた。

つまり売春婦たちは、自分がどんなリスクに身をさらしているかをちゃんと知っていた。そのうえ、需要と供給についてもどうやら知っていた。ほかの条件がぜんぶ同じだったら、コンドームを使うセックスの見返りとしてもっと安い値段でも承知しただろう。でも、客も本当はその方がいいと思っていることが分かったら、これ幸いと料金を釣り上げていた。ジョンの方からコンドームを使うことを言い出した場合には、売春婦はそれに同意することで八パーセント余分に絞り取ることに成功していた。実に商売上手だ。

悪い情報、悪い選択

以上は、こういう戦いが夜な夜な繰り広げられている最前線の塹壕からの眺めだ。でも、もちろん、地球上のほとんどのセックスは売春婦たちによって行われているんじゃない。だから、性と生殖に関する健康をもっと幅広く論じるには、アマチュアの行動を見る必要がある。彼らは安全でないセックスのリスクを知っているのか？　知っているのなら、そのリスクを冒すとき、どういう見返りを受け取っているのか？　もし知らないのなら、適切な情報を身につけたら行動は変わるのか？

概して途上国では、性に関する健康についての人々の知識は乏しい。情報が不足しているのと、恐ろしいほど大量の間違った情報が出回っているせいだ。細かい問題だけのことを言っているんじゃない。一九九九年から二〇〇八年まで南アフリカの保健大臣だったマント・チャバララ＝ムシマン博士は、エイズについてまったく的外れだったことで有名だ。保健大臣在職中に、抗レトロウィルス薬を使うのは危ないと言い（毒性があると主張した）、代わりに栄養だけに頼った予防と治療を提唱した。ついたあだ名が「ドクター・ビートルート」だ。

彼女は自信たっぷりだったけど、その予防策は中世に後戻りしたかと思うようなものだった。「もう一度言いましょうか？　ニンニクですよ。いいですか？　ビートルートですよ。レモンですよ。こういうものを食べていれば、ＨＩＶ感染から決定的なエイズを発症するのを遅らせられるんです。間違いありません[2]」

ありがたいことに、ほとんどの途上国では、保健担当のトップの閣僚の椅子に座っているのはドクター・ビートルートのようなタイプの人じゃない。それでも、にせ情報を吐きつづける源はあちこちにある。言い寄ってくる相手や、田舎の診療所の相談員、親や牧師、健康教育を担当する教師などだ。ジェイクはガーナであるとき、教会の礼拝に参加した。牧師は説教でこう断言した。悪魔が今やエイズに姿を変えて我々みんなに取りつこうとしている。でも、私たちには自分で自分を守る――言葉通りに引用すると「悪魔の目の前でドアをぴしゃりと閉める」――方法がある。それは神を讃えることだ！「セックス」や「安全なセックス」はもちろん、「禁欲」という言葉も一切出なかった。そんな汚染された水源の下流にいる不運な人たちは、ふつうその汚い水を飲む。こうしておびただしい数の人がこの問題について間違ったことを信じたり、無知なままだったりする。

思春期の子どもたち、特に性的活動に足を踏み入れようとしている少女たちは、頼るべき経験がいちばん少なく、これからの道はいちばん長い。だから真実を学ぶことで利益を得る人がいるとすれば、それは彼女たちだ。

シュガーダディ

ケニアのブシアでは、少女たちの成長は早い。昔からそうだった。伝統的に女性は子どもが産める年齢――ふつうは一四歳ごろ――になると結婚適齢期とされ、多くは熱心な求婚者にたちまち選びとられていく。親が結婚相手を決めるような形が多い。その流れが最近変わりはじめた。少女たちは家庭生活に入る前に以前より長く学校に通うようになり、大学に進学して職業を持つ人も出てきた。自分の意志による結婚が増え、親が決めた結婚は減っている。それでもブシアの少女たちはやはり早くから性に直面し、決断を迫られることが多い。

母親にアドバイスを求めることもあるかもしれないけど、母親たちが育ったのはもっと単純な時代だった。今日、少女たちの愛情を求めて競い合っているのは村の男たちだけじゃない。町のやり手のビジネスマンや学校の男の子たちも狙っている。選べる相手のバラエティーの多さだけでも古い世代には驚きだろう。そのうえ女の子がその中から自由に選べるなんて、大きなショックだ。

もちろん、女性の数には限りがあるから、求愛者たちは競争しなくちゃならない。ここブシアでも、アメリカ、というか、ティーンエイジャー・コミックの世界と同じような競争が繰り広げられる。金があるやつは、女の子にプレゼントを買ったりスポーツカーでドライブに誘ったりする。ないやつは、ほかの方法を探してアピールしようとする。サッカーの試合で決勝ゴールを決めるとか、凝った携帯メールを送るとかだ。

ふつうは、少女たちは計算高い悪女じゃない。一〇代の子どもだ。でも、利にはさとい。陰では、年かさのお金がある求愛者たちを「シュガーダディ（やさしいパパ）」と呼んでいる。思春期の少女たちにとって、シュガーダディをパートナーに選ぶのは、生殖保険を買うようなものだ。万が一妊娠したら、彼らは結婚して子どもを養う気があるし、そうすることを期待されている。

でも、ここには落とし穴がある。年上でお金もある（それにたいていは好色な）シュガーダディは、それだけ過去に性関係を持ったパートナーが多く、その結果として病気――特にＨＩＶ――を持っていることが多い。ケニアの一五歳から五〇歳までの男性で、ＨＩＶ感染率がいちばん高いのは三五歳から四四歳までのグループで、およそ八・五パーセントだ。それに比べると、少女たちと同世代の一五歳から一九歳までのグループの感染率は〇・四パーセントで、実質的に無害だ。だから、シュガーダディを選ぶ少女たちは、知ってか知らずか、身体的安全ではなく経済的安全を選ぶというトレードオフをしているわけだ。

この状況を厳密に金銭に置き換えてみよう。妊娠した場合の経済的保障は、スポーツカーでのドライブと求愛の贈り物とともに、実質的に二つのことに対する補償になっている。まずつきあってあげること自体が希少で需要の多い商品だから、それに対する報酬だ。次に、つきあうために冒さなければならないリスク、たとえば、妊娠したり性病に感染したりする危険に対する補償だ。少女たちが年齢の高い男性と若い男性のＨＩＶ感染率の差をもう知っているとすると、スタンダードな経済学理論では、彼女たちは病気感染のリスクを余分に負うことに対してシュガーダディから公正な補償額を引きだしている、と考えるだろう。

それが本当なら、少女たちに年齢層別のＨＩＶ感染率を教えただけでは、パートナーの選び方や補償の求め方は何も変わらないはずだ。危険は百も承知のことなんだから。でも、まだ知らないのなら、教えることで変わるかもしれない。

それを確かめるために、IPAの研究者、パスカリーヌ・デュパは、博士論文のための研究の一環として、二〇〇四年にブシアの近くの公立学校三二八校で実験を行った。(3) 七一校をランダムに選んで、「相対危険度情報キャンペーン」に参加してもらった。プログラム担当者が学校を訪問して、八年生のクラスと四〇分間の話をする。会のはじめに、生徒たちがケニアでのHIV感染率についてどれくらい知っているのかを把握するために、匿名で調査表に回答させた。次に、少女が大人の男性とつきあうことについての短篇映画を見せ、その後、異なる世代間の性交渉の問題について話し合った。その中で担当者は、ケニアの年齢別・男女別のHIV感染率を詳しく説明した。

ちょうどそのころ、ケニア政府は同じ三二八校で、政府のHIV教育プログラムの見直しを行っていた。前の年には、その三二八校からランダムに選んだ半分の学校の教師に、国を挙げてのHIVカリキュラム（すでに教えているはずだった）についての追加研修を受けさせていた。このカリキュラムでは、生物学や感染の仕組みから、感染者のケアやHIV／エイズ禍の影響まで、広い範囲の情報を教えることになっていた。

デュパのプログラムは、情報は提供しても、行動を指示することまではしていなかったけど、政府のカリキュラムは少しもためらわずに忠告をしていた。予防について教えるユニットもあり、その精神は「婚前セックスにはノーと言おう」という生徒へのメッセージによく表れている。もっとズバリと「セックスを避けよう」というものもあった。

政府は半分の学校でパイロット試験を行って、教師に研修を受けさせることが最終的に生徒のためになるかどうかを判断しようとしていた。これは、デュパの情報キャンペーンと、標準的なＨＩＶカリキュラムでの教師研修とを競わせる絶好のチャンスだった。三二八校すべての追跡調査の結果を比べたら、どちらのプログラムが生徒のセックスについての選択により大きな影響を与えたかが分かるはずだった。

　生徒がした選択を追跡する方法を決めること自体が厄介な問題だった。本当に知りたいのはＨＩＶに感染しているかどうかで、血液検査をしたらすぐ分かる。でもすべての生徒に検査を受けさせるのは無理だ。それに代わる第一の方法は、生徒に直接、性行動について質問することだった。プログラムが始まって八カ月ほどたったころ、現場チームは、性行動、コンドームの使用状況、性交渉の相手の年齢層についての簡単な調査をした。少女たちの回答は当然、信頼性に疑いがあった。彼女たちは、セックスをしてはいけないことになっているのが分かっていた。無防備なセックスなど、なおさらだ。質問票に正直に答えるわけがない。

　もう一つの戦略は、指標として妊娠をモニタリングする方法だった。確かに、妊娠の数は指標としては不完全だ。無防備な性交渉の結果、妊娠するのはほんの一部でしかない。でも、妊娠数は、少なくとも少女たちがしていた無防備なセックスの回数の下限値であることは確かだ。生徒の妊娠は観察しやすいということもある。クラスメートの話題になるし、調査と違って報告バイアス〔特定の情報を選択的に報告したり、しなかったりするバイアス〕がかかりにくいからだ。大きなお腹は隠すのが難しい。

　妊娠の数の調査結果ははっきりと示していた。相対危険度情報キャンペーンは効果があった。デュパのプログラムによって、出産の発生率はほぼ三分の二に減っていた。このことから、無防備なセックスの総数がかなり減ったことがうかがえる。これは期待が持てる傾向だ。出産の減少の大部分は、婚外妊娠が六〇パーセント減ったことによるものだった。全体として、相対危険度情報キャンペーンのグループで妊娠した少女は、結婚する可能性もはるかに高かったということだ。

一方、全国ＨＩＶカリキュラムについての教師研修は、全体の出産率にも、妊娠した少女が結婚する可能性にもほとんど影響を与えていなかった。といっても、何の成果もなかったわけじゃない。それどころか大ありだった。学習面では大きな効果があった。教師がＨＩＶについて教える量が増え、ＨＩＶの知識を問うテストの成績には、生徒がより多くのことを学んでいたことが表れていた。でも、追跡調査からは、現実生活での選択が影響を受けたとは言いにくい。教師が研修を受けた学校の女子生徒の回答によると、性交渉自体が約二五パーセント減り、無防備な性交渉もおよそ三分の二に減っていた。でもこれは、妊娠率が相変わらず高いこととつじつまが合わない。これらの学校の女子生徒は、調査員に自分の性行動の程度を少なめに報告していただけなのかもしれない。

デュパの相対危険度情報プログラムを受けた生徒たちの場合は、これと正反対だった。追跡調査で、性交渉を持っていると答えた生徒は増えていた。そう、セックスをすることが増えたのに妊娠は減った。ということは、感染も減ったと考えられる。

こういう満足できる結果が出たのは、彼女たちが性交渉の相手と習慣を変えたからだった。シュガーダディではなく、もっと若い男性を選ぶようになっていた。セックスを完全にやめてしまわなくてもＨＩＶ感染リスクを下げることができる解決策だ。でも少女たちの性的活動が増えたのに、さっき見たように出産率が大幅に低下していたのはどういうわけだろう？　鍵は、予防だ。性交渉が増えた生徒のほとんどはコンドームを使っていた。たぶんこれが、いちばん期待の持てる結果だ。なぜなら、相対危険度情報プログラムはコンドームについては何も言わなかったのに、生徒たちは自分で正しい選択をしていたからだ。

デュパが思った通り、適切な情報を身につけた少女たちは、より良い選択をするようになっていた。HIVに感染するリスクが高いことの見返りとして、シュガーダディからより多くの補償を引きだすか（婚外妊娠の減少が証明している）、感染リスクを少なくする方法を見つけだしていた。より年齢が低い相手を選ぶか、安全なセックスを実行することがその方法だった。

検査を受けた人にお金を払う

相対危険度情報プログラムが成功したのは、ブシアの少女たちに性交渉の相手になるかもしれない人たちについての貴重で適切な情報を与えたからだけじゃない。少女たちがその情報をちゃんと利用したからだ。この違いは大きい。何といっても、馬を水辺に連れていくことはできても、水を飲ませることはできない。

セックスについて悪い決断をしてしまうのは、誤った情報にも原因があるのは間違いない。ドクター・ビートルートやジェイクがガーナで出会った牧師のような輩のせいだ。こういう場合には、相対危険度情報プログラムのような情報中心の方法が答えになるかもしれない。でもこの問題の大きな部分を占めているのは、僕たちが頑固な馬であることだ。世界の大多数の人（先進国ではほぼ全員といえる）は、HIVやそのほかの性感染症について、自分やパートナーを守りたいと思ったら守れるだけの知識は持っている。その意味では、問題は情報じゃない。予防をするべきだと分かっていても、しないことが問題なんだ。

公衆衛生の観点からは、それではとても十分じゃない。よく分かっているのに悪い判断をしつづける人たちは、自分を危険にさらすだけでなく、もっと広い社会を脅かしてもいる。その意味では、HIV

その他の性感染症は、第9章と10章で取りあげた寄生虫やマラリアに似ている。個人が予防を講じることが全員の利益になるから、政府が介入して積極的に予防を推進することには強い説得力がある。

いちばん効果的なのは、保健所の担当者に決定的瞬間にその場にいてもらって、ホイルの包装を破ってコンドームを手渡してもらうことだろう。ありがたいことに、それは問題外だ。寝室に招き入れられない限り、彼らは無作法にずかずかと近づいたりしないで、間接的に僕たちの決定に影響を及ぼそうとするだろう。

じゃあ、どうやって？　高校でみんなが受けたような性教育の授業は一つの手だ。アメリカの多くの大学の医務室がやっているようにコンドームを無料で配るという方法もある。もう一つは広告だ。僕たちが気に入ったのをいくつか挙げよう。（a）ガーナのアクラで見た看板。幅いっぱいに「WEAR A CONDOM（コンドームを使おう）」という言葉が躍っている。よく見ると文字は、多彩な体位をとっている裸のカップルのマンガ風シルエット。（b）アクラで見たもう一つの看板。ほほ笑んでいるカップルの下にでかでかとこんなスローガンが書かれている。「感じることができなくても、それはないわけではない」（「それ」って何だ?!　この広告には三重の意味があるのか、二重の意味があるのか、それとも隠された意味なんてないのか、今でもよく分からない）。（c）エルサルバドルで見た看板。直訳すると「妻には貞淑であれ。さもなくばコンドームを使え」。（d）父親と子どもが登場するビデオ。スーパーマーケットで子どもが見たこともないようなひどいかんしゃくを起こし、棚から缶詰を払い落とし、金切り声で泣きわめいている。そこへ一言、「コンドームを使いなさい(4)」。そして選択に影響を与える四番目の方法は、自分のＨＩＶステータス（感染の有無）を確かめた人にお金を払うことだ。

政府でも民間でも、多くのＨＩＶ研究者や政策立案者は、自分の感染ステータスを知った人はそれに応じた行動をするはずだと考えている。つまり、感染している人はほかの人を守ろうとし、感染していない人は自分を守ろうとする、ということだ。検査に力を入れるプログラムの根拠になっているのは、この考えだ。これが本当なら、自分が感染しているかどうかを確かめるよう人々を説得するのは、間接的かもしれないけれど、寝室に到達できる可能性のあるルートだ。ほかに誰もいないところで下される重要な決断に影響を与える道だ。でもこれには大きな疑問符がつく。

ミシガン大学の経済学者でIPAの研究者でもあるレベッカ・ソーントンは、自分の感染ステータスを知ることで本当に人々の行動が変わるのかどうかを知りたいと思った。そこで、それを確かめるために二〇〇四年にマラウィに行き、参加者が無料でHIV検査を受けてコンドームを買えるRCTを設計した。(5) 自分のステータスを知った人がそうでない人よりたくさんコンドームを買ったなら、検査とセックスに関する決断の間に関連があるという確かな証拠になる。

問題は、評価をするために、自分のステータスを確かめる人をどうやってランダムに選ぶか、だ。人によって検査を受けさせなかったり、無理に受けさせたりするのは現実的でないし、なりよりも倫理的でない。でも、HIV検査の結果を知るのは気が重いのがふつうだ。ソーントンはそこに目をつけた。もっともなことだけど、結果から逃げだしたくなる理由はたくさんある。でも、いちばんの理由は怖いからだ。ジェイクはコロンビア大学の保健室でHIV検査の結果を聞くために待っていたとき、陰性に決まっていると思っていたのに、本当に震えていたことを覚えている（結果は陰性だった）。マラウィでは成人の一二パーセントがHIV陽性（米国では〇・六パーセント）だ。(6) そういうところに住んでいる人たちが悪い結果を恐れる理由はもっとたくさんあった。でも、彼らが知らないままでいたかったのには、「実存のおののき」なんかよりもっと具体的な理由があったのかもしれない。一日仕事を休まなくてはならないとか、診療所まで往復八キロも歩かなくてはならないと考えただけでも、十分な理由になったかもしれない。

ソーントンは経済学者だったから、インセンティブが頭にこびりついていた（これは本当だ。経済学者はインセンティブのことばかり考えている）。彼女は、そうするだけの価値があれば行動を起こす人が増えるのではないかと考えて、HIV検査プログラムに報奨金を組み込んだ。検査結果を聞きに来ることと引き換えにお金を払うことにしたわけだ。そして、どれくらいのごほうびが必要なのかを調べるために、報奨金の金額をゼロから三ドルまで、ランダムに変えた。二〇〇四年当時、一日の平均賃金が約一ドルの国では相当の金額だったから、人々の選択に影響を与えるには十分だと思われた。ランダムに報奨金を割り当てるという方法のうまいところは、まさにそこだった。報奨金の額が、ステータスを知ろうとする可能性を反映するようにした点だ。こうして、誰かに検査を拒否したり強制したりすることなく、ランダム化ができた。

最終的にプログラムは次のように行われた。まず保健師が一二〇の村の家々を一軒ずつ訪ねて、参加する人に無料のHIV検査を受けるよう勧めた。検査を受けることに同意した人はその場で唾液のサンプルを提出し、移動診療所で交換できるバウチャーをもらった。その金額はランダムに選ばれた。移動診療所へ行って検査結果を聞いた人は、バウチャーの額の現金を受け取り、HIVステータスを知ったと記録された。検査結果を知ることができるようになってから二カ月ほどたったころ、プログラムの検査段階にはかかわらなかった調査員が参加者の家を訪問して、最近の性的行動についての簡単な質問をした。回答者には時間を割いてもらったお礼として三〇セントを渡した後、コンドームを買う機会を提供した。補助金の額が多いので安く、三個入りで五セント、一個だと二セントだった。

研究の結果は、二つの問いへの答えを浮かび上がらせた。一つ目の問いは、「そもそもインセンティブは、人々に自分のＨＩＶ感染状況を知ろうとする意欲を起こさせる良い方法なのか」、もう一つのもっと重要な問いは、「自分の感染状況を知った人たちは、本当にセックスについてより良い選択をするようになるのか」だ。

最初の問題については、疑問の余地はなかった。インセンティブには効き目があった。いくらかでも現金がもらえるバウチャーを受け取った参加者は、何ももらえないバウチャーを受け取った人より、結果を聞きに行く可能性が二倍も大きかった。面白いことに、報奨金の大きさは、ゼロでない限り、あまり関係ないようだった。ゼロじゃないバウチャーの金額が一ドル増えるにつれて結果を知ろうとする可能性は高くなったけど、増え方はわずかだった。実際、一〇セントのバウチャーの効果は、その十倍の価値があるバウチャーの効果の四分の三以上だった。(7) このこと自体、政策やプログラムを設計するうえで貴重な情報だから、重要な発見だ。金額を少しずつ上げていっても、反応がだんだん鈍るとすると、注ぎ込むお金を増やすだけで参加を促すことができる金額には限りがあることになる。

マラウィではインセンティブが効いて、検査を受けた人の六九パーセントが結果を聞きに行った。でも、肝心なのは、その六九パーセントの人たちが自分のステータスを知った後、行動を変えようとするかどうかだった。この点では、結果は良くもあり悪くもあった。性的活動がある人でＨＩＶ陽性だった人は、検査結果を知ったことでかなりの影響を受けていた（ちなみに、この人たちはプログラム参加者全体ではわずか四パーセントだった）。結果を聞いた人は、聞かなかった人より、コンドームを買う可能性が二倍以上高かった。これは前進だった。

でも、この人たちが結果を聞かなかった人たちよりどれくらいたくさんコンドームを買ったかというと、平均するとたった二個だ。これでは、予防は万全とはとてもいえない。参加者のおよそ九四パーセントを占めていたHIV陰性の人たちの結果は、がっかりするほど低調だった。検査結果を聞いた人たちがコンドームを買う可能性は、聞かなかった人たちと変わらなかった。コンドームを買うよう勧めたときに行った性的行動の追跡調査でも、差はなかった。検査の結果を聞いた人も聞かなかった人も、性的活動がある参加者の行動に違いは見られなかった。

ソーントンは、プログラムは続ける意味がないと結論づけるしかなかった。一軒一軒回って検査するのはコストがかかるし、インセンティブが後押ししたにもかかわらず、わずかな行動の変化しか促すことができなかった。それもHIV陽性の人たちに限ったことで、参加者全体に占める割合はたった四パーセントだ。もっと大きな効果があることが立証されているほかのプログラムに資源を使う方がよかった。

検査結果を知った人に現金を払うこのプログラムには、評決が下された。でも、それ以上に、ソーントンの研究から学ぶべき一般的な教訓がいくつかある。

第一に、インセンティブを使う根拠が強まった。インセンティブは動機づけに大きな力を発揮することがまたもや証明された。次に、この研究は、何に効果がないかを見極めることの重要性を示す好例だ。初めに序章で言ったように、新しいアイデアを出していくことは絶対に必要だ。このアプローチがホームランじゃなかったからといってがっかりすることはない。効果がないと分かったアイデアを除外できたんだから喜ぶべきだ。ソーントンが創造性を発揮し、テストを貫徹したおかげで、僕たちの知識が増えたし、将来の取り組みもより良いものになるだろう。次のHIVプログラムではやっぱりインセンティブを使って検査結果を知るよう促すかもしれないけど、コンドームを売るもっと良い方法も見つかるだろう。

三つ目は、いちばん大事なことだ。このプロジェクトを通して浮き彫りにされたのは、プログラムがどういう風に作用しているのかを正確に理解すること、目に見える行動と僕たちが本当に知りたい影響や結果にはどういうつながりがあるのかを突き止めることの重要性だ。そういうつながりが弱いこともある。でも、それを探ろうともしていないことが驚くほど多い。慈善団体や開発プログラムの宣伝で、いちばん手っ取り早く、必ず使われる数字は、注ぎ込まれた金額と参加した人数だ。でもそういう数字は単なる道標だ。それらが、どういう風に受け取る人の幸福につながるのかを理解していないと、生活を本当により良いものにしようとする人々の手助けをするという肝心の目標を見失う。貧困という大きな問題に取り組むには、それだけではだめなんだ。

第12章　寄付をする——結論

ここまで読んできたあなたは、この本で取り上げた貧困との闘いに効果があるアイデアのいくつかに心を動かされたことと思う。同時に、僕もそうだったように、何をするべきかを見つけることの大変さに愕然としているかもしれない。

たぶんあなたは援助機関で働いているのではないだろうし、開発プログラムを設計したり実行したりする立場になることはまずないだろう。ほとんどの人にとって「何をするべきか」というのは、寄付をすることについてだ。序章で簡単に触れたように、寄付をする方法はこれまでにないほどたくさんある。小切手を郵送するだけじゃなく、ホールフーズ・マーケットのレジに並んでもいいし、携帯メールでもいい。Kiva.org のようなウェブサイトからオンラインでもできるようになった。寄付の方法が増えると、それを使う個人からの寄付が増えた。今、米国では、個人からの寄付が企業や財団からの寄付や遺贈を三対一で上回っている。

だから個人は大きな力を持っている。みんなで行動すればその力を使うことができる。理解しておかなくちゃならないのは、どんな寄付にも二つの面があるということだ。まず、寄付とは、特定の組織にお金を出して、その組織がプログラムを実行するのを助けるということだ。第二に、寄付は投票だということだ。ある組織に寄付をするということは、ほかの組織ではなく（実際には、ほかの何千もの組織ではなく）その組織を選ぶことであり、あるメッセージを送っているということだ。僕たちが友だちや家族や同僚とお気に入りの寄付先について話し合ったり、フェイスブックやツイッター、マイスペースなどで話題にしたりするたびに、そのメッセージは増幅される。

開発の世界は注意深く聞いている。個人からの寄付が、慈善団体の手に入る資金の過半を占めていることを考えれば（アメリカ人個人の外国への寄付が米国政府の海外援助予算を上回っていることは言うまでもない）、聞かざるを得ない。つまり、僕たちには、意見を主張するユニークな機会があるということだ。問題は、何を主張し、誰を支持するかをどうやって決めるべきか、だ。この本では主に、貧しい人たちのためになることが期待できるアイデアを取り上げた。でも、アイデアがいきなり実現するわけじゃない。誰か——ふつうはどこかの組織——が取り組んで、実現させなければならない。ということは、僕たちが寄付を考えるとき、二つのことについて確信できなくてはならないということだ。一つは、このアイデアには、この状況でこの問題を解決するのに役に立つと考えてもいい十分な理由があるか、もう一つは、この組織はこのアイデアを効果的に効率よく実行するだろうか、だ。

この本では最初の点についてはかなり議論してきたけど、効率よく経営されている組織とそうでない組織を見分けるために組織をモニタリングすることについては取り上げていない。それについての僕の考えと提言を、ここでいくつか示しておこう。その後の議論は、「プルーブン・インパクト・イニシアティブ」のウェブサイト（後述する）や、援助の有効性に注目するグループとの提携を通して続けようと思う。

まず、気をつけてほしいことがある。援助の有効性は、管理費の問題に基づいて議論されることが多い。意地悪く言うと、寄付した一ドルにつき、どれくらいが経費や資金調達費に吸い取られているか、だ。一般的に、管理費が少ない組織の方が、資金を製品やサービスにより多く使っているから良いと見なされる。でも実を言うと、これを評価の基準にするのは非常にまずい。証拠を見ても、管理費と援助の有効性に少しでも相関関係があるかどうかは分からない。ほかに比べてどうしても運営にお金がかかる介入もあるからだ。

もっと重要なのは、管理費の数字はかなり恣意的だということだ。経費としてもプログラム付帯費用としても計上できる費目が多い。非営利会計のグレーゾーンは、文字どおり灰色だ。だから、管理費が少ないから良い組織だと思って寄付をしていると、実は合法と違法の間のいわゆる積極型会計手法をとっているだけの組織を利することになりがちだ。

寄付をするときには、もっとシンプルで、本当に重要なことに的を絞った質問をしなければならない。それは「寄付した一ドルにつき、どれくらい良い効果があるか」だ。

この問いの裏にある僕たちの主張を整理する意味で、僕が特に興奮した七つのアイデアを挙げておこう。この本で紹介したプログラムや製品の中でもひときわ光っていたものだ。どのプログラムも、少なくとも一回は厳密な評価を受けていて、同じ問題に対するほかのいくつかの解決策と比べても遜色がなかった。だからといって、これらすべての効果が完璧に立証され、非の打ちどころがないわけではない。ほかのものより「立証済み」に近いものもあれば、まだ「立証されようとしている」段階のものもある。それだけ証拠の確かさに幅があるということだ。具体的な知識が何もないところから出発して、自信を持って処方を書き、それ以上試験をしなくても規模を拡大できるようになるまでの道のりは長い。次に挙げるアイデアはどれも、その道をどこかまで進んでいるけど、終点まで到達したとは限らない。

もう一つ、はっきりさせておきたいのは、ここでは取り上げないけれど、効果が立証されていて有望なアイデアがたくさんあるということだ。この本でもそういうアイデアをいろいろ紹介した。次に掲げるものがすべてだと言うつもりはない。

最後にもう一言。お金を出すのを、「立証済み」のアイデアだけに限定するべきじゃない（「立証されようとしている」ものまで範囲を広げても、だ）。序章で言ったように、どんなときにも求められるのは、創造性であり、真新しくてまだ効果が立証されていない戦術を試してみることだ。このプロセスがあるからこそ、僕たちは前に進みつづけることができる。イノベーションを起こす組織、新しいアイデアを厳しくテストして思慮深くイノベーションを起こす組織にも、手を差し伸べるべきだ。でも、評価を受けないイノベーションは、評価に耐えたイノベーションほどには世界の役に立たない。僕は寄付をするなら、断然、自分たちのプログラムを厳密に評価している組織にする。そういう組織は五年か一〇年後に、より良い選択をしている可能性が高いと確信できるからだ。新しい状況や技術、思考にうまく適応できるはずだ。この本で論じたグループの多くは——特にプラサム（補習授業）、セヴァ・マンディル（教師・看護師の出勤率）、フリーダム・フロム・ハンガー（マイクロファイナンス）——つねに厳密な評価によって向上に努め、自らの失敗と成功から学び、すべての人が学べるように成功も失敗も公表している組織の模範的な例だ。

注意書きはこれくらいにしよう。では、七つのアイデアだ。

効果がある七つのアイデア

1　マイクロ貯蓄

第7章の冒頭で紹介したヴィジャヤは、夫のせいで家でお金を貯めることができないために、借金の「ローテーション」から抜け出せないでいた（そして、その間にお金をどんどんなくしていた）。次に見たケニアの女性たちは、高くつく最低限のサービスの貯蓄口座にワッと飛びつき、そのおかげで生活を向上させていた。マイクロクレジット推進派は、長い間、マイクロクレジットは女性のエンパワメントに貢献すると唱えてきた。だけど証拠から言えるのは、女性の地位と権威を高めているのは貯蓄だということで、クレジットにそんな効果があることはまだ示されていない。貯蓄へのニーズと意欲はもうちゃんとある。いま必要なのは、選択肢を提供することだ。どれくらいたくさんの借り手（ヴィジャヤのような人）が、マイクロクレジットより貯蓄商品で救われるだろうか。マイクロクレジットに熱中するあまり、僕たちは両親や祖父母から学んだあの基本的な教訓を忘れてしまったようだ。「貯蓄は大事なんだよ！」

2　お知らせメールで貯蓄を促す

貯蓄はいいことだけど、するのは簡単じゃない。それはみんな知っている。お金を使わなくてはならないものがありすぎて、とても貯蓄にまで気が回らない。いつだって、貯蓄に回すよりもっと差し迫った――またはもっと魅力的な――選択肢があるような気がする。結局、ほとんどの人は、これくらいは貯蓄に回したいと口で言うほどには貯蓄をしていない。第7章で、ペルーやボリビア、フィリピンの銀行が、顧客に忘れないで貯蓄をしてもらうために、携帯メールやダイレクトメールでちょっとしたお知らせを送っていることを紹介した。これは僕たちの財布を狙っているうるさい呼び声をはねのけるのに役立つ。貧しい人たちの貯蓄行動を促す安くて効果的な方法であることが立証されている。

3　前払いで肥料を売る

肥料の使用を増やす取り組みはいろいろある。補助金、農業指導員による普及活動に、デモ用農場。そんな中でもいちばん簡単なのがこれだ。売る側にとっては、肥料を一年のうち、いつごろ売っても、コストはほとんど変わらない。でも、第8章で見たように、顧客にとってはタイミングによって途方もない差が出てくることがある。作物を売ってポケットが膨らんでいる収穫時期に次のシーズン用の肥料の（全額！）代金を払うチャンスを提供されたケニアの農民は、五〇パーセントも多く肥料を買った。これで、生産性と収穫量が大幅に上がる。それも、実質的にコストはゼロだ。

4　寄生虫駆除

数字がすべてを語ってくれるときもある。第9章では、ケニアの小学校で寄生虫駆除をしたら、約三・五ドルで学校に通う期間が一年伸びたことを取り上げた。その次に良い解決策は制服を無償で提供することだけど、費用はおよそ二五倍もかかった。寄生虫から解放された結果としての健康上の利益を勘定に入れなくても、これだけの結果が出ている。就学期間が伸びたのはおまけみたいなものだ。腸内寄生虫が蔓延している地域では、全額を補助して学校で寄生虫駆除を行うのは、ただ同然でものすごく効果がある介入措置だ。普及してきているのも当然だ。イノベーションズ・フォー・ポバティー・アクションとそのパートナー組織の取り組みによって何百万人もの子どもが寄生虫から解放されたけど、まだまだ十分じゃない。

5　少人数グループでの補習授業

第9章で見たバルサキの補習プログラムとプラサムのリーディングキャンプは、途上国での教育問題の解決策における新しい方向の好例だ。どちらのプログラムも、子どもたちが本物の教育を受けられるように、機能していない学校制度に立ち向かう方法を見つけた。バルサキでは独自に教師を雇い、プラサムはボランティアを訓練した。既存の学校で教師が足りなかったり、生徒が多すぎたりする場合は、こういう学校制度の枠外のプログラムが、いちばん教育効果が高い方法かもしれない。IPAの研究ディレクター、アニー・デュフロは、ガーナ政府、現地の教師、英国のザ・チルドレンズ・インベストメント・ファンド財団と協力して、ガーナでこの方法の大規模な再現プロジェクトを立ち上げた。大規模でもすべてがうまくいけば、IPAはほかの多くの国でも規模を拡大して実施するつもりだ。

6　塩素ディスペンサーできれいな水を

毎年、下痢が原因で、二〇〇万人もの人が、死ななくてもいいはずなのに死んでいる。何十年も前からある解決策は成功していない。飲料水の塩素処理は、安価でとても効果が高い予防手段だ。だから使ってもらえる方法を考えよう。予防による利益は大きいのに、たとえ無料でも、家庭に塩素を配るのは十分な効果がなかった。でも、第10章で見たように、水汲み場に簡単に使えるディスペンサーを設置して無料の塩素を提供するのは効果があった。いろんな補助金方式を試すうちにもっとプログラムの効率が上がり、自立可能になるかもしれない。でも、ディスペンサーは、より多くの人がきれいな水を飲めるようにするという基本的な問題の解決に向けた大きな一歩だ。

7　コミットメント装置

第7章では貯蓄、第10章では禁煙について、コミットメント装置が目的達成に役立つ効果的なツールになり得ることを見た。これはお金がある人もない人も、みんなが使える方法だけど、この本では主に途上国での応用例に注目した。ＳＥＥＤのコミットメント貯蓄口座は、サニーのような女性が家計を大幅に向上させるのに役立った。世界中で大きな健康問題になっている喫煙をターゲットにした場合、フィリピンのコミットメント口座が驚くほど禁煙に役立ったことが分かった。この二つの例の原動力となった基本的な原則は、人生のさまざまな局面に応用できる。コミットメント装置を使うと、悪い行いは高くつき、良い行いはお金がかからないようにすることができる。そうすることによって、より良い選択がしやすくなる。

リストは続く——プルーブン・インパクト・イニシアティブ

ここにまとめた「効果がある七つのアイデア」の欠点は、そこで止まっているということだ。インクは乾いてしまった。そこからはどこへも進まない。でも貧困との闘いのいくつもの解決策はどこかに向かって進ん﹅で﹅い﹅る﹅。新しい試みや研究によって、いつも動き、変化している。この「七つのアイデア」は、いつか「七つのより良いアイデア」に取って代わられることだろう。そうなればうれしい。

でも、そうなったことをあなたはど﹅う﹅すれば知ることができるんだろう？　経済専門誌を読んだり開発会議に出席したりしていない限り、よく分からない。最新の研究が一般の人にまで知られるとは限らない。

IPAがプルーブン・インパクト・イニシアティブを立ち上げたのはそのためだ。これを利用すれば、大小のドナーは効果のあるアイデアとそれを支援する簡単な方法の情報を確実に手に入れられる。ドナーができるだけ効果的な寄付ができるように、僕たちは現在いくつかのパートナーと協力してこういう情報を一般の人々に伝える取り組みを行っている。

だから関心を持ちつづけてほしい。僕たちはまだ、問わなければならない正しい質問と、それに続く答えを探しはじめたばかりだ。開発の世界で働く数え切れないほどの人々からインスピレーションを得たいと思うけど、善意だけでは十分じゃないことも肝に銘じている。貧困との闘いに貢献するには、善意や、善さそうに聞こえるもの、話として面白そうなものを超える何かが必要だ。答えは僕たちが望むようなものだとは限らないし、はっきり言って、そんなことはどうでもいい。

僕たちは筋道を立てて考え、厳しい質問をし、答えを得るための客観的なプロセスを打ち立てる必要がある。この本では、これまでに達成されたことのほんの一部を垣間見ただけで、これからやらなければならない仕事をわずかに一歩進めただけだ。でも僕たちは喜んでいいし、希望を持っていい。なぜなら、実際にはっきりとした答えもいくつか出ているし、これから間違いなくもっとたくさんの答えが見つかるからだ。

謝辞

ディーンの謝辞

謝辞を書くっていうのはとてもむずかしい。どうしたらべたべたと甘ったるくならないで、心からの感謝をちゃんと表現できるんだろう。僕は多くの人に感謝している。ともに働いてきた人たち、助言をくれた人たち、いろんなことを頼まれてくれた人たち、そして、僕とは直にかかわることはなくても、この本で取りあげることができた偉大な業績を挙げた人たちに。

専門分野で感謝するのは、生涯の師であるエステル・デュフロとアビジット・バナジー。イノベーションズ・フォー・ポバティー・アクションとジャミール貧困アクション研究所の創設にあたっての彼らのリーダーシップのおかげで、世界は良い方に変わった。彼らの指導を受けたことを、永遠に誇りに思う。センディル・ムライナタンは僕の指導教官であり、今では共著者でもあるけど、とても愉快で独創的な人だ。この本は、初めから終わりまで彼の影響を受けている（僕自身もそう）。リチャード・セイラーは、僕がMBAを目指して勉強をしているとき、行動経済学に目を開かせ、その後、博士課程に進んだときは、離れているにもかかわらず僕を指導してくれた。この本を書くモチベーションの多くも彼に負っている。マイケル・クレーマーは僕が大学院に入って間もないころ、指導してくれた。僕が実証的課題に取り組むのに初めて実験を行うことを考えていたころ、コーヒーを飲みながら話したことが特に（僕の）記憶に残っている。IPAやJPALができる前のランダム化試験の立ち上げにも指導的な役割を果たしてくれた。感謝します。ジョナサン・モーダックはマイクロファイナンスの経済学と政治学について多くのことを教え、導いてくれた。最後は（単に、出あった順番が遅かったという意味）、クリス・ウドリーに感謝したい。大学院のころのある日、エステルから、列車に乗ってニューヘイヴンに行き、クリスと二、三時間会ってくるように言われた。クリスは僕がイェール大学の学生でもないのに、親切にも会ってくれた。あのとき列車に乗ったことは僕の人生にものすごく大きな影響を与えたと思う。もちろん、断言はできないけど（だって、列車に乗らなかった対照群の「僕」はいないんだから！）。エステルの、人生を変えるような素晴らしいアドバイスの最高の例だ。ありがとう、エステル（とクリス）。

ジョナサン・ジンマンは、親友として、また、いっしょに仕事をすることがいちばん多い共同研究者として、僕の人生に特別な力になってくれる。彼がいなかったら、この本で紹介した彼との共同研究は実現しなかっただろうし、こんなに良いものにはならなかっただろう。月並みだけど、本当だ。彼よりはいっしょに仕事をする機会は少ないけど、この本で取りあげた開発プロジェクトでともに研究にあたった次の方々にも感謝している。ナヴァ・アシュラフ、マリアンヌ・ベルトラン、ミリアム・ブルーン、チャビエル・ジネ、マギー・マコネル、ジョナサン・モーダック、アントワネット・ショア、エルダー・シャフィア、マルティン・バルディビア、ウェスリー・イン。

イノベーションズ・フォー・ポバティー・アクションとジャミール貧困アクション研究所のチームには、いくら感謝してもしたりない。現在のIPA幹部、アニー・デュフロ、キャスリーン・ヴィエリ、ディーリア・ウェルシュのおかげで、僕は毎晩、何時間か眠ることができるし、IPAは毎年二倍の成長を続けている。現場のスタッフは、ものすごくよく働く献身的で優秀な人たちだ。みんなさまざまな動機や経歴でここに集まってきた。どの人といっしょに仕事をするのも、いつもこの上ない喜びであり、心が躍る。彼らの力がなければ、これらの研究は不可能だった。ウェンディ・ルイスはこの数年、僕とIPAがちゃんと機能するよう支えてくれた。ありがとう。

ここで次のグループ、研究者たちに移ろう。僕は志を同じくする多くの研究者の一人にすぎない。この本では現場の研究者たちの成果を紹介してきたけど、彼らのおかげで僕はこの本を書けるだけの知識を身につけることができた。アビジット・バナジー、ステファノ・ベルトッツィ、シュレシュ・デ・メル、エステル・デュフロ、パスカリーヌ・デュパ、ポール・ガートラー、チャビエル・ジネ、レイチェル・グレナスター、ロバート・ジェンセン、シンシア・キナン、マイケル・クレーマー、デイヴィッド・マッケンジー、エドワード・ミゲル、クレア・ナル、ジョナサン・ロビンソン、エマニュエル・サエス、マニシャ・シャー、レベッカ・ソーントン、クリス・ウッドラフ、ディーン・ヤン、それにアリックス・ズウェイン。ありがとう。

イノベーションズ・フォー・ポバティー・アクションのディレクターにも感謝します。僕の指導教官だったエステル、アビジット、センディル、それにレイ・フィスマンは、大学院を出たばかりのクレイジーなかつての教え子が（大学に職が決まっていない教員としてはもっと常識的な「研究に集中」戦略ではなく）こういう組織を作るのがいい考えだと思ったとき、ディレクターに就任することを承知してくれた。理想を引き継ぎ、IPAを次のレベルに押し上げるのに必要なリーダーシップと助言を与えてくれる現在のディレクター、グレッグ・フィッシャー、ジェリー・マコネル、パラス・メータ、ジョディ・ネルソン、J・J・プレスコット、スティーヴ・トーベン、外山健太郎と、過去何年か僕たちのきわめて重要な成長の時期にディレクターを務めてくれたかつてのメンバー、ウェンディ・アブト、ルース・レヴァイン、アリックス・ズウェインにも感謝している。

研究に協力してくれた組織は、とりわけ称賛に値する。この本で紹介した研究のなかには、すべてではないけれど、その組織が使命としていることの核心を問うものもあった。出てくる結果は、彼らがこうすべきだと思うと主張してきたことを否定するかもしれない。それでも喜んで自分たちの信念と望みをひとまず脇に置き、証拠を求めようとする。それほどまでに、貧困問題の解決に献身している人たち以上に感動的なものはない。ドナーはもっと失敗を評価するべきだ。ここで報告した研究を支えてくれた組織はどれも、貧困問題の改善に全力を尽くすことを厭わない模範的なグループだ。この本で論じた僕の研究プロジェクトで、多くの人といっしょに仕事ができたことをうれしく思う。オマール・アンダヤ、ジェラルド・アンダヤ、ジョナサン・キャンペーン、クリス・ダンフォード、ボビー・グレイ、マンドレッド・クーン、イリス・ラナオ、レジー・オカンポ、それにジョン・オウェンズ。本当に有効なものを探ろうとする彼らのひたむきさに感謝する。

僕が現場にいるとき、いちばんの楽しみは家族が訪ねてくるときだ。仕事と家庭のどちらかを選ばなくてもいいのは、本当にありがたい。家族もこういう経験から大いに得ることがあったと思いたいけど（そうだと言ってる！）、いちばん恩恵を受けているのは間違いなく僕だということは分かっている。僕はどんな小さなことも犠牲にせずに仕事ができる。でも、シンディがあんまり融通が利かなかったり協力的じゃなかったり、子どもたちが旅行嫌いだったりしたら、こうはいかなかっただろう。なにしろ子どもたちは、どんなところでも楽しめる。ガーナのでこぼこ道をえんえんと車に揺られ、マリの田舎で南京虫だらけの簡易ベッドで眠り、何でも食べられるようになった（おいしいものは楽しみ、まずいものはただ笑い飛ばす）。

最近、博士論文の謝辞を読み返して、最後の感謝の言葉に目が釘づけになった。あのころ心から思っていたことが、今、もっと切実にそう思えるとは！　だからそれを一言一句繰り返そう（ただし今度はガビも加えて。彼女が生まれたのは大学院の後だから）。「何よりも、家族に感謝する。妻のシンディ、息子のマクスウェル、娘のマヤ、そしてもうすぐ名前がつくはずのもう一人の娘［ガビ］。研究旅行にシンディとマックスとマヤ［とガビ］が加わってくれたことは、これらのプロジェクトを成し遂げるうえで大きな力になった。シンディの支えと柔軟性と熱意がなければ僕は開発経済学者にはなっていなかっただろう……これ［この本］は、妻であり、いちばんの親友であり、僕の生涯の愛であるシンディと、マクスウェル、マヤ［とガビ］に捧げる」

ジェイクの謝辞

二〇〇九年はずっとプロジェクトの現場を訪ね歩いていた。スリルと冒険に満ちた実に愉快な旅だった。この旅は多くの人たちの助けと親切なもてなしと熱意と勇気がなければ不可能だった。

真っ先にお礼を言いたいのは、僕のために時間を割き、経験を語ってくれた人々だ。そのうちの何人かの物語はこの本のあちこちに登場している。この人たちはほとんど例外なく、見返りが約束されているわけでもないのに喜んで仕事の手を止め、見ず知らずの客を温かく迎え、リラックスさせてくれた。彼らの親切に感謝するとともに、寛大さに謙虚な気持ちになることが数え切れないほどあった。ありがとう。

けれども、こういう素晴らしい人たちに会うことができたのも、研究者や、パートナー組織のスタッフの尽力のおかげだ。彼らは僕たちを迎え入れ、案内し、通訳をし、計画を立て、推薦し、調整し、このプロジェクトのためにあらゆることを期待以上にやってくれた。インドでは、ジャスティン・オリバーとジョイ・ミラー、CMFのチーム全員、セルヴァン・クマール、ニレシュ・フェルナンド、アブハイ・アガルワル、スレー・マティ、ジョティ、シュリクマール・ラマクリシュナン。ペルーでは、タニア・アルフォンソ、デイヴィッド・ブロン゠パットン、ウィルバート・アレックス・ヤンキ・アリサバル、シルビア・ロブレス、カルティック・アキレスワラン。ボリビアでは、ダグ・パーカーソン、マーティン・ローテンバーグ、マリア・エステル、それにウユニのミニットマン・ピザのクリス。ウガンダでは、ピア・ラフラー、セーラ・カバイ、ベッカ・フルスト＝ニコルズ、ウィリアム・バムステ。ケニアでは、カレン・レヴィ、アンドリュー・フィッシャー・リーズ、ジェフ・ベレンス、オウェン・オジール、ジヌ・クーラ、ブラストゥス・ブウィレ、レナード・ブケケ、グレイス・マカナ、モージズ・バラザ、アディーナ・ロム。マラウィでは、ニール・ケレハー、ジェシカ・ゴールドバーグ、ルタミョ・ムワムリナ、カスバート・マンボ、それにMRFCのフィリ氏。フィリピンでは、レベッカ・ヒューズ、メガン・マグワイア、ナンシー・ハイト、ヤイン・ユ、アン・マユガ、マリオ・ポルトゥガル、プリモ・オブセキオ、アレックス・バルティク、アダム・ツッカー。コロンビアではアンヘラ・ガルシア・バルガス。みなさんに感謝します。

どんなことにもびくともしないウェンディ・ルイスと、IPAのニューヘイヴン本部と海外支部のみんな、終始貴重なサポートをしてくれてありがとう。

草稿を呼んでコメントをしてくれた人、たくさんの意見を出してくれた人、アイデアを隅々まで詰めるのに力を貸してくれた人、みなさんに感謝します。特にローラ・フィルモア。あらゆる段階で交わした議論はとても有益だった。ありがとう。ヘレン・マーキンソン、いつも励ましてくれてありがとう。この本の冒頭のストーリーをはじめ、たくさんのアイデアをくれたチェルシー・デュボワ、ありがとう。

最後に限りない感謝を母と父とネイオミとジュリーへ。僕が知る限り最高の人たちだ。

ディーンとジェイクからの謝辞

僕たちのエージェント、ジム・レヴィーンに感謝する。僕たちが契約にサインしたとき、ジムは「サインしたらほったらかし」っていうタイプのエージェントじゃないと断言した。僕たちは彼を信じた。彼は言葉通り、最後までずっといっしょに原稿（とタイトル――これが難しかった！）と格闘してくれた。エリザベス・フィッシャー、サーシャ・ラスキン、ケリー・スパークスをはじめとするレヴィーン・グリーンバーグ社のジムのチームのみなさん、ありがとう。僕たちの編集者、ペンギン・グループのダットン社のスティーヴン・モローは、最初から最後まで貴重な洞察と助言をくれ、原稿を整理し、僕たちが次から次にタイトルを却下しつづけても辛抱強くつきあってくれた。ありがとう。本の中身とスタイル両方に貴重なアドバイスをくれたアンドリュー・ライトにも感謝する。

原稿を読んでくれたたくさんのみなさん（何稿も読んでくれた人も多い）をここに記して感謝を捧げる。デイヴィッド・アペル、ジュリー・アペル、ネイオミ・アペル、スコット・バーンスタイン、ケリー・ビドウエル、ローラ・フェルマン、エリカ・フィールド、ローラ・フィルモア、サリー・フィルモア、アリッサ・フィシュベイン、ナサニエル・ゴールドバーグ、シンディ・カーラン、カレン・レヴィ、デイヴィッド・マッケンジー、テッド・ミゲル、クレオ・オブライエン＝ウドリー、ティム・オグデン、ロヒニ・パンデ、ジョナサン・ロビンソン、リチャード・セイラー、レベッカ・ソーントン、クリス・ウドリー。

解説　『善意で貧困はなくせるのか？』を読んで

澤田康幸

開発経済学とは、経済発展の構造を解明し、発展途上国を豊かにする政策・戦略を提示しようとする、実践的な研究分野である。ここ一〇年ほどのあいだ、この分野は急速に深化し、経済学のトップフィールドのひとつになった。Dean Karlan and Jacob Appel, *More than Good Intentions*, Dutton, 2011 の翻訳である本書は、開発経済学を深化させてきた「核」である、ランダム化比較試験（ＲＣＴ）・行動経済学・実験経済学アプローチ、一言でいえば「社会実験」による実践的な貧困研究を一般向けに平易にまとめたものであり、最先端の学術研究における「地殻変動」を幅広い読者に伝えてくれる良書である。

五年前、かりに「開発経済学の一般向け入門書は？」と問われればジェフリー・サックス『貧困の終焉』、ウィリアム・イースタリー『エコノミスト 南の貧困と闘う』、ポール・コリアー『最底辺の10億人』の三冊を挙げただろうが、いまやこうしたマクロ的あるいは安楽椅子からの議論はとても陳腐に感じられる。これら旧三部作にとって変わったのが、地べたを這いつくばるような臨場感にあふれつつ「クール」な議論を次々と展開するバナジー＆デュフロ『貧乏人の経済学』、モーダック他『最底辺のポートフォリオ』、そして本書『善意で貧困はなくせるのか？』の新三部作である。この変化は、開発経済学における先端学術研究の新潮流を反映したものであり、ある意味「必然」と思われる。

開発経済学の新潮流

「開発経済学」は戦後の旧植民地の政治的独立の過程で経済の独立達成に向けた要請から生まれたが、一九七〇年代から八〇年代にかけて大きく衰退した。一九八五年の展望論文で高山晟教授は「経済開発論への熱気が今は全く影を潜めてしまっているようだ」と述べ、ポール・クルーグマン教授も「開発経済学の反・反革命」と題した九三年論文を「昔々、開発経済学と呼ばれる分野があったとさ」と始めた。戦後華々しく登場しながら、初期の開発経済学で説かれた政策勧告、たとえば、国内工業の振興によって輸入工業品から国産品への代替を進めようとする「輸入代替工業化政策」が、現実には失敗だったというエビデンス（科学的証拠）が明らかになったからだ。

ところが開発経済学は、二〇〇〇年代半ばに突如として経済学のトップフィールドに返り咲く。現在、世界の経済学を牽引する米国のマサチューセッツ工科大学（ＭＩＴ）、ハーヴァード大学、イェール大学などでは、経済学博士課程学生のあいだでもっとも人気のある研究分野のひとつになっている。たとえば、二〇一三年の初めに研究者のジョブマーケットで職探しをしているＭＩＴの博士号候補者、つまり世界の経済学界の「金の卵」たち一八名を見てみると、三分の一の六名が開発経済学を専門分野にしている。イェール大学でも一五人中五人だ。そして、多くの優秀な若手開発経済学者が『アメリカン・エコノミック・レビュー』誌や『エコノメトリカ』誌など超一流学術雑誌に次々と論文を掲載。その中心的存在というべきＭＩＴのエステル・デュフロ教授は三七歳の若さで、ノーベル経済学賞の「登竜門」

といわれる、全米経済学会のジョン・ベイツ・クラーク賞に輝いた。本書でも触れられているように、カーラン教授は、デュフロ教授の一番弟子でもあり、彼女らとともに新しい開発経済学の一翼を担っている。

この背景には、社会実験によるエビデンスに基づいた政策形成という大きな潮流が経済学全体に出現したということがある。その潮流の開発分野での中心が、デュフロ教授らが率いる「ジャミール貧困アクション研究所」（J－PAL）とカーラン教授らが率いる「イノベーションズ・フォー・ポバティー・アクション」（IPA）である。いずれの機関においても中核となっている分析ツールが、医療分野の臨床治験の考え方を応用したランダム化比較試験（RCT）と呼ばれる厳密な社会実験の手法だ。こうした手法によって、これら二つの組織ではさまざまな開発政策を次々に評価。ごく短期間で、世界をリードする顕著な研究成果を数多くあげてきた。本書では、グラミン銀行とその創始者であるムハマド・ユヌス教授がノーベル平和賞を受賞して有名になったマイクロファイナンスの厳密な検証を筆頭に、農業における新品種の導入や肥料投入、就学率を改善するためのさまざまな介入、感染症対策や健康改善のために行われてきた新しい試みについて、「社会実験」の手法を用いて評価する方法が紹介されている。本書はまるでそれぞれの研究がピースとなって完成した、見事なパズルのようだ。とくに驚くべきは、いっさいの数式も計量経済学モデルも、あるいは回帰分析結果の図表をもまったく用いていないということだ。外部者にはしばしば難解で不可解と評される経済学の先端研究成果が実に明快に紹介されている。

マイクロファイナンス

さて、本書の意義を端的に紹介するために、本書のメインのひとつであるマイクロファイナンス研究について解説してみよう。マイクロファイナンスとは、金融取引から排除されてきた貧困層に対する小口金融プログラムの総称で、融資、貯蓄、保険、送金などが含まれる。本書では、第3章で降雨保険、第7章で貯蓄を取り上げるなどマイクロファイナンスのなかでも最近脚光を浴びている注目すべき議論も紹介されているが、ここではバングラデシュのグラミン銀行の成功などで注目を集めてきた小口融資「マイクロクレジット」の議論を取り上げることにする。

グラミン銀行を設立したムハマド・ユヌス氏は米バンダービルト大学で博士号を取った経済学者だった。一九七四年にバングラデシュで飢饉《ききん》に遭遇。大学を飛び出しマイクロクレジットの実践を始めた。前述のとおり同氏とグラミン銀行は二〇〇六年にノーベル平和賞を受賞している。マイクロクレジットが世界で驚きをもって迎えられたのは、返済率が高かったためだ。七〇年代に発展途上国で実施された低利の農業融資の返済率が六〇パーセントなどと極めて低かったのに対し、マイクロクレジットでは貧困層向け無担保融資でありながら、返済率がしばしば九五パーセントを超えたのである。この成功は経済学にも大きな影響を与えた。米国経済学会のデータベースによると、マイクロファイナンスに関する論文は一〇〇〇本以上にも達する。

第6章で詳述されているように、グラミン銀行の融資は個人向けだが、グループを組んで毎週の集会時に返済していく「グループ融資」が当初の特徴だった。九〇年代、研究者らはこの仕組みが成功した理由の解明に取り組んだ。

ロンドン・スクール・オブ・エコノミクス（LSE）のマトリーシュ・ガタック教授は、次の側面に注目した。銀行が借り手のリスクを判別できないと、その分、金利を高く設定せざるを得ず、結果として高金利でも借りようとする高リスクの借り手だけが市場に残る。この現象は経済学では「逆選抜」と呼ばれる。一方、連帯責任のもとでは、借り手は返済の肩代わりをしなくて済むよう、リスクが低そうな人を選んで組む。高リスクの借り手は借り入れ自体が困難になり、市場から退出するため、逆選抜が起きにくくなると指摘した。

米コロンビア大学のジョセフ・スティグリッツ教授は、グループ融資で借り手が相互に資金使途を監視することで返済率が高まるメカニズムを示した。借入金を浪費するモラルハザードが、連帯責任を通じて抑止される仕組みである。

連帯責任制度については、ＬＳＥのティモシー・ベイズレー教授とコーネル大学のステファン・コート教授も分析を加えた。発展途上国では法制度が未発達で返済を法的に強制しにくく、能力があるのに返さない「戦略的債務不履行」が発生し得る。両教授は九五年の論文で、グループ融資が潜在的な社会的制裁（陶片追放）を通じ、この問題を抑止できることを示した。

ただ、こうした「逆選抜」「モラルハザード」「戦略的債務不履行」の抑止効果は理論的なもので、現実のデータから直接観察できるものではない。そこで近年、まさにカーラン教授たちを中心として、社会実験の手法を使って、マイクロクレジットの高返済率や効果を実証しようとする動きがでてきた。その結果、返済率向上の鍵が、九〇年代の理論研究が強調したような相互監視の仕組み以外にあることが分かってきたのである。

とくに、第６章で紹介されている、カーラン教授と世界銀行のチャビエル・ジネ博士とが、フィリピンのマイクロクレジット機関と実施した実験は興味深い。彼らは既存のグループ融資メンバーのうち、無作為に選んだ人を個人融資に切り替えて返済率を調べた。モラルハザードや戦略的債務不履行が抑止されているはずのグループと、理論的にはそうした効果がない個人とを厳密に比べたのである。意外にも返済率に統計的に有意な差は見られず、こうした抑止効果がないことが示された。こうした議論は、社会実験が「机上の空論」と「現実を描写する優れた理論」とを判別するための最強のツールであることを示してくれる。

ではなぜグラミン銀行の融資は成功したのか。残念ながら研究は発展途上で、明確な結論は出ていない。ただ、第6章の信頼ゲーム（一四七ページ）において説明されている借り手の「信頼性」や、本書では説明されていない「前向きの動機づけ」メカニズムの可能性がある。後者は、マイクロクレジットでは借り入れを完済すると融資枠が増額されるのが一般的で、より大きな資金がほしい借り手には、着実に返済していく動機がある。つまりグループ内での相互監視というより、個人それぞれにいわば「前向きの動機づけ」が強く働いている可能性がある、という考え方である。

本書のメッセージ

バナジー&デュフロ『貧乏人の経済学』は結論で次のように述べている。

私たちは知り得る、知るべきことをすべて知るには程遠い状態です。本書はある意味で、もっと細かく見ようという招待状にすぎません。……まちがえる可能性を受け容れて、あらゆる発想、それも明らかに常識としか思えない発想も含めて厳密な実証実験にかけましょう。そうすれば、有効な政策のツールボックスが構築できるだけではなく、なぜ貧乏な人が今のような暮らしをしているかも理解しやすくなるのです。

（山形浩生訳、三五三－五四ページ）

本書は、『貧乏人の経済学』に続くアイデア積み上げ作業をさらに取りまとめたものと見る向きもあろう。しかし、本書には『貧乏人の経済学』とは異なる三つの重要なメッセージがあるように思う。第一には、「読者自身も新しい潮流に参加し、貧困削減のためのよりよい貢献をすることができる」というメッセージである。つまり、貧困の問題に何らかの関心をもっていても、「象牙の塔」のなかで繰り広げられている開発経済学の学術研究とは無縁だった人々が、正しいアイデアを支援するということを通じて新しい開発経済学の知的生産に積極的に関与し、貧困削減に貢献することができる環境が整ったというメッセージだ。本書には、読者自身が世界の貧困削減にどうかかわったらよいのかという「ナッジ」がある。やや文脈が異なるが、それまでボランティアに縁のなかった人々が東日本大震災に際して、義捐金や支援物資を送ったり、ボランティアとして泥かきに参加したりしたように、途上国の貧困問題とは必ずしも直接のつながりのない多くの日本の読者にも「何かができる」という重要な示唆を与えてくれる。

第二には、「開発経済学の新潮流の意義を余すことなく伝える」ということだ。そうしたことで、本書は優れた開発経済学の入門書ともなっている。RCTのみならず、差の差アプローチや自然実験など、ミクロ計量経済学的な政策評価の手法を巧みに紹介し、さらには逆選抜やモラルハザードなど「イーコン」を前提とした標準的なミクロ経済学のトピックだけでなく、現状維持バイアスやコミットメントの問題、レファレンスポイント、双曲線割引など「ヒューマン」を記述しようとする行動経済学の議論、信頼ゲームなど実験経済学の議論を「ジャーゴン」を使わずに平易に解説しつつ、開発分野での主要な応用例をちりばめている。

第三は、本書に紹介されているセンディル・ムライナタンのいう「最後の一マイルの問題」（五六ページ）、マイケル・クレマーのいう「Oリング問題」（二一〇ページ）にまつわるものである。本書で紹介されてきたさまざまなアイデアは、たとえどんなに優れたものであっても、それを実践に移すための市場制度、法制度、インフラストラクチャーなどの前提条件や、効果的な広告などのわずかな一部分でも整っていなければ機能しないということである。しかし、前者のような制度やインフラの役割についてはそもそもRCTによる検証になじまないため、今後さらなる研究の深化が必要でもある。

課題

ここで、本書で提示された手法についての二つの課題に触れておきたい。第一は、日本の援助政策への示唆である。本書四九ページでは、援助政策の文脈において「魚の釣り方を教える」という中国の諺を引き合いに出すことについて、「はるか雲の上のこういう崇高な概念と比喩の世界は、空気が薄く、現実の貧しい人たちは見当たらない。開発が行われるべきところはここではない。地上でなくてはならない。貧困を解決したいなら、それがどういうことなのかを、抽象的な言葉ではなく現実として知る必要がある。どんな匂い、どんな味、どんな手触りかを知る必要がある」と断じている。しかし国際協力機構（JICA）のウェブサイトには、「日本の支援の特徴を例えて言えば、単に貧困に喘いでいる人に魚をあげるのではなく、魚の釣り方を教えたり、釣竿や網を届けたり、釣り船を買うお金を貸したりすること、つまり、途上国が自助努力により発展をする手伝いをすることです。」*と明記されており、大変に耳の痛い話である。他方、第9章では、「学校単位の駆虫は、開発において証拠に基づいた決定が大きな成果を上げた近年のサクセスストーリーの一つ」（二三二ページ）と結論付けているが、学校保健の一環として駆虫が行われた日本自身の経験や一九七〇年前後にJICAの前身機関が韓国で実施した大規模な寄生虫駆除プロジェクトが大きな成功をおさめたことを知る者にとっては「車輪の再発明」と映るかもしれない。

いずれにしても、本書が掲げた新しい潮流を建設的な形で取り入れることは不可欠だ。日本でもＪＩＣＡ研究所や評価部などを中心に、ＲＣＴを含むさまざまな手法を用いた日本のＯＤＡプロジェクトの厳密な評価が始まっている。代表例のひとつは、西アフリカ諸国における「みんなの学校（ＣＯＧＥＳ）」プロジェクトだ。このプロジェクトは、民主的選挙で選ばれたコミュニティの代表者グループが学校計画を立て、小学校の運営に積極的に関与するという、一種の教育分権化政策である。本書第9章で紹介されているインド・ウッタルプラデシュ州での村教育委員会は類似の仕組みをもつと考えられるが、そのＲＣＴ評価結果は芳しくなく、改善の糸口は闇の中である。「みんなの学校」プロジェクトのＲＣＴ評価結果が何らかの鍵を与えてくれ、日本発の有効なアイデアが生まれてくることにぜひ期待したい。このように、日本の援助政策が世界の新潮流に乗っていけば、削減傾向にあるＯＤＡの費用対効果も明らかになり、それによる選択と集中の促進を通じて予算の効率性向上と効果の改善に寄与する可能性がある。このことは、納税者への説明責任を果たすうえでも重要である。開発経済学における先端研究の深化を受けてこの流れが加速することを期待したい。

第二は、ＲＣＴを中核とする方法論自体にもさまざまな批判があるという点である。まず、ある国のある地域での政策効果が厳密に検証されたとしても、同じ政策が異なる国の異なる環境の下ではたして有効か、という「外的妥当性の問題」がある。この点については、本書でもしばしば言及されており、多国比較による検証が強調されているが、かりに小規模のＲＣＴでは効果が確認できても、「全国展開」

すると市場を通じて価格が変化し、元来の政策効果が薄くなる可能性をはらむ「一般均衡効果」についてはやや議論が弱い。これらの問題は、RCTの研究が、政策というインプットと、効果というアウトプットの因果関係のみに注目し、両者がつながっていく「内部構造」を直接観察しない、いわば「ブラックボックス・アプローチ」であることに起因する。つまり因果関係の構造が不明であれば、外的妥当性も一般均衡効果も議論することが難しいわけである。そうした構造の理解のためには、筆者のいう「崇高な概念」も無意味ではなかろう。また、イェール大学のマーク・ローゼンツワイク教授が『貧乏人の経済学』を批判しているように、インドにおける貧困を有意に低下させた緑の革命の役割や、バングラデシュで持続的成長を遂げた縫製業が貧困層の雇用吸収に多大な貢献を行ったというような農業から工業への産業構造の大きな変化など、経済発展と貧困削減にとって根本的に重要なイシューをそもそも対象とせず、あまり重要でないマイナーな課題を厳密に検証して積み上げるというリスクもなくはない。

とはいえ、こうした課題は本書にちりばめられたアイデアや手法の先進性を損なうものでは決してない。今後、さらなる議論の深化へのワクワクするような挑戦が大いに期待できよう。

おわりに

カーラン教授の研究に初めて触れたのは、一〇年ほど前のことだったか。ある大学院生が、カーラン教授のウェブサイトに掲載されていた論文をもってきてくれたのだが、それが本書第6章で紹介されたFINCAペルーの信頼ゲーム論文の草稿であった。本論文はのちに『アメリカン・エコノミック・レビュー』誌に掲載されたが、従来の経済学のスタイルとまったく異なり、テクニックや理論の細部に拘泥することなく、まさに地上で被験者と一体となって現実を直視するかのような実に明快な論文であった。また、本書では直接触れられていないが、カーラン教授のおそらくもっとも有名な研究は、第4章に登場する南アフリカの金融機関と協力して実施した、信用市場における逆選抜とモラルハザードの存在を検証するという論文である（『エコノメトリカ』誌に掲載）。「逆選抜」と「モラルハザード」、あるいはそれを生む「情報の非対称性」は、現在ほぼすべてのミクロ経済学の教科書に登場するもっとも標準的な理論概念である。しかし、驚くべきことに、そうした理論概念が現実に存在するのかどうかはRCTを用いて厳密に検証されたことがなかった。カーラン教授は、そうした経済学の穴に一石を投じる画期的な研究を行ったわけである。

その後、カーラン教授には日本で三度お会いする機会があった。最初は、二〇〇七年国際協力銀行（JBIC）で開かれたマイクロファイナンスのシンポジウムのパネル上である。二度目は、同じく〇七年東京大学経済学部で開催された開発経済学のカンファレンス時であったが、カーラン教授が報告したのは第6章で紹介されたフィリピンのグリーン・バンク・オブ・カラガのRCT論文であった。「個人責任融資とグループ融資の返済率が同じ」という結果は、マイクロファイナンスに関する九〇年代の華麗な理論研究が「机上の空論」であることを厳密に示す衝撃的な結論であった。三度目は、二〇一〇年に同じく東大経済学部がホストしたエコノメトリック・ソサエティーの極東大会である。カーラン教授は、基調報告者の一人であり、幸運にも私は司会を務めさせていただいた。エコノメトリック・ソサエティーは、世界の経済学でもっとも権威のある学会である。そんな厳かな雰囲気はものともせず、講演後に登山服姿で「これから富士山のてっぺんまでいくんだ！」と嬉しそうにバックパックを抱えて笑ったカーラン教授の姿に、開発経済学の新しい流れが体現されているのだなとつくづく感じたものである。

本書を読んで感じとれるのは、経済学自体への学術的貢献を積み上げつつも、より大きな視点から、経済学と世の中とのかかわりに真正面から取り組むという、カーラン教授の研究者としての素晴らしく前向きな姿勢であろう。

二〇一三年一月

＊ http://www.jica.go.jp/faq/10_01.html より

索　引

【あ行】

アイエンガー，シーナ　Iyengar, Sheena　61
アシュラフ，ナヴァ　Ashraf, Nava　175, 191
アブドゥル・ラティフ・ジャミール貧困アクション研究所（J-PAL）　36, 94, 156, 252
アンダヤ，オマル　Andaya, Omar　143
イースタリー，ウィリアム　Easterly, William　14, 37, 269
イノベーション　300
医療・保健
　医師の不在と　250-55
　インセンティブ・プログラムと　252-64
　エイズ予防と　283-96
　教育と　213, 256
　駆虫プログラムと　12, 228-32, 245, 302
　下痢と　272-75
　条件付き現金給付と　256-59
　伝統医療と　248-50
　マラリア予防と　264-72
　水衛生と　272-79, 303
インセンティブ
　HIV 検査と　290-96
　医療と　252-64
　インターネットと　182, 183, 260, 261
　教師の不在と　236, 237
　貯蓄と　184-87
インターネット
　インセンティブ・プログラムと　181-83, 260, 261
　社会的学習と　203
　マーケティングと　52
インフォーマルな貯蓄手段　168-71, 174-78
ウガンダ　121, 171, 193
ウッドラフ，クリス　Woodruff, Chris　85, 87, 89
ウドリー，クリス　Udry, Chris　203, 204
エイズ予防　283-96
栄養補助剤　256
エヴァンス，デイヴィッド　Evans, David　221
塩素ディスペンサー　275, 303
エンパワメント　72, 138
オポルトゥニダデス　223
オルザグ，ピーター　Orszag, Peter　186

【か行】

会計研修　113
回転型貯蓄信用講（ROSCA）　168, 169
貸金業者　74, 80, 81
貸倒率　142-47, 154-58
ガートラー，ポール　Gertler, Paul　257, 280, 281
カーネマン，ダニエル　Kahneman, Daniel　199

蚊帳　12, 267-73, 278
機会費用　103-07, 220
起業家
　インフォーマルな貯蓄手段と　168
　限界収益と　85, 86
　骨組みだけのローンと　84
　マイクロクレジットと　69, 84-93, 97, 98, 107-14
　ローン評価と　123-25
キャメラー，コリン Camerer, Colin　105
キャリア選択　103, 217, 218
教育
　エイズ予防と　286-88, 291
　教師の不在と　235-38
　駆虫プログラムと　228-32, 302
　コミュニティ参加と　242-45
　授業料と　220, 221
　条件付き現金給付と　223, 224
　生徒の欠席と　221-23, 228-32, 237
　制服支給プログラムと　35, 221-23, 230, 240, 302
　能力別クラス編成と　239-41
　ヘルスケア・インセンティブと　256, 257
　補習と　238-41, 303
　マラリア予防と　266, 267
　ミレニアム開発目標と　212, 213
禁煙　261-64
銀行システム　160
近視眼　202
グガティ，メアリ・ケイ Gugerty, Mary Kay　174, 175
駆虫プログラム　12, 228-32, 245, 302
グラミン銀行
　起業家精神と　108
　起源　74, 75
　グループ融資と　130, 138, 156
　融資における性差と　89
グラミンII　141, 142, 144
グループ融資
　起源　74
　個人責任ローンと　142-47
　債務不履行と　135-37, 150
　社会的信頼と　147-54
　集会の重要性と　154-58
　単純な個人ローンとの比較　141, 142
　仲間からのプレッシャーと　125, 134
　未来　159-61
　モデル　130, 131
　問題点　138-40
　リスクと　133, 134, 139, 140, 148, 158
　利点　137, 138
クレジット・インデムニティ　57-59, 63, 81-84, 90, 91, 118
グレナスター，レイチェル Glennerster, Rachel　94, 243, 252
クレーマー，マイケル Kremer, Michael
　開発プログラムの複雑さ　210, 211
　駆虫プログラムと　228-31
　制服支給プログラムと　221
　肥料の使用状況調査と　194, 200, 201
　水衛生と　273, 274
携帯電話　45, 61, 76, 121, 184, 209, 210, 276
ゲイル，ウィリアム Gale, William　186
ケマニ，ストゥティ Khemani, Stuti　243
下痢　54, 272-75, 277
限界収益　85
研修プログラム　110-14, 138, 244
現状維持バイアス　196-98
降雨保険　53, 63-65
広告　53, 55, 56, 59, 60, 291

高等教育　218
行動経済学
「ウォーターガード」と　274, 275
開発の基盤と　208-10
機会費用と　105-07
寄付と　22-26
社会的学習と　203-05
選択過多と　61, 62
貯蓄の難しさと　166, 178-83
——とは何か　15-17
農業と　198-200
マーケティングと　22-25, 27
『傲慢な援助』（イースタリー）　269
コーエン，ジェシカ Cohen, Jessica　270
国際通貨基金（IMF）　63
国際連合　13, 48, 75, 141, 212, 213
個人責任ローン　142-47
コミットメント貯蓄　172, 173, 176-78, 304
コミュニティ開発　93-96, 127, 128, 242-45
雇用　83, 113, 213
コリンズ，ダリル Collins, Daryl　79
コール，ショーン Cole, Shawn　63, 238
婚姻習慣　285, 289
コンドーム　281-83, 288, 289, 291-95
コンパルタモス　80
コンリー，ティモシー Conley, Timothy　203

【さ行】

最後の１マイル問題　56, 57, 272
財産法　134
催促メッセージ　184
『最底辺のポートフォリオ』（モーダックほか）　79
債務不履行　135-37, 139
サエス，エマニュエル Saez, Emmanuel　186, 187
サックス，ジェフリー Sachs, Jeffrey
援助の有効性と　37, 38
貧困削減戦略と　14
マイクロクレジットの利点と　75
マラリア予防と　269
水衛生プログラムと　279
サリサリ・ストア　76, 77
サンスティーン，キャス Sunstein, Cass　15, 16, 178
ザンビア　269
ジェイミソン，ジュリアン Jamison, Julian　121
ジェンセン，ロバート Jensen, Robert　209
ジェンダー
教育と　213
グループ融資と　126-29
マイクロ貯蓄と　301
マイクロクレジットによる利益率と　88, 89, 92
マイクロクレジットの影響と　95
時間配分　105-07, 139
市場ベースの解決策　208, 209, 271, 278
地震保険　199
自制　174, 176
自然実験　153, 209
失業　108
『実践 行動経済学』（セイラー＆サンスティーン）　15
ジネ，チャビエル Giné, Xavier　63, 143, 191, 261
シャー，マニシャ Shah, Manisha　282
シャイファ，エルダー Shafir, Eldar　58
借金　73, 74, 107-14, 140
十二指腸虫　210, 232
出席（出勤）率　221-23, 228-32, 235-38, 245, 250-55, 302
需要と供給　208, 271, 283

シュルツ，ポール Schultz, Paul　224
条件付き現金給付　223-26, 256-59
消費パターン　96
情報
　エイズ予防と　283, 284
　グループ融資と　131
女性
　インフォーマルな貯蓄手段と　169, 170
　グループ融資と　126-29, 151-55
　マイクロクレジットの影響と　95
　マイクロクレジットの考え方と　18
　マイクロクレジットの返済率と　88, 89, 92
　マイクロクレジットのマーケティングと　59, 60
私立学校　220
親近効果　198, 199
ジンマン，ジョナサン Zinman, Jonathan　57, 63, 64, 81, 90, 92, 121, 184, 261
信頼　65, 117-23, 147-50, 191
ズウェイン，アリックス Zwane, Alix　274
「スス」組合　168
スペースシャトル・チャレンジャー事故　210, 211, 221
税制　186, 187
制服支給プログラム　221-23, 230, 240
セイラー，リチャード Thaler, Richard　16, 105, 178-80, 198
セヴァ・マンディル　236-38, 252-57, 300
世界銀行
　教育プログラムと　243
　降雨保険と　63
　個人責任ローンと　143
　大規模ドナーとしての　27
　ビジネス研修プログラムと　113
　マラリヤ予防と　169
『選択の科学』（アイエンガー）　61
ソーントン，レベッカ Thornton, Rebecca　292, 293, 295

【た行】

対照群　41-44
退職貯蓄　179, 180, 186, 187, 198
タウンゼント，ロバート Townsend, Robert　63
惰性　166, 179, 202
担保　69, 72, 91, 133-35
チェンナイ（インド）　162
貯蓄
　インフォーマルな手段　167-71, 174-78
　お知らせメールと　301
　銀行システムと　160
　コミットメントの仕組みと　172-78, 304
　先進国での　178-83
　大切さ　30
　マイクロクレジットプログラムと　301
　難しさ　166, 167, 178-83
　やさしいナッジと　183-87
　利点　164, 165
デ・メル，シュレシュ De Mel, Suresh　85, 87, 89
デュパ，パスカリーヌ Dupas, Pascaline　168-71, 240, 270-72, 287-90
デュフロ，エステル Duflo, Esther
　医師の不在と　252
　教師の不在と　236, 237
　コミュニティ開発と　94
　退職貯蓄と　186
　能力別クラス編成と　240
　肥料の使用状況調査と　193, 194, 200, 201
　補習と　238

ミレニアム開発目標と　212
伝統的経済学
エイズ予防と　286
蚊帳の価格と　271
合理性と　15
信頼ゲームと　149
退職貯蓄と　179
マイクロクレジットと　60
トヴェルスキー，エイモス　Tversky, Amos　199
途上国
駆虫プログラムと　228-32, 302
信用情報と　132
貯蓄率と　178-83
農業と　188, 189
マラリヤ予防と　265
トバクマン，ジェレミー　Tobacman, Jeremy　63
トペロヴァ，ペティア　Topalova, Petia　63
ドレクスラー，アレハンドロ　Drexler, Alejandro　113

【な行】

仲間からのプレッシャー　125, 134
ニカラグア　224
妊娠　288, 289
農業
開発の基盤と　208-10
行動経済学と　198-202
社会的学習と　203-05
途上国における　188, 189
非合理的行動と　195
肥料と　53, 192-95, 201-05, 302
マーケティングと　53

【は行】

売春婦　281-83
ハナ，リマ　Hanna, Rema　236, 237
バナジー，アビジット　Banerjee, Abhijit　36, 94, 238, 243, 252
バブコック，リンダ　Babcock, Linda　105
バラサキ・プログラム　238-41, 303
バルディビア，マルティン　Valdivia, Martin　110
バレラ＝オソリオ，フェリペ　Barrera-Osorio, Felipe　225
潘基文　Ban Ki- moon　159
バングラデシュ　73, 74, 79, 130, 139, 142
パンデ，ロヒニ　Pande, Rohini　155, 156, 158
ビジネス研修プログラム　109-14, 138
日払いローン　163, 164
「ビフォー－アフター」評価　40, 41
肥料
クーポン・プログラム　201, 202, 302
使用範囲　192-95
マーケティングと　53
ビル＆メリンダ・ゲイツ財団　27, 30, 171, 274
貧血　228, 231, 259
フィスマン，レイ　Fisman, Ray　36
フィッシャー，グレッグ　Fischer, Greg　113
フィールド，エリカ　Field, Erica　155, 156, 158
ブシア（ケニア）　35, 193, 194, 196, 200, 273, 276, 278, 285, 287, 290
プラサム　238, 243-45, 300, 303
ブルーン，ミリアム　Bruhn, Miriam　113
ブレイクリー，ホイト　Bleakley, Hoyt　232
プログレッサ　223-26, 230, 256-60, 263, 280

ペイデイローン　19, 81-83, 164
ベッカー，ゲーリー Becker, Gary　15
ベナルツィ，シュロモ Benartzi, Shlomo　179, 180, 198
ベルトッツイ，ステファノ Bertozzi, Stefano　282
ベルトラン，マリアンヌ Bertrand, Marianne　58, 225
法システム　131, 135
ボゴタ（コロンビア）　225-27
補習教育　238-41, 303
ボボニス，グスタボ Bobonis, Gustavo　231
ボリビア　184, 301

【ま行】

マイクロ貯蓄　76, 301
マイクロクレジット／ファイナンス
　FINCA と　32-34
　RCT と　41, 42
　貸金業者と　78
　考え方　18, 19
　起業家精神と　69-99, 107-14
　欠点　76-79
　現状　97-99
　降雨保険と　63-65
　個人責任ローンと　142-47
　コミュニティ開発と　93-97
　単純な個人ローンと　141, 142
　投資と　84, 85
　マーケティングと　25, 57-63, 71-73
　未来　159
　融資条件　79-83, 118
　利点　71-76
　利用率　86-90
埋没費用効果　270
マーケティング
　売り込みと　66, 67
　改善プログラムと　58-61, 274, 275
　顔を合わせた――　65
　降雨保険と　63, 64
　行動経済学と　22-25, 27
　最後の 1 マイル問題と　56
　マイクロクレジットと　25, 57-63, 71-73
マッケンジー，デイヴィッド McKenzie, David　85, 87, 89
マッチング拠出　186
マラリア予防　264-72
ミゲル，エドワード Miguel, Edward　228-32, 274
水衛生　273-79, 303
ミレニアム開発目標　75, 212
ムライナタン，センディル Mullainathan, Sendhil　36, 37, 56, 58, 184, 210, 272, 274
モーダック，ジョナサン Morduch, Jonathan　79, 122

【や行】

輸送費　189, 191
ユヌス，ムハマド Yunus, Muhammad
　起業家精神と　108, 114
　グループ融資と　74, 130, 141, 156, 159
　女性への融資と　89
　ビジネス研修プログラムと　110
　マイクロファイナンスの発展と　80
ユーレギャップ　206-08
用途制限のないローン　118

【ら行】

ラザフォード，スチュワート Rutherford, Stuart　79
ラナオ，イリス Lanao, Iris　110, 151
ランダム化　120-22, 152, 209
ランダム化比較試験　39-44

利益
　限界収益と　85, 86
　貯蓄と　163
　日払いローンと　164, 165
　マイクロクレジットの価値と　84, 85
　マイクロクレジットの利益率と　88, 89, 92
利子率
　起業家への融資と　69, 91
　日払いローンと　163
　マイクロクレジットの考え方と　19
　マイクロクレジットの通常利率　87
　マイクロクレジットのマーケティングと　58-61
リスク
　エイズ予防と　282-90
　起業家への融資と　82
　グループ融資と　133-35, 138-40, 147-50, 158
利他性　157, 158
リーブマン，ジェフリー Liebman, Jeffrey 186
リンデン，リー Linden, Leigh 225, 238
レイブソン，デイヴィッド Laibson, David 174
レッパー，マーク Lepper, Mark 61
ローウェンスタイン，ジョージ Loewenstein, George 105
ロビンソン，ジョナサン Robinson, Jonathan 168-71, 194, 200, 201

原 注

第 1 章

1. Peter Singer. 2009. *The Life You Can Save: Acting Now to End World Poverty.* New York: Random House. シンガーが用いている例はこれとは少し違う。これは、シンガーの例と、彼との会話から直接ヒントを得て書いたものだ。少し変えたのは、このたとえ話に対してよく持ち出される二、三の反論を退けるためだ。たとえばシンガーはよく、おぼれている子どもを助けることの「コスト」として、上等の靴を台無しにすることを挙げるけど、「靴を脱げばいいだけの話だろ？」と反論できるかもしれない。スティーヴン・コルベアによるシンガーへのインタビューに、別の（面白い）反論があり、オンラインで見られる。http://www.colbertnation.com/the-colbert-report-videos/221466/march-12-2009/peter-singer（2012 年 9 月 25 日アクセス）
2. http://failbooking.com/2010/02/05/funny-facebook-fails-texts-cost-money（2012 年 9 月 25 日 アクセス）
3. Kiva はこの仕組みについて、以前よりは明らかにしているが、これは主にセンター・フォー・グローバル・ディベロップメントのデイヴィッド・ルードマンが強く求めたおかげだ。でも、本当のところはやはり分かりにくい。これを書いている時点（2010 年 3 月）で、ウェブサイトでは「あなたの出資金は、〔すでに起業家に支払われている〕この融資分を穴埋め（backfill）するのに使われます」とあり、その 3 行下に、ずっと大きな活字で「これまでに集まった金額」と「まだ必要な金額」と書かれている。正確には何のために必要なんだろう？　穴埋めを完了させるため？　出資者からのお金が、出資者がクリックした人に直接届くような印象を与えようとして、成功している。そして金利は金利と呼ばれないで、「運用資産利回り（portfolio yield）」と呼ばれている。Kiva の投資家／寄付者のどれくらいが、運用資産利回りは金利と同じだと知っているだろうか？
4. http://www.kiva.org/about（2012 年 9 月 25 日アクセス）
5. *Giving USA.* ギビング USA 財団の出版物。インディアナ大学センター・オン・フィランソロピーの研究・執筆による。

第 2 章

1. 社会的プログラムのランダム化評価についての 2 つの重要な論文を挙げておこう。（1） Ashenfelter, O. 1978. "Estimating the Effect of Training Programs on Earnings," *Review of Economics and Statistics*, Volume 60, 47-57;（2） Gary Burtless and Jerry A. Hausman, 1978. "The Effect of Taxation on Labor Supply: Evaluating the Gary Negative Income Tax Experiment, "*The Journal of Political Economy*, Vol. 86, pp. 1103–1130.
2. http://www.un.org/esa/socdev/unyin/documents/ydiDavidGordon_poverty.pdf（2012 年 9 月 25 日アクセス）

第 3 章

1. 袖つき毛布の発売と普及にまつわる闘いについてはニューヨークタイムズ紙の記事を参照（これ以外にもインターネット上にたくさんの記事がある）。http://www.nytimes.com/2009/02/27/business/media/27adco.html?adxnnl=1&adxnnlx=1269796090-dAy7Jkx4XGUQxoRpQwit0g（2012 年 9 月 25 日アクセス）。スナギーとスランケット、ほかの二つの類似商品（フリーダムブランケットとブランコート）の面白い比較については次を参照。http://gizmodo.com/5190557/ultimate-battle-the-snuggie-vs-slanket-vs-freedom-blanket-vs-blankoat（2012 年 9 月 25 日アクセス）
2. http://www.intenseinfluence.com/blog/how-much-money-is-spent-on-advertising-per-year（閲覧不可）
3. http://www.who.int/water_sanitation_health/publications/factsfigures04/en/（2012 年 9 月 25 日アクセス）
4. http://people.ischool.berkeley.edu/~hal/people/hal/NYTimes/2006-06-01.html（2012 年 9 月 25 日アクセス）
5. センディルが「最後の一マイル」の問題を説明している講演の一つを、TED が公開している。http://www.ted.com/talks/sendhil_mullainathan.html（2012 年 9 月 25 日アクセス）
6. Marianne Bertrand, Dean Karlan, Sendhil Mullainathan, Eldar Shafir, and Jonathan Zinman. "What's Advertising Content Worth? A Field Experiment in the Consumer Credit Market." *Quarterly Journal of Economics*, 125（1）, February 2010.
7. S. S. Iyengar and Mark Lepper. 2000. "When Choice Is Demotivating: Can One Desire Too Much of a Good Thing?" *Journal of Personality and Social Psychology* 79: 995–1006.
8. Shawn Cole, Xavier Giné, Jeremy Tobacman, Petia Topalova, Robert Townsend, and James Vickery. 2008. "Barriers to Household Risk Management: Evidence from India." Mimeo, World Bank. 研究報告書はここで閲覧できる。http://www.hbs.edu/research/pdf/09-116.pdf（2012 年 9 月 25 日アクセス）

第 4 章

1. ポトシ夫人の話は FINCA のウェブサイトから引用。http://www.finca.org/site/c.6fIGIXMFJnJ0H/b.6088473/apps/s/content.asp?ct=8442293（2012 年 9 月 25 日アクセス）
2. マルタの話が掲載されているニューズレターはここで閲覧できる。http://www.opportunity.org/wp-content/uploads/2010/06/Impact-2008-Spring.pdf（2012 年 9 月 25 日アクセス）。元々は、オポチュニティ・インターナショナル発行のニューズレター『Impact』に掲載されていた。*Impact*（spring 2008 edition）, published by Opportunity International, 2122 York Road, Suite 150, Oak Brook, IL 60523. Janna Crosby, editor.
3. ユヌス本人が語る詳しい経緯は、下記の著作を参照。Muhammad Yunus and Alan Jolis. 2003. *Banker to the Poor: Micro-lending and the Battle Against World Poverty*. New York: Public Affairs, hardcover pp. 20–29. ISBN 978-1-89162-011-9.〔邦訳　ムハマド・ユヌス＆アラン・ジョリ『ムハマド・ユヌス自伝 —— 貧困なき世界をめざす銀行家』猪熊弘子訳、早川書房、1998 年〕
4. これらの数字は Mix Market から。マイクロファイナンス業界データの重要な情報源だ。

http://www.mixmarket.org/mfi/grameen-bank（2012 年 9 月 25 日アクセス）
5. *State of the Microcredit Summit Campaign Report 2009*. Washington, DC: Microcredit Summit Campaign.〔邦訳 「マイクロクレジットの現状 サミット・キャンペーン・レポート 2009 年版」サム・デイリー・ハリス著、日本リザルツ作成、2009 年、PDF で公開：http://www.resultsjp.org/press/S0906.pdf〕
6. http://www.nytimes.com/2005/09/21/readersopinions/bono-questions.html（2012 年 9 月 25 日アクセス）
7. 年率（APR=annual percentage rate）は、利率を示すのにいちばんよく使われる方法。借金、貯蓄、投資のコストとリターンについていうとき、ふつう年率を使う。クレジットカード契約、定期預金口座、自動車ローン、住宅ローンなどは、年率が話に出てくる状況のほんの一例だ。これらのマイクロクレジットの利率の数値はポートフォリオ利回りで、公表されている会計データから取ったもの。計算方法については、http://www.themix .org などを参照。
8. Dean Karlan and Jonathan Zinman. January 2010. "Expanding Credit Access: Using Randomized Supply Decisions to Estimate the Impacts. "*Review of Financial Studies*, 23（1）.
9. Suresh de Mel, David McKenzie, and Christopher Woodruff. 2008. "Returns to Capital: Results from a Randomized Experiment." *Quarterly Journal of Economics* 123（4）: 1329–72. 同じ研究者たちは、ガーナとスリランカでも IPA の支援の下で研究を再現・拡大しようとしている。
10. http://www.globalissues.org/article/26/poverty-facts-and-stats（2012 年 9 月 25 日アクセス）
11. 性別による結果の違いのもっとくわしい分析は、前出の *Quarterly Journal of Economics* 誌掲載論文の姉妹論文、Suresh de Mel, David McKenzie, and Christopher Woodruff. 2009. "Are Women More Credit Constrained? Experimental Evidence on Gender and Microenterprise Returns." *American Economic Journal: Applied Economics*, 1（3）: 1–32 を参照。
12. Dean Karlan and Jonathan Zinman. 2010. "Expanding Microenterprise Credit Access: Using Randomized Supply Decisions to Estimate the Impacts in Manila." Working Paper.
13. Abhijit Bannerjee, Esther Duflo, Rachel Glennerster, and Cythia Kinnan. May 2009. "The Miracle of Microfinance? Evidence from a Randomized Evaluation." Poverty Action Lab Working Paper 101.

第 5 章

1. Colin Camerer, Linda Babcock, George Loewenstein, and Richard H. Thaler. 1997. "Labor Supply of New York City Cab Drivers: One Day at a Time." *Quarterly Journal of Economics* 112（2）: 407–441.
2. http://www.wiego.org/stat_picture（2012 年 9 月 25 日アクセス）。マイクロクレジットの大半は自分で事業をしている個人を対象としているので、マイクロクレジットの顧客が正規に雇用されている可能性はよけいに低い。
3. Muhammad Yunus and Alan Jolis. 2003. *Banker to the Poor: Micro-Lending and the Battle Against World Poverty*. New York: Public Affairs, p. 140.〔邦訳 ムハマド・ユヌス＆アラン・ジョリ『ムハマド・ユヌス自伝 —— 貧困なき世界をめざす銀行家』猪熊弘子訳、早川書房、1998 年〕
4. FINCA Peru はエルサルバドルで僕が働いていた FINCA インターナショナルとは関係が

ない。最初、FINCA の一部門として創設されたため、同じ名称を使っている。

5. Dean Karlan and Martín Valdivia. "Teaching Entrepreneurship: Impact of Business Training on Microfinance Clients and Institutions." *Review of Economics and Statistics*, 93 (2), 510–27.
6. http://personal.lse.ac.uk/fischerg/Assets/Drexler%20Fischer%20Schoar%20-%20 keep%20it%20 Simple.pdf（閲覧不可）
7. Miriam Bruhn, Dean Karlan, and Antoinette Schoar. May 2010. "What Capital Is Missing from Developing Countries?" *American Economic Review Papers & Proceedings*.
8. Dean Karlan and Jonathan Zinman. 2010. "A Methodological Note on Using Loan Application and Survey Data to Measure Poverty and Loan Uses of Microcredit Clients." Working paper.
9. October 2008. "The Unbanked: Evidence from Indonesia." *World Bank Economic Review* 22 (3): 517–537.

第 6 章

1. ここでユニセフが使っている世界銀行のデータによると、ガーナの 2010 年の 1 人当たり国民総所得（GNI）は 1240 ドル。http://www.unicef.org/infobycountry/ghana_statistics.html#69（2012 年 9 月 25 日アクセス）
2. この現象を経済学の専門用語で「逆選択」という。経済学で初めてこれを論じたのは、ノーベル経済学賞受賞者のジョゼフ・スティグリッツとアンドリュー・ワイス。その論文は Joseph Stiglitz and Andrew Weiss. June 1981. "Credit Rationing in Markets with Imperfect Information." *American Economic Review* 71 (3): 393–410.
3. インセンティブがない（たとえば、無担保である）ために借り手がローンを返済する努力をあまりしなくなったり、借りた資金でより大きなリスクを冒そうとしたりすることの現象を、経済学の専門用語で「努力水準に関するモラルハザード」「事後的なモラルハザード」という。
4. http://unstats.un.org/unsd/demographic/products/indwm/ww2005/tab5e.htm（2012 年 9 月 25 日アクセス）
5. http://www.grameen-info.org/index.php?option=com_content&task=view&id=22&Itemid=109（2012 年 9 月 25 日アクセス）
6. これも Mix Market による。グラミンの顧客数はここにある。http://mixmarket.org/node/3110/data/100636/products_and_clients.total_borrowers/usd/2000-2004（閲覧不可）
7. Xavier Giné and Dean Karlan. May 2010. "Group versus Individual Liability: Long Term Evidence from Philippine Microcredit Lending Groups." Working Paper.
8. Dean Karlan. December 2005. "Using Experimental Economics to Measure Social Capital and Predict Financial Decisions." *American Economic Review* 95 (5): 1688–1699.
9. Dean Karlan. February 2007. "Social Connections and Group Banking." *Economic Journal* 117: F52–F84.
10. Benjamin Feigenberg, Erica Field, and Rohini Pande. June 2010. "Building Social Capital through Microfinance." Harvard Kennedy School Working Paper No. RWP10–019.
11. ホール・プラネット財団の 2009 年報告書より。http://www.wholeplanetfoundation.org/files/uploaded/WPF_2009_Audited_Financials.pdf（2012 年 9 月 25 日アクセス）

12. スチュアート・ラザフォードの *The Poor and Their Money* は、読みやすいけど素晴らしい本で、この基本的な考え方についてかなりのページを割いている。貧しい人たちが何よりも必要としているのは、少しずつ貯めてまとまった額を引き出せる方法だとも主張している。彼らにとってどちらが先かはあまり問題ではないことが多い。

第7章

1. ファイナンシャル・アクセス・イニシアティブは、開発途上国とそのほかの地域の銀行をはじめとする金融サービスについて豊富な情報を提供している。同イニシアティブは非常に参考になるフォーカスノートを公開しているが、この数値はそのテーマの一つだ。http://financialaccess.org/sites/default/files/publications/Half-the-World-is-Unbanked.pdf（2012年9月25日アクセス）
2. Pascaline Dupas and Jonathan Robinson. September 2010. "Savings Constraints and Microenterprise Development: Evidence from a Field Experiment in Kenya." Working Paper.
3. Nava Ashraf, Dean Karlan, and Wesley Yin. May 2006. "Tying Odysseus to the Mast: Evidence from a Commitment Savings Product in the Philippines." *Quarterly Journal of Economics* 121（2）: 635–672.
4. ナッジ（nudge）とは、基本的な選択肢は変えずに人の意思決定を変えさせるちょっとしたひねり。たとえば、カフェテリアのカウンターの料理の並べ方を変えること。果物をブラウニーより前に置くと、たぶん果物を選ぶ人が増える。セイラーとサンスティーンがこれに「ナッジ」という語をあて、したいと思う選択をしやすくするためにナッジを使うことについての素晴らしい本を書いた。Richard Thaler and Cass Sunstein. 2008. *Nudge: Improving Decisions About Health, Wealth, and Happiness.* New Haven: Yale University Press.〔邦訳　リチャード・セイラー&キャス・サンスティーン『実践　行動経済学――健康、富、幸福への聡明な選択』遠藤真美訳、日経BP社、2009年〕
5. Shlomo Benartzi and Richard Thaler. February 2004. "Save More Tomorrow: Using Behavioral Economics to Increase Employee Savings." *Journal of Political Economy* 112.1, Part 2: S164–S187. この研究は、この本で取り上げたほかの研究の大半と違って、ランダム化対照試験をともなわずに行われた。論文では、重大な問題になりそうな選択バイアスについて論じている。その議論はとても分かりやすくて奇抜だから、読者は（少なくとも僕は）彼らの結論に納得する〔http://www.morethanbudgets.org/images/Docs/SaveMoreTomorrow.pdf の3頁の脚注参照。「元々貯蓄志向が高い人が、魅力的な年金制度がある会社を選んでいるんじゃないか（選択バイアス）といわれるかもしれないが、会社を選ぶ動機はそれ一つじゃない。たとえば筆者の一人は大学スポーツのファンだけど、シカゴ大学じゃなく、UCLAで教えている。だから、どの要素をとっても、社員の性格とその選好に完全な相関関係があるとは考えるべきじゃない」〕。でも重大な問題が残る。退職貯蓄が増えたのは、現在の消費を抑えているからなのか、それとも借金を増やしているからなのか？もし後者なら、これはナッジにとっての汚点かもしれない。
6. Dean Karlan, Maggie McConnell, Sendhil Mullainathan, and Jonathan Zinman. April 2010. "Getting to the Top of Mind: How Reminders Increase Saving." Working Paper.
7. この6パーセントという数値は前出論文の表4、パネルA、コラム3から次のように計

算した。お知らせメールを受け取ることが貯蓄目標を達成する可能性に及ぼした影響は3.1%と推定される。サンプル全体では、54.9%の人が目標額に到達した。よって、お知らせメールは（3.1 / 54.9 =）5.6%の改善をもたらしたことになる。

8. Esther Duflo, William Gale, Jeffrey Liebman, Peter Orszag, and Emmanuel Saez. November 2006. "Savings Incentives for Low- and Middle-Income Families: Evidence from a Field Experiment with H & R Block." *Quarterly Journal of Economics* 121（4）: 1311-1346.
9. Emmanuel Saez. 2009. "Details Matter: The Impact and Presentation of Information on the Take-up of Financial Incentives for Retirement Saving." *American Economic Journal: Economic Policy* 1（1）: 204-228.

第8章

1. WB World Development Report 2008, p.1. http://siteresources.worldbank.org/INTWDR2008/Resources/WDR_00_book.pdf（2012年9月25日アクセス）〔邦訳　世界銀行『世界開発報告2008　開発のための農業』田村勝省訳、一灯舎、2008年〕
2. Nava Ashraf, Xavier Giné, and Dean Karlan. November 2009. "Finding Missing Markets（and a Disturbing Epilogue）: Evidence from an Export Crop Adoption and Marketing Intervention in Kenya." *American Journal of Agricultural Economics* 91（4）.
3. Esther Duflo, Michael Kremer, and Jonathan Robinson. 2008. "How High Are Rates of Return to Fertilizer? Evidence from Field Experiments in Kenya." *American Economic Review* 98（2）: 482-488.
4. Richard Thaler. 1991. *The Winner's Curse: Paradoxes and Anomalies of Economic Life*. New York: Free Press, p. 69.〔邦訳　リチャード・セイラー『セイラー教授の行動経済学入門』篠原勝訳、ダイヤモンド社、2007年〕
5. Shlomo Benartzi and Richard Thaler. 2001. "Naïve Diversification Strategies in Defined Contribution Saving Plans." *American Economic Review* 91（1）: 79-98.
6. M. H. Bazerman. 1986. *Judgment in Managerial Decision Making*. Hoboken, NJ: John Wiley & Sons, Inc., p. 19.〔邦訳　マックス・H・ベイザーマン＆D・A・ムーア『行動意思決定論――バイアスの罠』長瀬勝彦訳、白桃書房、2011年〕
7. Amos Tversky and Daniel Kahneman. 1973. "Availability: A Heuristic for Judging Frequency and Probability." *Cognitive Psychology* 5: 207-232.
8. Esther Duflo, Michael Kremer, and Jonathan Robinson. July 2009. "Nudging Farmers to Use Fertilizer: Theory and Experimental Evidence from Kenya." NBER Working Paper No. 15131.
9. Timothy Conley and Christopher Udry. March 2010. "Learning About a New Technology: Pineapple in Ghana." *American Economic Review* 100（1）: 35-69.
10. ロバート・バーンズの詩『鼠に寄す』より。実際の（古い）スコットランド英語のテクストは次の通り。"The best laid schemes o' Mice an' Men,/ Gang aft agley,/An' lea'e us nought but grief an' pain,/For promis'd joy!"
11. ドラムネットは存続しているが、この地区では活動しておらず、これらの作物についての事業も行っていない。
12. Robert Jensen. August 2007. "The Digital Provide: Information（Technology）, Market

Performance, and Welfare in the South Indian Fisheries Sector." *The Quarterly Journal of Economics* 122（3）: 879–924.

13. Michael Kremer. August 1993. "The O-Ring Theory of Development." *The Quarterly Journal of Economics* 108（3）: 551–575.

第9章

1. "Education and the Developing World." Center for Global Development, 2006.

2. "Education and the Developing World." Center for Global Development, 2006.

3. David Evans, Michael Kremer, and Muthoni Ngatia. 2008. "The Impact of Distributing School Uniforms on Children's Education in Kenya." Mimeo.

4. T. Paul Schultz. 2004. "School Subsidies for the Poor: Evaluating the Mexican Progresa Poverty Program." *Journal of Development Economics* 74（1）: 199–250.

5. Felipe Barrera-Osoria（World Bank）, Marianne Bertrand（University of Chicago）, and Francisco Pérez（GI Exponential）. 2010. "Improving the Design of Conditional Transfer Programs: Evidence from a Randomized Education Experiment in Colombia." *American Economic Journal: Applied Economics*, 3（2）: 167–95.

6. これらの数値は、上記論文の表3、コラム7から次のように計算した。対照群の平均出席率が0.786であるから欠席率は0.214。介入によって出席率が基本プログラムで0.025、第1バリエーションで0.028、第2バリエーションで0.055上昇したから、欠席率はそれぞれのプログラムで（0.025 / 0.214 =）11.6%、（0.028 / 0.214 =）13.1%、（0.055 / 0.214 =）25.7%減少したことになる。

7. これらの数値は同論文の表7、コラム6から。第1バリエーションでは、対照群の平均0.205に対して介入の効果は0.094で、高等教育への進学率が46%増加したことになる。第2バリエーションでは、対照群平均0.205に対する介入の効果は0.487で、237%の増加を意味する。

8. http://Web.worldbank.org/WBSITE/EXTERNAL/TOPICS/EXTHEALTHNUTRITIONANDPOPULATION/EXTPHAAG/0,contentMDK:20785786~menuPK:1314819~pagePK:64229817~piPK:64229743~theSitePK:672263,00.html（閲覧不可）

9. Edward Miguel and Michael Kremer. 2004. "Worms: Identifying Impacts on Education and Health the Presence of Treatment Externalities." *Econometrica* 72（1）: 159–217.

10. Gustavo Bobonis, Edward Miguel, and Charu Puri-Sharma. 2006. "Iron Deficiency Anemia and School Participation." *Journal of Human Resources* 41（4）: 692–721.

11. Hoyt Bleakley. 2007. "Disease and Development: Evidence from Hookworm Eradication in the American South." *Quarterly Journal of Economics* 122: 73–117.

12. Sarah Baird, Joan Hamory Hicks, Michael Kremer, and Edward Miguel. "Worms at Work: Long-run Impacts of Child Health Gains." Working Paper.

13. http://data.un.org/Data.aspx?q=India+population+age+5-14&d=PopDiv&f=variableID:20;crID:356（2012年9月25日アクセス）。この数値は、UNdataオンラインデータベースでの検索結果から。経済、人口、健康、教育などの国別統計を調べるのに便利なサイトだ。2億5000万人という数字は、2005年のインドの5歳から14歳までの人口の推定値（検

索結果は 2 億 4629 万 3000 人)。

14. Pratham Organization. 2006. *Annual Status of Education Report 2005*. Mumbai: Pratham Resource Center.
15. Abhijit Banerjee, Shawn Cole, Esther Duflo, and Leigh Linden. 2007. "Remedying Education: Evidence from Two Randomized Experiments in India." *Quarterly Journal of Economics* 122 (3): 1235–1264.
16. Esther Duflo, Pascaline Dupas, and Michael Kremer. November 2008. "Peer Effects and the Impact of Tracking: Evidence from a Randomized Evaluation in Kenya." *American Economic Review*, 101 (5): 1739–74.
17. Pratham Organization. 2006. *Annual Status of Education Report 2005*. Mumbai: Pratham Resource Center.
18. Abhijit Banerjee, Rukmini Banerji, Esther Duflo, Rachel Glennerster, and Stuti Khemani. February 2010. "Pitfalls of Participatory Programs: Evidence from a Randomized Evaluation in Education in India." *American Economic Journal: Economic Policy* 2 (1):1–30.

第 10 章

1. Abhijit Banerjee, Angus Deaton, and Esther Duflo. 2004a. "Wealth, Health, and Health Services in Rural Rajasthan." *AER Papers and Proceedings* 94 (2):326–330.
2. Abhijit Banerjee, Esther Duflo, and Rachel Glennerster. 2007. "Putting a Band-Aid on a Corpse: Incentives for Nurses in the Indian Public Health Care System." *Journal of the European Economics Association* 6 (2-3):487–500.
3. 同上論文 "Putting a Band-Aid on a Corpse," p.11 の脚注より。
4. Paul Gertler. 2004. "Do Conditional Cash Transfers Improve Child Health? Evidence from Progresa's Control Randomized Experiment." *American Economic Review* 94 (2): 336–341.
5. Paul Gertler and Simone Boyce. 2001. "An Experiment in Incentive-Based Welfare: The Impact of Progresa on Health in Mexico." Working Paper.
6. John Hoddinott and Emmanuel Skoufias. October 2004. "The Impact of Progresa on Food Consumption." *Economic Development and Cultural Change* 53 (1): 37–61.
7. Laura Rawlings. 2005. "Evaluating the Impact of Conditional Cash Transfer Programs." *The World Bank Research Observer* 20 (1): 29–55.
8. Xavier Giné, Dean Karlan, and Jonathan Zinman. 2010. "Put Your Money Where Your Butt Is: A Commitment Contract for Smoking Cessation" *American Economic Journal: Applied Economics* 2 (4): 1–26.
9. この数値は、PSI の会長兼 CEO、カール・ホフマンについてのプレスリリースから。http://mim.globalhealthstrategies.com/blog/wp-content/uploads/2009/10/Karl-Bio.pdf (2012 年 9 月 25 日アクセス)
10. Jessica Cohen and Pascaline Dupas. 2010. "Free Distribution or Cost-Sharing? Evidence from a Randomized Malaria Prevention Experiment." *Quarterly Journal of Economics* 125 (1): 1–45.
11. 世界保健機関のウェブサイト、水、下水、衛生についてのファクトシートから。http://www.who.int/water_sanitation_health/publications/factsfigures04/en (2012 年 9 月 25 日ア

クセス）

12. Michael Kremer, Edward Miguel, Sendhil Mullainathan, Claire Null, and Alix Peterson Zwane. 2009. "Making Water Safe: Price, Persuasion, Peers, Promoters, or Product Design?"

第 11 章

1. Paul Gertler, Manisha Shah, and Stefano Bertozzi. 2005. "Sex Sells, but Risky Sex Sells for More." *Journal of Political Economy*, 113: 518-550.
2. これを含む「ドクター・ビートルート」の気がめいるような発言の数々は、ここで見られる。http://www.southafrica.to/people/Quotes/Manto/MantoTshabalalaMsimang.htm（2012 年 9 月 25 日アクセス）
3. Pascaline Dupas. 2007. "Relative Risks and the Market for Sex: Teenage Pregnancy, HIV, and Partner Selection in Kenya." Mimeo, Dartmouth.
4. ユーチューブで見られる。http://www.youtube.com/watch?v=K45m79fEyz8
5. Rebecca L. Thornton. 2008. "The Demand for, and Impact of, Learning HIV Status." *American Economic Review* 98（5）: 1829-1863.
6. ユニセフのウェブサイトには、190 以上の国／地域の経済、人口、疫学、そのほかの豊富な統計がある。これらの数値はそれぞれ次のページから。http://www.unicef.org/infobycountry/malawi_statistics.html#89; http://www.unicef.org/infobycountry/usa_statistics.html#89（2012 年 9 月 25 日アクセス）
7. 前出のソーントンの論文、p. 14 の議論と p. 51 の表 4 を参照。

著者略歴

（Dean Karlan）

イェール大学経済学教授，マサチューセッツ工科大学（MIT）のアブドゥル・ラティフ・ジャミール貧困アクション研究所のリサーチ・フェロー．非営利組織イノベーションズ・フォー・ポバティー・アクション（IPA）の創設者でもあり，貧困削減に向けた解決策の開発・評価を行っている．行動経済学を用いてダイエットなどの目標達成を後押しするサイト stickK.com の共同創設者でもある．

（Jacob Appel）

IPA のフィールド・リサーチャー．コロンビア大学で数学を学んだ後，南米，アフリカ，アジアにおける IPA などの開発組織の拠点で研究を続けている．

訳者略歴

清川幸美〈きよかわ・ゆきみ〉翻訳家．訳書　ロビンズ『マネジメントの正体』（ソフトバンククリエイティブ，2002）カー『IT にお金を使うのは，もうおやめなさい』（ランダムハウス講談社，2005）アボット『世界を動かした 21 の演説』（英治出版，2011）ほか．

解説者略歴

澤田康幸〈さわだ・やすゆき〉東京大学大学院経済学研究科教授．開発経済学専攻．スタンフォード大学客員教授，BRAC・バングラデシュ開発研究所（BIDS）・JICA 研究所の客員研究員等を歴任．アジア，アフリカで社会実験に取り組んでいる．

ディーン・カーラン／ジェイコブ・アペル

善意で貧困はなくせるのか？

貧乏人の行動経済学

清川幸美 訳
澤田康幸 解説

2013年 2月 8日　第1刷発行
2019年 1月 10日　第4刷発行

発行所　株式会社 みすず書房
〒113-0033 東京都文京区本郷2丁目20-7
電話 03-3814-0131（営業） 03-3815-9181（編集）
www.msz.co.jp

本文印刷所　萩原印刷
扉・表紙・カバー印刷所　リヒトプランニング
製本所　誠製本

ISBN 978-4-622-07726-8
[ぜんいでひんこんはなくせるのか]